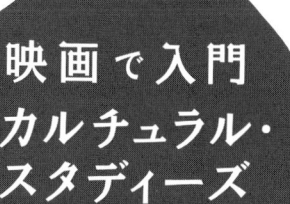
映画で入門
カルチュラル・
スタディーズ

本橋哲也
著

大修館書店

はじめに

　映画をもっと楽しく面白く観て，スクリーンを通して自分と世界のありさまを考え，その思いを自らのことばで表現し，さらにそれを人と議論する——そんな映画の使い方ができたらいい，といつも思う。
　そんな営みの基本にある概念と実体が文化であり，その仕組みと機能を思考するのがカルチュラル・スタディーズという方法だ。序章でも述べるようにカルチュラル・スタディーズは，文化をけっしてある土地や人間に本質的に付与され固定されたものとは考えないところから出発する。ことばや食事の好みや性格や信条や趣味習慣など，そのそれぞれが文化であることは疑いない。そして，それらがすべてほかの土地や人間と異なる特質を持っているからこそ，特定の「文化」として認識される。しかしそれがそのような特殊性を帯びるには，他のものとは違う特定の歴史や政治や地理や社会状態，つまり一言でいえば人間的な力関係が必要だ。人と人との違い，時間や場所や状況の差異が，力学を発動させ，人間のさまざまな営みを文化として作り上げてきたのである。
　力関係とは言っても，それは物理学のように数式で解決できるようなものではなく，そこには愛や友情，喜びや悲しみ，闘争や抵抗，暴力や差別，生と死といった人間が人間として生きていくために避けられない思いや行いがつきまとう。そのような人間の人としての生き方に無関心な研究や学問は，どれほど精緻でもむなしく，人の心を動かすことがないだろう。この本で目指しているカルチュラル・スタディーズは，文化の成り立ちを冷静に分析しながらも，それを日々作り革新している人間たちの熱い思いや行いにも共感し，そして自らも文化の創造者たらんとする。
　いま私たちの身の回りで，映画ほどそのような人間の熱い思いと行いを直接的に伝えてくれる媒体は少ないのではないだろうか？　だれでもそのような人間たちの熱い生命を映画のスクリーンから受けとり，自分もその

ような思いと行いを共有したくなった体験があるはずだ。この本は，私たちを日々束縛し，励まし，私たち自身が日々作り変えている文化の力学を，さまざまな映像を通して考えるためのものだ。

　カルチュラル・スタディーズへの誘いをテーマにした前著『カルチュラル・スタディーズへの招待』と同じく，この本もふたたび編集を担当してくださった大修館書店の小林奈苗さんとともに，皆さんが独自に，あるいは学校や職場で共同で使いやすいよう，体裁に工夫を施してある。

　各章の主題を概説した序章に引き続いて，6つの大きなテーマを設け，それぞれに3つの関連テーマを挙げた。それぞれのテーマを考えるのにふさわしいと私が考えた映画を計18本取り上げている。各章に5つのKEY-WORDSを選び，それにしたがいながらSTORYとして映画のあらすじを示し，さらにPOINTとして議論の要点を5段階にまとめてみた。章の終わりには，皆さんご自身に考えていただけるようなQUESTIONSをこれも5つずつ用意し，そのための参考や題材となるような映画と本のリストも挙げてある。また巻末には，適宜応用可能な課題にもなるようにいくつかのFinal Exercisesも例示しておいたので，ご活用いただければうれしい。

　各章の映画の選択には異論もおありであろうし，なにより毎年いろいろな主題や思索を誘い出す興味深い映画が続々と作り出されている。また，同じ映画にしても，私とはまったく違う見方や論じ方ももちろん多くあるはずだ。それこそこの本を使う皆さんが楽しみながらする仕事であり，ぜひ皆さん自身のことばと身体でたくさんのオルタナティブ（異なる選択肢）を考えていただきたい。自分の身体を使って考える――それこそが私たちの目標とするカルチュラル・スタディーズであり，文化を私たち自身が想像し創造するための，はじめの，そしてもっとも大事な一歩なのだから。

2006年1月10日

本橋哲也

目　次

はじめに　*iii*

序章　3

I　アイデンティティの揺らぎ

第 1 章＜自己＞『千と千尋の神隠し』………………*32*

第 2 章＜家族＞『ハリー・ポッターと賢者の石』………*41*

第 3 章＜子ども＞『亀も空を飛ぶ』…………………*54*

II　性の位相

第 4 章＜女性＞『カンダハール』……………………*70*

第 5 章＜生殖＞『ヴェラ・ドレイク』………………*82*

第 6 章＜セクシュアリティ＞『さらば，わが愛　覇王別姫』…*94*

III　メディアと消費

第 7 章＜演劇＞『恋におちたシェイクスピア』………*106*

第 8 章＜スポーツ＞『ミリオンダラー・ベイビー』……*116*

第 9 章＜音楽＞『耳に残るは君の歌声』………………*127*

IV 移動と定着

第10章 ＜ディアスポラ＞『エレニの旅』……………………144

第11章 ＜在日＞『パッチギ！』……………………………159

第12章 ＜労働＞『息子のまなざし』………………………174

V 暴力の現場

第13章 ＜ホロコースト＞『シンドラーのリスト』…………188

第14章 ＜テロリズム＞『アルジェの戦い』…………………201

第15章 ＜民族分断＞『JSA』………………………………213

VI 抵抗の実践

第16章 ＜難民＞『イン・ディス・ワールド』………………232

第17章 ＜帝国＞『プロスペローの本』………………………244

第18章 ＜先住民＞『鳥の歌』…………………………………262

Final Exercises　278

索引　279

写真協力　（p.188, 244）（財）川喜多記念映画文化財団
　　　　　（p.232）『イン・ディス・ワールド』
　　　　　発売元：東芝エンタテインメント
　　　　　販売元：アミューズソフトエンタテイメント

映画で入門カルチュラル・スタディーズ

序章

　映画は私たちにとってもっとも身近な，楽しく人生や世界を考えさせてくれる手段のひとつである。街の喧騒から一歩入った映画館の薄暗い空間で，人々と上映開始を待つ幸せなひととき。ヴィデオやＤＶＤによって，自分の部屋で好きな映像を見る気ままな時間。映画はいまや私たちの日常生活に欠くことのできない娯楽だ。この本はさまざまな映画を楽しみながら，自分の日常生活についてその仕組みや力学を見つめてみたいという人たちに，いくつかの考えるヒントを提供するために書かれている。

　カルチュラル・スタディーズをそのまま日本語にすると「文化研究」といったことになるが，私たちがここで映画を見ながら実践したいカルチュラル・スタディーズは，「文化」とか「研究」といった言葉がともすればかきたてる「専門的で学問的な」固いイメージとは関係がない。むしろ，それは私たち皆が好むと好まざるとにかかわらず，日常的にいつも囲まれて生きている力関係を考えることだからだ。たとえば，「私はなぜこの私であって，ほかの誰かではないのか？」，「なぜ私がこのようなことをしているのだろうか？」，「なぜ人は自分にこんなことを言ったり行なったりするのか？」，「どうして私たちはこの言葉を話し，こんな食べ物を食べているのか？」，「自分や人があるものを面白いと感じ，ほかのものをつまらないと思うのはなぜだろうか？」，「なぜ世界はこのような問題に直面しているのだろうか？」，「私の抱いているこうした不満や満足の原因は何だろうか？」，「自分たちが属する共同体はどのようにしてできているのだろうか？」…こうした問いの多くはたとえ意識されなくても，私たちの日常を取り巻き，私たちの喜びや悲しみ，他人への感情，未来や過去への思いを彩っている。もちろんこれらの問いに簡単明瞭な答えなどあるはずはない。私たちの世界はきわめて多種多様な自然環境と，それぞれに出自や性向の異なる多くの人間と，複雑な構成と複数の歴史を持つ社会とによって

成り立っており，こうした問いの各々もそれらのものが複合した関係の網の目のなかに織りこまれているからだ。

　私たちがここで考えたい**文化**とは，このような自然と人間と社会との関係の総体を示す，とても広範な用語である。おそらく多くの人が文化と聞いて思い浮かべる，「日本文化」とか「アメリカ文化」のような民族や国家や地域に特有とされる生活様式や，「教養」とか「文化的な」といった言い方に示唆される「啓蒙的で進歩した」という発想も，たしかに文化概念に含まれる。しかし，私たちがここで考えようとしているのは，そのように地域特有の文化様式や歴史的概念を本質的で自然なものとしてとらえるのではなく，それらが特定の社会的・政治的・歴史的力関係のなかで生み出され，それゆえ固定的ではなく，流動的で変革が可能なのだということだ。つまりカルチュラル・スタディーズにおける文化とは，私たちの**日常生活を成り立たせているさまざまな力学**の結果であると同時に，それを成り立たせているものに対する**私たち自身の日常的な取り組み**を指す。

　力関係であるからには文化を個別のジャンルに分けて考察することはできないが，それでもそのような文化の力学が発現されるいくつかの場を認識しておくことは，そうした場同士の複雑な関係を見るためにも有益だろう。よって本書では，いろいろな映画におけるこのような文化を成り立たせる力のありようを見ていくために，以下のような6つの場を設け，そのそれぞれに3つずつの主題をあてて，合計18の映画の物語の流れを追いながら，そこで問題となりそうな要点を考えていくことにしたい。

　読者のなかには，「この映画でこのテーマ？」と意外に思われる向きもあるかもしれない。むしろそれが本書の意図するところで，必ずしも「当然」とは思われない思考の筋道を用意し，「ズレ」に対処し，わかりやすい紋切り型の表現では把握しきれない不確定さや不安に立ち向かう意欲をかきたてたい。つまり，この本をきっかけとしながら読者自身が，自分の知力と体力とで文脈を読み取り，裏に隠された意味を探り，自らの人生と結びつけて社会を変革する意欲を育てていただければ嬉しい。

　私たちは現在，膨大な量と質の情報と知識に囲まれながら暮らしている。それを活用し，人生の指針とすることは技術的には容易になったかも

しれないが，それに追いつくだけの自分自身を私たちは持ち得ているだろうか？　面白く，内容の深い，ときには元気も出るが，ときには打ちのめされる，そんな映画の数々を見ながら，自分の身体と言葉と感性で考えること，それこそが今の私たちに必要な本当の意味での「教養」であり，「文化研究」なのではないだろうか？

I．アイデンティティ

　アイデンティティというのは，自分が自分たるゆえんを証明するしるしのことだ。身分証明書のことをＩＤカードというが，そこには自分がどのような名前で，何年に生まれ，男なのか女なのか，どんな職業に就き，住所はどこで，結婚しているのかいないのか，さまざまないわゆる「個人情報」が記されている。しかしここで大事なことは，そのような自分を自分としているどれもが，本質でも不変のものでもない，ということだ。言い換えればそれらは，自分と社会との関係によって変わる。

　たとえばどのようなときに，あなたはＩＤカードを必要とするだろうか？　外国旅行をするとき，お金を借りるとき，就職するとき，犯罪に巻きこまれたとき…いずれも自分が今暮らしている社会の規範に対して何かを表明したり，自己主張するときだろう。つまり，身分証明を必要とし，かつそれがひんぱんに変わってしまうと困るのは，あなたを何らかの形で捕捉しておきたい支配的な社会の方であって，あなたの方ではない。その典型が戸籍だが，社会を支配する層はあなたがつねに同じ名前で，同じ性別で，同じ国の国民で，安定した職業に就き，何歳であるかがはっきりしており，一定の収入を得て，特定の同居人がおり，定まった住所を持っている方があなたを支配するのに都合がよい。どんな社会でも，そうした捕捉のための記号が不安定である浮浪者や難民や根無し草は把握しにくくて困る，よってそうした存在が監視や処罰の対象とされるのだ。

　さらに忘れてはならないことは，アイデンティティが歴史的・政治的状況と，それがもたらす権力関係と切っても切り離せないことだ。たとえばある社会で多数派として力を握っている**マジョリティ**と，少数派として力

を奪われている**マイノリティ**とでは，アイデンティティに対するとらえ方もまったく異なる。マイノリティが好むと好まざるとにかかわらず，「自分は何者で，どこから来てどこへ行くのか？」という問いにいつも囚えられているのに対して，マジョリティの方はそのような問いと無縁に過ごすことが可能だ。というか，マイノリティが「自分が誰なのか？」と問い続けることによって自らの定義を探しつつも，それを得ることが困難な存在であるのに対して，マジョリティの方は定義上そのように問わなくてもすんでいるからこそ，マジョリティでいられる。さまざまな社会的権利を奪われているマイノリティがマジョリティに対して，「あなたたちの足が私を踏んでいる，痛いからどけてください」と言っている，その声を聞かずに無視していられるのが，マジョリティの特権なのである。

　しかし同時に，マイノリティの声に耳を傾けることによって，このようなアイデンティティをめぐる不平等で正義に反する関係を変える力を持っているのもマジョリティのマジョリティたるゆえんだ。アイデンティティは，社会を支配する力を持つ者たちにとって，都合のよい指標であるだけではない。それは自分が自分であることを，自分と他人に証しする要素の集合でもあるからだ。好きな人にＩＤカードを見せて求愛する人はいないだろう。あなたは自分の言葉と身体と経験のすべてを使って，彼や彼女に自分を証明しようとするはずだ。アイデンティティは，あなたがあなたとして，他人とともに社会のなかで生きるために日々自分の力で創造し，変革し続けることもできる，あなただけの証明書でもあるのだ。

　そこでこのアイデンティティの項では，次の３つのテーマによってそれぞれ章を設け，３つの映画を見ながら考えてみたい。

1.＜自己＞　『千と千尋の神隠し』

　アイデンティティに関する最初にして最後の問いが，「自分とは何者か？」という問いであることは間違いないだろう。しかし自分が何者かを知るためには，自分だけに閉じこもっていることはできない。人間が社会的生き物であるかぎり，人は生まれてから死ぬまで他人や環境と交渉しながら＜自己＞を作り上げ，改変していく。つまり自己というものは，他者

との関係のうちにしか存在しないのだ。自分は社会との関係において，さまざまな範疇――肌の色，体つき，能力，階級，出身，職業，経済的収入，言語，民族，国家，年齢，宗教，性別，性的指向など――によって色分けされながら，自己の実体とイメージを作り上げている。

『千と千尋の神隠し』では，ひとりの女の子がふとしたことからそれまで自分を取り囲んでいた現実とまったく違う世界に迷い込む。その体験こそは，まさにそれまでの自分を失い，新しい自己を獲得していく，世界の不思議を発見する驚きと，出会いの喜びと喪失の悲しみに満ちた旅路となるのである。

2. ＜家族＞　『ハリー・ポッターと賢者の石』

私たちの多くにとって，生まれてから死ぬまでもっとも身近な生活の場は＜家族＞である。それは自分を生かすと同時に束縛する共同体であり，かつまた，お互いに理解しているようでいてときに不可思議な他者の集合なのだ。家族のなかで私たちは，共存の安心を得るとともに，孤独の悲哀を知る。家族は私たちのアイデンティティを規定し構築するのに多大な影響を及ぼす場であるがゆえに，私たちがそこから離脱し，それに反抗し，またそこに回帰することを促す。

『ハリー・ポッターと賢者の石』は，ひとりの少年の成長記録であるとともに，さまざまな家族の物語である。私たちはハリーの日常を通して，家族を支える原理を学び，それを超越する可能性をかいま見るのだ。

3. ＜子ども＞　『亀も空を飛ぶ』

自己のアイデンティティを作り，それを確認し，変えていくのに不可欠なのが他者の存在である。人間は赤ん坊のときから，まずは親を他者として認識しながら，自己のアイデンティティを作り上げていく。＜子ども＞にとってあらゆる体験が他者との遭遇であると同時に，その成長の過程は自分自身を他者として認識する道行きでもある。また私たちは長じて親となれば，自らの血を分けた子どもをもっとも身近な他人として感得していくことになる。子どもは私たち自身の生に何かをつけ加えるだけでなく，

私たちが自己と他者のはざまでしかアイデンティティを見出し得ないことを思い出させる謎に満ちた存在なのだ。

『亀も空を飛ぶ』というクルド難民の子どもたちを主人公とした映画には、悲惨な境遇にありながら力強く生きている子どもたちの生態が生き生きと描かれている。しかしそれだけでなく、この映画には自分自身が内部に抱えている他者や、女性と男性との相互関係、社会的権力関係を凝縮した子ども社会の問題が、冷静だが暖かくユーモアに満ちたまなざしによって表現されているのだ。

II. 性

人間の**性**はアイデンティティを決定するもっとも強力な要素のひとつであるとともに、私たちの生の根元にある欲望と関わっている。性を考える際には、便宜的に3つの領域を設定することもできる——生物学的な性である**セックス**、社会的な性としての**ジェンダー**、性的欲望全般に関わる**セクシュアリティ**がその3つだが、これら3つの領域は密接に関わり合い重なり合っている。早く言ってしまえば、この3つの性的カテゴリーはいずれも社会的性差であるジェンダーだと言ってもいいのである。

つまりこういうことだ。人は自分の生殖器の形や機能からして、自分の生物学的な性、つまり男性であるか、女性であるかについては、ほとんど疑いの余地がないと思っていることが多いだろう(実際には、生殖器が男のものとも女のものとも判別がつかない形状で生まれてくる人もおり、その場合は生物学的な性としてどちらかに判別することはむずかしいのだが、そうした場合はここでは置いておく)。ここで考えたいのは、生物学的な性と思われているものも、実は社会的な性に過ぎないのではないかということだ。ほぼすべての人間が生まれた瞬間に、根本的な性の認知を受ける。つまり親や産婆さんや看護の人が、母親から生まれ出た瞬間の私たちの下腹部を見て、「女の子です!」とか「男の子だ!」とか言うことで、私たちは即座に生物学的な性を授けられるのだ。

しかし少し考えてみればわかるように、実はこの認知は純粋に生物学的

なものではない。たしかに人々は性器の形状を見て,「女」とか「男」という識別をしているのだが,このわたしたちにとって人生最初の名づけの儀式はまた社会的なものでもある。なぜ私たちは誕生の瞬間に,女か男かに判別されなければいけないのか？ どうしてそれがたとえば,「毛深いか,毛が薄いか」とか,「頭が丸いか,四角いか」とか,「目の色が黒いか,青いか」といった区別ではないのだろうか？ とりもなおさず,それは女であるか,男であるかということが,その後の私たちの人生にとって,もっとも重大な社会的影響を及ぼすからにほかならない。つまり生まれた瞬間にまわりの人々が女か男かを宣言するのは,すでにそこで女としての,あるいは男としての他者からの社会的期待を背負う存在として,私たちが規定されるということだ。そうした期待こそが,「女は女らしく,男は男らしく」というジェンダーを支える基本的原理を生み出す。この瞬間以降,私たちは他人からも自分からもこの「…らしく」から逃れることなく暮らし続けなくてはならない。もちろんそれに従うことも反抗することも可能だが,根本的に「女らしさや男らしさ」から逃れることは,現在の社会の隅々にまで浸透したこの原理が継続しているかぎり,とてもむずかしい。私たちは日々,家庭や学校や職場で,あるいは街中の広告やテレビや新聞・雑誌の記事を通して「男なんだから勇ましく」とか「女の子だからかわいく」といった圧力にさらされ続け,それにどれだけ自分を合わせたり,そこからどれだけはずれるかによって,自らの社会的価値を設定されているのだ。

　ジェンダーがさまざまなかたちでの差別や暴力や不平等を生んでいることが否定できない事実であるかぎり,その是正をめざすことによって,女らしく男らしくではなく,すべての人が**女であるか男であるかに関わりなく自分らしく生きる**ことは,よりよい社会を築くためのひとつの目標となるはずである。まとめて言えば,生物学的なセックスがあって社会的性別としてジェンダーが生み出されるのではなく,ジェンダーが社会の規範として支配的だからこそ,セックスが日常的に認知されているのである。

　次に性的欲望を示すセクシュアリティの方はどうだろうか？ アイデンティティのところで考えた,マジョリティとマイノリティとの関係で言え

ば，現代のほとんどの社会では，異性を性的欲望の対象と見なすヘテロセクシュアルな関係がマジョリティで，同性を性的に求めるホモセクシュアルや社会的性別そのものを超えた欲望のあり方を追求するトランスジェンダーがマイノリティである（もちろん性的欲望のあり方はきわめて多様であり，靴や下着や犬や映像によってしか性欲を喚起されないという人だっている）。こうした性欲のあり方がどのようにして決まるのか，それは天性の遺伝的要因なのか，育ちや環境のような後天的影響なのか，さまざまな議論があるようだが，セックスとジェンダーの関係と同様，ここでも大事なことは，欲望としてのセクシュアリティも社会的力学に基づくジェンダーによって規定されているということだ。

　たとえば，同性愛としてふつう認識されているホモセクシュアリティについて考えてみよう。さまざまな社会的原因によって（少年を愛でる風習によって…，同性が長期間ともに暮らす職業や教育制度の影響で…，同年齢の異性が身近にいないので…などなど）同性を性的対象と見なす習慣はおそらく人間の歴史と同じくらい古いはずだ。しかしそれが，生殖をめざさない行為であるがゆえに，あるいは家族制度に基づく社会的規範に反する活動と見なされるがゆえに「反社会的な営み，人間の本性に反する行ない」として，差別や糾弾，あるいは法的な処罰の対象にされるようになったのは，キリスト教に影響されたブルジョア的な家庭道徳が浸透するヨーロッパの近代以降のことである。つまり，ホモセクシュアリティが「普通の性愛関係とは違うもの」として認識されるようになったのは，それほど昔のことではなく，そこには特定の社会的力関係，すなわちマジョリティがマイノリティを支配する様式が関わっている。

　そのような支配の様式としてもっとも強力なもののひとつとして，家父長制度が挙げられる。家父長制は基本的に父親から長男へと財産や名誉が受け継がれるべきとする男性中心主義を伝統的原理とする。そのような相続のためには女性の生殖能力が不可欠なため，家父長制は女性が「純潔」で嫡男を産んでくれることを求める。たとえば，日本の皇室制度が家父長制の典型として，皇子の妻たちの妊娠と出産に多大な関心を寄せるのもここに原因がある。また，相撲の土俵に女性を挙げない問題なども「日本文

化の伝統」だから仕方がないと思考停止してしまうのではなく，家父長制度という男性・ヘテロセクシュアル優遇の権力関係がそのような伝統を作ってきたのではないか，と社会的力学を問うことが必要なのだ。つまり，男性中心主義的な家父長制度は，女性のセクシュアリティの統制と管理を必須の存続条件とする，ジェンダーによる差別の体制なのである。

いわば，徹底して社会的存在である人間の性的欲望は動物のそれとは違ってすでに壊れてしまっており，それは生殖や種の存続のみを目的とする自然の本能とはかけ離れたものである。だから私たちがセクシュアリティを考えるときには，それが徹底的に社会的存在としての人間の性欲であり，それゆえにいっときたりとも文化の力学から逃れることができないことを忘れるべきではない。さてこのような文化の様式としての＜性＞を考えるために，この項では次の3つの章を立てたい。

4. ＜女性＞ 『カンダハール』

すでに述べてきたように＜女性＞というとき，それは「本質的な女性性」ではなく，「女らしさ」や「女の欲望」を形作る社会的・歴史的・地理的・政治的要因を考察するために便宜的に女性という言葉を使っているに過ぎないのだ，とここでは考えておこう。女性が広い意味での政治的力関係のなかのひとつの指標であるとするなら，そこで無視することのできない問いとして，なぜ女性が社会的に抑圧されてきたのか，そこからの解放の可能性はどのように展望できるのか，ということがあるだろう。

その意味で，アフガニスタンのタリバン政権下における女性のあり方を描いた『カンダハール』は，文化の政治学における女性の重要性を考える際の，多くの問題を提起する。この映画における女性の描き方に同情するにしろ，反発をおぼえるにしろ，同時代を生きている私たちにとって逃れることのできない性をめぐる問いが，ここには孕まれているのだ。

5. ＜生殖＞ 『ヴェラ・ドレイク』

カルチュラル・スタディーズにおけるあらゆる文化的問いがさまざまな力関係によるものであるかぎり，女性について考えることはそのまま男性

を考えることでもある。そのような社会的男女関係を根本的に規定しているのが，女性の＜生殖＞能力であり，それを利用しながら貶めようとし，それに依存しながら隠蔽しようとする男性中心の権力機構だ。「男性が社会的に支配する性であるのは，男が本質的に強く頼りになるからだ」などと信じている人はさすがに少なくなってきただろうが，それでもそのようなジェンダーの圧力がいまだに多くの社会で強力に機能していることは，私たち自身のまわりを見回せばすぐにわかる。しかし女性にとって不幸な社会は，男性にとっても不幸である。女が産み，家庭を守り，男が産ませ，外で働く，という様式がどちらにとっても必ずしも幸福を約束するものでなく，さらに言えばそうした生殖的分業体制が究極的にいきつくところが戦争であることを，私たちの現代史は教えている。

　『ヴェラ・ドレイク』は，その戦争を背景として，階級と経済的格差と人種と性による差別が連動していることを静かに告発している映画である。ひとりのまさに家庭的な女性による素朴な堕胎行為と，法と医学を擁した家父長制度とのせめぎあいは，男性＝学問と女性＝自然という単純な二項対立におちいることのない驚嘆すべき深みと普遍性をもった物語を作り出す。なぜ女性がつねに妊娠と生殖の責任を負わなくてはならないのか？　問われているのが家父長制的権力であるかぎり，そこで問題とされるべきなのは女性だけでなく，男性も同様なのだ。

6．＜セクシュアリティ＞　『さらば，わが愛　覇王別姫』

　ジェンダーによって規定された人間の性的欲望のあり方，すなわち＜セクシュアリティ＞を考えようとするとき，同性愛やトランスジェンダーの問題は避けて通れない。しかもそれが社会的慣習や教育的制度によって黙認された行為であるとき，そうした性的欲望は特殊な禁忌と熱情をはらむだろう。そのような制度のひとつが演劇である。演劇は他者を模倣するという，その根源的な要請のゆえに性の逸脱と越境を許し，かつ必要としてきた。演劇の世界では実生活と舞台上の生活が交錯し，性的欲望が男女の垣根を越えて噴出すると同時に，ジェンダーによる拘束もさらに鋭敏に感じられる。歴史上数々の文化的遺産を生んできたギリシャ劇，ヨーロッパ

のルネサンス演劇,歌舞伎や京劇がいずれも女性か男性どちらかに限定された共同体を基盤にしていたこと,その結果としてセクシュアリティの問題をそれらの演劇が堀り下げることができたのは必然的なことだ。

　日本の中国侵略前夜から戦後の文化大革命にいたる激動の中国史を背景にして京劇俳優たちの関係を描いた『さらば,わが愛　覇王別姫』も,セックス,ジェンダー,セクシュアリティをめぐる文化の力学を探るのに多くの題材を提供してくれる。

III. メディアと消費

　メディアはもともと仲介や媒体という意味だが,カルチュラル・スタディーズにおいては,それを事実や実体や真実とはかけ離れた二次的な媒介物とは考えない方がいい。むしろこう考えてみたらどうだろうか?「事実」とか「実体」とか「真実」と呼ばれているものは,メディアを通してしか,私たちにとって理解できるものとならないのだ,と。

　たとえば人間にとってもっとも身近なメディアとして,**言語**がある。ともすれば私たちは,言語が二次的な産物で,一次的なものとしての真実や実体がそれとは別に存在するように考えてしまうかもしれない。しかしこの「考えてしまう」というプロセスそのものが,言語の働きなしには一瞬たりとも成立していないのではないだろうか? 言い換えれば「私は日本人である」などという「事実」そのものが,言語による構築物(それを**テクスト**と言ってもいい)に過ぎないのだ。だからそれは言語の使い方や解釈によって,いくらでも意味を変えることができる。それは永遠の真実などではなく,時代や環境によって影響された,つまり可変的なひとつの立場や信念の表現に過ぎないのだ。

　あるいはまた「私は日本人である」という表明が,いわゆる「在日朝鮮人」とされている人によってなされる場合を想像してみよう。しかもそのような表明は,彼ら彼女らが「日本」の国籍を持っていた1952年以前と,「外国人登録法」の施行により一方的に日本国家によって無国籍状態とされた1952年以降とでまったく違った意味を持ってしまう。あるいは「2001

年9月11日にアメリカ合州国がテロリストの攻撃を受けた」という言い方が、「事実」であるどころか、ある特定の政治的立場の表明に過ぎず、「テロリスト」をどのように定義するのか、という言葉の解釈によってさまざまな意味に開かれてしまうことも、現代の複雑な政治的・経済的対立状況を考えれば理解できることだろう。

　先に＜性＞のところで見たように、もっとも基礎的な表明として私たちの誕生時になされる「女の子／男の子です！」という「事実」も、もちろん言語によるテクストであって、社会的な力関係に彩られている。私たちは言語のようなメディアによってしか事実にアクセスできないのである。現実はメディアによって構成され、メディアによってしか作られない。メディアを支配する者が現実の力関係を支配するのだ。その意味で言語に代表されるメディアの働きを探求することは、私たちを作り、私たち自身が作り替えていく文化の力学を知るために欠かせないことなのである。

　アイデンティティや性をめぐる問いがもっとも先鋭なかたちで現れる場がメディアである。しかしここで考えたいメディアは、新聞・雑誌・テレビ・ラジオのようなマスメディア、劇場や映画館や博物館のような公共的・教育的な場所、あるいはヴィデオやインターネットのような電信情報ツールだけでなく、より広い意味でのメディア、つまり人間の文化を形成し変革する力を持った能動的媒体としてのそれだ。ときにそれは情報機器のかたちを取ることもあるだろうし、人間の身体や言語そのものでもある。その意味でメディアこそは、文化の力学を考える上で私たちがもっともひんぱんにアクセスする実体であり、それを動かすテクノロジーの機能を知ることは文化編成の仕組みを探るために基本的な作業となる。

　メディアの機能が私たちに現実へのアクセスを保証するものだとすれば（たとえメディアと現実の関係が透明な対応関係ではありえず、必ず歪みやズレを含むものであったとしても）、私たちがメディアによって日常的に促されているのが、**消費**するという営みである。朝起きてから寝るまで、私たちはあらゆる場所で消費せよ、という要求にさらされており、それこそが現代において支配的な資本主義社会におけるもっとも強力な掟とも言える。私たちは生存に必要な物資やエネルギーよりも、はるかに多く

のものを消費する存在なのだ。それは娯楽の享受や商品の購買から，情報の収集，人間関係の構築まで，私たちの日常活動のほとんどすべてを覆っているが，そのような消費活動のすべてが「だまされて必要のない物を買わされている」といったようなまったく受動的なものばかりではないだろう。そこには消費することを通した創造という，文化の力学の組み替えへの契機が必ず含まれているからだ。消費を考えるとは，そうした精神的・身体的な創造へと向けた動きに敏感になることにほかならない。

　メディアがつねに見る者と見られる者という非対称な関係をはらんでいるとすれば，私たちが文化的活動として行う消費や娯楽は，私たちの，見られるよりは見る側でありたい，あるいは享受する者の側に立っていたいという欲望に基づく。娯楽や消費活動は仕事や生産と区別されることによって喜びや快楽をもたらし得るが，すべての消費が自発的で人間的に実りのあるものとは限らないことは，私たちが経験上知っていることだ。文化における消費活動は，そのように一方においてさまざまな政治的・経済的力関係に左右されており，けっしてそれらから独立したものではありえない。しかし同時にそれはまた，そのような既存の状況を変える可能性を持っているという意味で，人間だけに可能な変革的な営みともなり得る。この項ではそうしたメディアを通した消費と創造を考える場として，次の3つの主題を提起したいと思う。

7.＜演劇＞　『恋におちたシェイクスピア』

　セクシュアリティの章でも見たように，＜演劇＞は古来，人間のもっとも根源的なアイデンティティの契機をなす性的欲望を発現すると同時に制御するきわめて強力なメディアであった。とくにシェイクスピア劇に代表される英国ルネサンス期の演劇は，言葉の力だけを頼りにおよそ人間の営みに関するありとあらゆる主題を扱い，王侯貴族から乞食まで，聖人から犯罪者まで，魔女から妖精まで，きわめて多種多様な登場人物を網羅して観客を魅了する。それは客席の現実と舞台の幻想とを仲介するメディアであることによって，演劇を見た人々が新たな生の可能性に目覚めるような文化的変革力を有していたのである。

『恋におちたシェイクスピア』も，そうしたルネサンス演劇が創造される現場を現代的なラブストーリーとしてよみがえらせ，私たち自身のメディアとしての身体的能力を認識させる喜びと驚きに満ちあふれた映画である。

8. ＜スポーツ＞　『ミリオンダラー・ベイビー』

　現代の日本のように過剰な消費文化が発達した国において，＜スポーツ＞は多くの人にとってもっとも人気のある分野のひとつだろう。私たちはいながらにして，テレビなどのメディアを通して世界中のスポーツを楽しんで見ることができるし，時間と金銭さえあれば自分でやってみることもできる。おそらくスポーツ以外の娯楽を楽しむ場合も，私たちはそこにスポーツ的な快楽を求めているのではないだろうか？　たとえばオペラ歌手の華麗な歌声に陶酔するとき，コンピューターグラフィックスを駆使した豪華な映像に魅了されるとき，海外旅行をしてこれまで写真でしか知らなかった「本物」の風景や美術品を見るとき…これらすべては，人間の能力を超えたものに対する賞賛とあこがれを増大させる見世物的な快楽，いわばできそうもないことを可能にして，距離を無化してしまうスポーツの楽しみに近い。スポーツは一時的な幻覚ではあれ，肉体的能力を梃子として，あらゆる人間が平等であるという民主主義的な幻想さえも作り出す。

　しかしむろんスポーツが経済や政治からまったく独立した，「純粋な肉体的能力による競い合い」であるわけではない。オリンピックや各種の選手権といわれるものが，世界大のビジネスにして政治的抗争の舞台であることは，スポーツの歴史自体が証明していることであるし，私たちが自分自身でスポーツを楽しむにも，さまざまな歴史的・社会的要素が影響している。たとえば似たようなゲームでありながら，なぜアメリカや日本，韓国，台湾などではベースボールないしは野球の人気が高く，イギリスやインド，パキスタン，南アフリカなどではクリケットが盛んなのだろうか？あるいは世界中の人々が熱狂するサッカーのワールドカップにしても，主催国のチームが例外なく決勝トーナメントに残れるのはなぜなのかを，少しでも考えてみたらいい。主催国のチームが早々と負けてしまって，観客

が入場券を買ってくれなければ，膨大な資金を必要とする興行そのものが成り立たないことは，小学生でもわかる理屈だ。そこには八百長とまでは言わずとも，このような催しそのものを成立させている経済的・政治的力関係が厳然と存在する。「スポーツに政治を持ち込んではいけない」のではない。スポーツと政治は切っても切り離せないものであるからこそ，スポーツにいかに広い意味での政治的力関係が関わっているのかを冷静に考察するのが，カルチュラル・スタディーズなのだ。

　『ミリオンダラー・ベイビー』は，おそらくもっとも孤独で，純粋に肉体と肉体とが直接に競合するスポーツのひとつであるボクシングを題材としながら，そこに民族，階級，ジェンダーといった文化の力学の変数を掛け合わせることによって，スポーツを現代社会に不可欠な消費と創造の要素として考えるきっかけを私たちに与えてくれる。ボクシングは美しく，また恐ろしいスポーツだが，その美や恐怖も文化的力関係の産物であり，だからこそそれに触れた私たち自身の文化的力関係を改変する力を持つのである。

9．＜音楽＞　『耳に残るは君の歌声』

　私たちにとってスポーツやファッションと並ぶ消費と創造の重要な対象として＜音楽＞がある。アナログ録音によるレコード盤から，デジタル録音によるＣＤの普及，さらにはインターネット配信による音楽受容と，20世紀後半の音声複製技術の目覚しい発達によって，音楽を聴くことはほとんど私たちの身体の一部と化してきた感がある。音楽はかつてのように演奏会場で他の人々と一緒に享受するものから，個人による携帯が可能で，他の活動をしながら楽しむことが主流の消費活動になりつつある。このような音楽をめぐるメディアとテクノロジーの変化は，音楽と人間との関係に大きな変化をもたらさずにはおかないだろう。まず身近な情報機械の発達によって，音楽はわざわざ距離を移動して聴きに行ったり，楽器を使ってかなりの訓練期間の後に習得するという，身体的努力とは無縁のものとなりつつある。しかしそうした表面的な距離の消滅は，音や歌や声というものが持つ，私たち人間を心の底から動かす力を消滅させはしない。いか

に手軽に音楽にアクセスできるようになっても，音楽の優しさやすごさ，それが抱えている人間的喜びの大きさや悲しみの深さ，人間の感性をとぎすまし，生きる価値を身体の奥底に伝える音楽の響きの力はときにすさまじい勢いで再現されることがあるからだ。

　『耳に残るは君の歌声』という映画から私たちが受け取るのも，そのような音楽の根源的力ではないだろうか？　歴史の流れと政治の圧力に屈せざるを得ない無力な人間たちが，音と声の記憶だけを頼りにしてたどる再生の旅路。それは音楽が文化の力学によって形作られながらも，そうした政治的・社会的力関係をしだいに変えてゆく可能性をどんな時代でもけっして失わないことを如実に教えてくれるのだ。

IV．移動と定着

　現代世界の支配的な経済様式は**資本主義**的なそれである。それはおよそ過去5世紀にわたって，航海・航空・情報伝達技術に支えられた遠隔地貿易と，土地や人々や物資の植民地支配，労働力の無償搾取を目的とした奴隷制度，およびそれらに伴う**人種・ジェンダー・階級**などをめぐるさまざまな差別によって維持されてきた貧富の差の生産を指す。それは特定の共同体や国の内部では，持つ者と持たざる者との階層関係を形作り，共同体あるいは国相互の関係，つまり国や共同体の外部においては，**移動**によって富を増大する者と移動しなければ生存できない者とを峻別してきた。ある社会におけるマジョリティは，自分たちがある場所に**定着**し，そこで定住者としての義務を果たし権利を享受することを疑う必要がないが，マイノリティはつねに，たとえ義務を強要されたとしても，それに見合うだけの権利を与えられるかどうか定かではない。どの場所にいても，マイノリティにとっては定住が既定事実ではなく，むしろ無権利状態と漂流が常態なのだ。

　このように文化を政治的・経済的・歴史的実態に沿って考えようとするカルチュラル・スタディーズにとって，人間や物や情報や富の移動と定着という問いは，きわめて先鋭な問題意識を誘発する。それは資本主義的な

生産と消費の様式がほぼ完全に世界を覆っている21世紀初頭の現状において，私たちが生きている状況の仕組みと力関係を知るために不可欠な現実にして概念なのである。この項では，そうした現実の力関係を認識し原理的な考察を行なうために，次の3つの章を立てよう。

10. ＜ディアスポラ＞　『エレニの旅』

　＜ディアスポラ＞はもともと「離散」という意味のギリシャ語で，古代にパレスチナの地を去って世界各地に移住した離散ユダヤ人を指す。植民地主義化し国家暴力と民族紛争に明け暮れた近代の世界史は，ユダヤ人以外にも多くのディアスポラを生んできた。アフリカ大陸からアメリカ「新大陸」に奴隷として連れてこられた「ブラック・ディアスポラ」，イギリス植民地の嚆矢であったアイルランドから流失した「アイリッシュ・ディアスポラ」，19世紀から安価な労働力としてアジア大陸から世界中に移住した「チャイニーズ・ディアスポラ」と「インディアン・ディアスポラ」，日本の植民地支配ゆえに朝鮮半島から離散した「コリアン・ディアスポラ」，イスラエル建国とその後の中東紛争によって故郷を奪われた「パレスティニアン・ディアスポラ」，独自の国民国家をいまだ持てずに離散するアルメニア，クルド，バスクなど無数の少数民族ディアスポラ，そして近年でもソマリアで，ルワンダで，旧ユーゴスラヴィアで，アフガニスタンで，イラクで陸続と生み出されているディアスポラたち…。彼ら彼女らは自らのアイデンティティを主張しようにも，定住地と国籍と市民権を既得権として何の疑いもなく保持する者が自然に受け入れている「…国民」，「…人」という自己名称を持ち得ない人々であり，自分が慣れ育った「母語」と在住する場所が強制する「母国語」とに引き裂かれた存在である。

　しかし近代の歴史は，「国民」として国家の庇護の下に置かれ，その防衛のために武器を取る者たちによってのみ築かれてきたのではない。上に記した以外にも無数に存在するディアスポラたちによっても，近代世界は作られてきたからだ。というよりむしろ，国民が自らを他者と区別された国民として規定するために，国境の外に追放し，国境の外から押し寄せてくるディアスポラの存在が必要だったのである。ということはつまり，国

家に安住する国民からは見えない歴史の真実が，国境のはざまにしか居場所がないディアスポラには見えるということではないだろうか？　彼ら彼女らはつねに流浪を運命づけられた旅する存在であるがゆえに，近代史の影の証人であり続けている。

　『エレニの旅』も，「ギリシャ」の地を象徴するエレニという名前を持つひとりの女性の旅路を通して，私たちの歴史と社会におけるディアスポラに対する普遍的な認識を触発する映画だ。ギリシャに限らず，国民国家のはざまに落ち込んだ者たちは，いまだにエレニのように安住の場所を求めて慟哭し続けている。

11. ＜在日＞　『パッチギ！』

　植民地支配，他民族の文化抹殺，経済的搾取，帝国主義，このどれもが西ヨーロッパ諸国に特有の事情ではない。日本という国家が近代国家として19世紀以降，自らを成型していったときも，ヨーロッパの植民地主義を模範として自己を形作ってきた。そのような暴力に彩られた近代史の証人が，日本国家の内部の他者である＜在日＞の人々，とくに20世紀初頭以来半世紀近く続いた植民地支配によって，文化的・経済的・社会的な従属状態を強いられ，さらに植民地支配の終焉後も，アメリカ合州国主導の冷戦体制下で，日本国内における無権利住民として，さまざまな差別にさらされてきた在日朝鮮人である。しかしながら，このような日本国家と日本国民の自己成型にもっとも関わりのある他者であり，その暴力の直接の被害者であり続けてきたマイノリティである在日朝鮮人にたいする日本人マジョリティの知識と理解と認知は絶望的なほど低い。近年いわゆる「韓流ブーム」と呼ばれて，韓国のテレビ番組，音楽，映画，グルメなどが日本国民に大きな人気を得ているが，その反面北朝鮮に対する偏見や，朝鮮半島の歴史に対する無知は一向に是正される気配がない。

　在日はいまだに日本人マジョリティにとって負の歴史の証人であり続けているが（彼ら・彼女らは果たしてそんなことを望んでいるだろうか？）『パッチギ！』のような映画が多くの日本人によって見られる必要もそこにこそあるだろう。「パッチギ」という朝鮮語には，「境界線を渡る」とい

う意味と「頭突き」という意味があるという。それにふさわしくこの映画は，差別と暴力が支配する戦後日本の若者社会において，民族の境界線を越えることの困難と喜び，出会いの痛みと喪失の苦悩を描いて，私たちマジョリティ日本人の無知と無関心を衝ち，その責任を問いかけるのだ。

12. ＜労働＞　『息子のまなざし』

　資本主義と植民地支配が席巻した近代の世界史を動かした原動力は，言うまでもなく搾取された人間たちの＜労働＞である。アフリカ大陸から強制的に拉致連行された黒人奴隷たちの汗と血がなければ，資本主義経済の発達も産業革命もなかったわけだし，植民地宗主国においても階級とジェンダーと人種差別が連動したプロレタリアートの苛酷な労働がなければ，西ヨーロッパ諸国はその繁栄を維持できなかった。20世紀末からの資本主義の世界制覇を表明するグローバリゼーションを考える際に，もっとも軽視されがちなのが，この労働の問題だ。汗を流して他人とともに働くというのはどういうことなのか？　労働の報いはどうあるべきなのか？　自己の労働は他者との関係を変えることができるのか？

　これらの重要な問いに『息子のまなざし』は答えようとする。人間関係においてもっとも対極に位置すべき2人，息子を殺された父親と，その犯人である少年とが，ともに労働することでいったいどのような可能性と限界が明らかにされるのか？　暴力と労働が出会う場所で，驚くべき真実が静かに明らかにされていくのだ。

V．暴力の現場

　カルチュラル・スタディーズが扱う文化は，広い意味での暴力の痕跡を刻印している。抑圧とそれに対する抵抗のための暴力はこれまでの歴史を動かす原動力であり，社会と国家と個人を構成する原理であった。それは帝国主義や植民地主義のようなグローバルな搾取であったり，人種差別やジェンダーによる不平等のような共同体に特有の抑圧であったり，殺人や性的迫害のような個人的犯罪であったりという違いはあっても，文化が暴

力によって形作られ，暴力を生み出しているという事実に変わりはない。歴史を探るとはそのような暴力の痕跡に寄りそいながら，現時点で可能な限りの是正と補償と再発防止のための自己教育に努めることである。言い換えれば，暴力の現場から眺めるとき，カルチュラル・スタディーズにとっての歴史は，過去の記録ではなく現在の課題となるのだ。よってこの項では，現在の私たちにとって暴力への問いが避けられない場として，人種と戦争と民族にまつわる3つの現在形での歴史を取り上げよう。

13. ＜ホロコースト＞　『シンドラーのリスト』

　20世紀以降は戦争による非戦闘員の大量虐殺の時代であると言われる。それを象徴する3つの出来事が，日本軍がアジア太平洋地域で行なった「三光作戦」（「焼き尽くし，奪い尽くし，殺し尽くす」），アメリカ軍による広島と長崎への原爆投下と都市空襲，そしてナチスによるユダヤ人抹殺政策がもたらした＜ホロコースト＞である。これら3つの国家による組織的暴力の要因でもあり，またそれを可能にしたのは，虐殺の対象とされた人間を自分と同等の人間と見なさない人種差別主義の教育と，最小の努力によって最大の利益を奪取しようとする資本主義的経済機構と，こうした暴力装置を稼動させたテクノロジーの発達だ。これら3つの出来事はいずれも第2次世界大戦中およびその前後のことだが，それぞれの犠牲者数を概算するだけでも，日本軍の侵略による死者がアジア全域で2千万人，原爆や空襲の死者が複数の民族にまたがって数十万人，ホロコーストによって殺されたユダヤ人の数が6百万人と，それまでの歴史における戦争犠牲者の数とは桁違いのスケールで民間人の殺害が行なわれたことがわかる。おそらくこのような数の膨大さは兵器や殺戮技術の発達の結果であると言うよりはむしろ，人間をそれぞれの名前や顔や人生を持った個人と見なすのではなく，数や統計としか考えない思想こそが，こうした空前の（しかし，絶後である保証はどこにもない）民間人大量虐殺を可能にしたのである。

　『シンドラーのリスト』という映画は実話に基づきながら，ナチスによるホロコーストの犠牲者と生存者を単なる数から，家族や友人を持った個

人である人間としてとりかえそうとした試みである。あらゆる実話に基づくとされる映画がそうであるように，そこには映画表象による理想化と歪曲が伴っているが，それにもかかわらず，というかそれゆえに，この映画はホロコーストを現在の私たち自身の同時代史として省察するための重要な手がかりを与えてくれる。

14. ＜テロリズム＞　『アルジェの戦い』

　2001年9月11日にアメリカ合州国本土が旅客機を利用した自爆攻撃に襲われてから以降，＜テロリズム＞が私たちの世界を覆う暴力の代名詞となった感がある。被害を受けたアメリカ合州国の政府と主要メディアは，すばやくそれを「民主主義と自由の敵であるテロリスト」の仕業であるとして，国外では基本的に石油資源確保を目的としたアフガニスタンとイラク侵略を正当化し，国内では民主主義自体の根幹を揺るがすさまざまな統制的政策とナショナリズム高揚策が実施されてきた。こうした現在進行形の暴力に直面しながら私たちが何度も立ち戻るべき問題は，テロリストとは誰のことであり，テロリズムとは何なのかという問いだ。国家間戦争や国内の少数派弾圧に代表される「国家テロリズム」が正当な報復手段として容認される一方で，特定の宗教的・民族的・文化的背景を持つ集団が潜在的な「テロリスト」と見なされるとしたなら，そのような思考の操作を行なっているのは誰で，何のためなのか？　圧倒的な国家の軍事暴力に対抗する民族の独立をめざすゲリラの闘いにとって，テロリズムは有効な抵抗の手段となり得るのか？

　フランスの植民地支配に対抗するアルジェリア民衆の闘争と，それを弾圧するフランスの警察・軍事力との戦いをドキュメンタリータッチで描いた『アルジェの戦い』は，こうした問いに肉迫する。製作後40年あまりを経ていまだにこの映画が衝撃力を失わないのは，ゲリラと国家双方のテロリズムが抽象的な政治的スローガンではなく，個人としての人間が実行するぎりぎりの行ないとして画面に刻み込まれているからだろう。テロリズムはけっして2001年の9・11以降の特殊現象でもないし，単にアメリカ合州国政権の海外侵略と国内統制に便利なイデオロギーでもないのである。

15. ＜民族分断＞　『JSA』

　20世紀の二度の世界大戦とその後の東西冷戦体制は，世界のさまざまな場所で同じ＜民族を分断＞し，相互に対立させる政治的・軍事的・文化的システムを成立させた。ともすれば冷戦下の国家分断を「民族紛争」と呼んでしまうことで，それがまるで当該国民だけに責任のある悲劇のように考えられてしまうことがあるが，このような近代国家の分断にもっとも責任を負うべきなのは，それをもたらした植民地主義体制である。そして私たち日本に住む者にとって，20世紀の植民地支配の残した課題として，21世紀となった今も解決されていないのが，朝鮮半島の統一である。しかし近年になって長年の朝鮮民衆の命をかけた闘いが少しずつ実を結び，南の韓国における民主化の進展とともに，南北統一の可能性が現実の政治的議題として浮上しつつある。

　南北分断国家の境界上にある共同保安区域（Joint Security Area, JSA）を舞台とした南北朝鮮の兵士たちの交流を描いた『JSA』も，そうした可能性を遠望しながら，しかし人々がそれぞれの国家体制に囚われた個人として抱える限界を見つめた映画である。日本人もこの映画に接するとき，他民族の悲劇や青春につきものの暴力を見るだけでなく，東アジアにおいて歴史を共有する者としての責務を感じるべきではないだろうか？

Ⅵ. 抵抗の実践

　テロリズムが国家体制による暴力とそれに反対する暴力との両方を意味するように，近代国家を形作ってきた暴力装置は，その国家による独占を許さず，自らの手に領有することによって抵抗する人々の営みをつねに促してもきた。それはときに植民地解放運動として，国家独立や民族自立運動として展開され，20世紀後半には多くのそれまで他国家に支配されていた地域での独立を達成させた。

　しかしそのような**脱植民地化**の過程は疑いもなく重要な変革の契機であったが，多くの地域で積み残された課題が大きく分けて2つあったと言えよう。ひとつは国家独立や民族解放が必ずしも新たに誕生した国民国家

体制内部での，階級・ジェンダー・人種差別の廃絶にはつながらなかったこと。この問題は，旧植民地であった多くのアジア・アフリカ・ラテンアメリカ諸国はもとより，旧宗主国であった先進工業諸国内部でも，貧富の差や特権を持つ者と持たない者との格差の増大によって火急のものであり続けている。またときに新植民地主義(ネオコロニアリズム)とも呼ばれるように，現在のグローバルな資本主義の覇権は，もはや領土的な他地域の支配を必要とせず，経済的・文化的な支配のネットワークによって，自己の利益の拡張と他者の搾取を常態としている。植民地の政治的独立は，南北問題と呼ばれる国家や地域間の経済的差異の解体や，国家内の社会的差別の解消をもたらしはしなかったのである。

　２番目の問題は，抵抗運動の継続が暴力の連鎖を断ち切る可能性についてである。国家暴力に対抗する有効な抵抗運動の多くは軍事力の領有によってなされてきたが，それらは成功するために長年の訓練と高度な専門性を持つものとならざるを得ない。多くのゲリラ闘争の戦士たちが，生まれてからこのかた戦争以外の生活を知らず，戦闘の終結後も平和な社会に適応できないことには多くの事例がある。武力による抵抗闘争が勝利を収めた後で，いかにその軍事力を廃棄することができるのか？　現代史はその可能性について希望をもたらすものとは言えない。軍事的な抵抗に勝利した勢力がそのまま軍事力を保持し，それが獲得した権力を維持するために今度は逆に民衆や反対派を抑圧する例に，私たちは事欠くことがないからだ。ミクロなレベルでの差別の解消と，暴力の連鎖の切断——抵抗を持続するとは，それらの問題への継続的取り組みのことでもある。

　抵抗の実践は，民族の自立や軍事的暴力だけによるものではなく，経済的な生存や改善を求めて移動する者たちが，言語や文化装置のようなメディアを支配者の占有物とせず領有することによっても，あるいはまた人々が抑圧された歴史を復興しようとすることによってもなされてきた。

　メディアの項で考えたように，人々の生きてきた過去を表し，未来を指し示す歴史も，言葉やイメージによる物語に過ぎない。と言ってそれは，事実が存在しない，ということではない。事実を事実たらしめるのが，言葉や身振りや映像だということだ。私たちはそのような**表象**（＝再現）を

通してしか事実を知ることができない。起きた出来事を全て記録することができない以上，私たちに残された歴史はある特定の視点から切り取られたイメージや解釈の集積に過ぎない。それはまた，歴史とは解釈され直されるものであり，不断に書きかえ創造し得るものであるということだろう。

　歴史とはけっして支配者によって都合よく書かれた物語だけを意味しない。またそれは勝者によって書かれた「正史」と，敗者によって提出される「叛史(はんし)」との，きれいに分かたれた二項対立でとらえきれるものでもない。歴史とは整序された物語には収まりきれない，人々の証言や記憶や，抹殺された声や沈黙の貯蔵庫である。もし歴史が声高な者，メディアとテクノロジーを支配する者，書記言語を駆使する者だけによって作られるとしたなら，それは出来事の一面しか表現することができないはずだ。むしろ歴史の教訓として未来に生かされるべき過去は，言語や国籍や文化や人種やジェンダーにおいてマイノリティとされてきた人々からもたらされる。それは，社会の周縁に居住することを余儀なくされた彼ら彼女らの目に，マジョリティには見えない歴史の真実がいつも映っているからではないだろうか？

　しかし歴史にとって根本的な問いかけは，たとえば戦争によって何の痕跡も残さずに抹殺された無辜(むこ)の人々の記録をどのように再現し得るのかということだ。歴史はこのような不可能性をはらんだ営みであるがゆえに，つねにその内部に闘争と葛藤をはらんでいる。歴史とはけっして固定されたものではなく，つねに書き換えられ，読み替えられ，作り変えられるものなのだ。その意味で抵抗の実践に着目した歴史とは永遠の現在進行形であり，過去と現在と未来の往還関係のうちに姿を現す。

　このように抵抗は，支配的な歴史や知識からもれてしまうような断片的な物語や沈黙の身振りのなかにこそ見出される。この項では次の3章によって，力を奪われてきた人々の抵抗の営みを考えていこう。

16. ＜難民＞　『イン・ディス・ワールド』

　最近の地球上をめぐる物と情報と金銭と人の急速な流動に伴う地理的・政治的・経済的・社会的変化を指す用語としてグローバリゼーションとい

う言葉がよく使われている。グローバリゼーションのおかげで国境が低くなったとも言われるが，現実にそれは国家間の争いの減少を促すことにも，あるいはより平等な世界を作り出すことにもなっていない。国境を越える移動が容易になったのは，商業的に必要とされる物資と，それに必要な金銭，およびそれを機能させる情報，そしてそれをつかさどるだけの時間的・金銭的余裕を持った人間たちだけで，その一方でグローバリゼーションは，本当に必要な物や情報の国際的流通を必ずしも促進していない。〈難民〉や貧しい移民層に代表される求められざる人間たちにとっては，むしろ国境の壁はますます高くなっているのが現状である。現代のグローバリゼーションこそは，私たちの社会や文化が抱える矛盾や暴力の集約点となっているのだ。

　20世紀が終焉した今，世界でいまだに領土支配として維持されている植民地はたしかに少数となったが，それが国際的に，あるいは国家内での異なるグループ間での社会的・経済的平等をもたらしたかというと，必ずしもそうとは言えない。とくに構造的な貧困や戦争によって，自国の共同体のなかで繁栄できない者たち，生存することもおぼつかない者たちが，政治的・経済的な理由から故国を離れて，よりよい生活を求めて他国へと渡る。このような移民の群れは，近代国家そのものを作ってきた重要な要素であるが，彼ら彼女らが移動することを希望する国がその受け入れを拒否したらどうなるか？　あるいは政治的な信条によって，ある特定の国家から追放されたような人々は？　現在の世界には無数のこうした難民がいる。彼ら彼女らは，国籍もパスポートもなく，私たちの多くが当然のこととして享受しているさまざまな権利から切り離されている。そして新たな居住地を求める旅には，しばしば命の危険さえ伴う。

　『イン・ディス・ワールド』は，現実にアフガニスタンからイギリスに難民として流入した体験を持つ少年たちを俳優として撮られた映画である。なぜ彼らは命の危険を冒してまで，土地を横切り海を渡るのか？　映画に刻印されたこうした人々の確かな生きざまは，「発展途上国の貧しい民衆」といった私たちのステレオタイプなイメージをはるかに超えた難民の苦闘と思いを伝えるだろう。

17. ＜帝国＞　『プロスペローの本』

　植民地主義と帝国主義は他者の文化や経済の搾取や支配という点で重なるところが多いけれども，その違いとしておもに3つの点を指摘できるだろう。ひとつは時代的な違いで，とくにヨーロッパ勢力の他地域への拡張として16世紀以降の近代を考えた場合，まず個別の植民地の獲得による支配領域の拡大があり，それが次第にグローバルな支配のネットワークとして構築されていき，＜帝国＞として認識されていくという順序が考えられる。あるいは視点を変えて次のように考えることもできる。近代の西ヨーロッパ諸国による植民地獲得は，前近代の大帝国（アステカ，インカ，オスマン・トルコ，清，ロシア，ハプスブルグなど）を崩壊させ，新しい帝国主義列強の台頭を招いた（その覇者が19世紀に世界にまたがる帝国を完成した大英帝国であり，20世紀にそれを引き継いだアメリカ合州国である）。その意味で，近代の資本主義的経済様式に基づく植民地主義は，帝国主義を前近代の形態から近代世界の支配原理へと進化させたのだ。

　2つめは支配の形態の違いで，植民地主義の場合は宗主国と植民地との直接的な領土支配と不平等な交易によって関係が築かれていくが，帝国主義の場合は必ずしも直接的な領土支配を必要とせず，しかも二者関係よりは三者以上の経済的・文化的・社会的な全体として大規模な支配のシステムが築かれていく。

　3つめに，帝国主義は必ずしも植民地主義における宗主国のようなかたちでの支配の中心である特定の国家や共同体を必要としない。それは多国籍企業や金融機関のような集団的支配体制であったり，「英語帝国主義」のように，ある特定の覇権的言語によるあらゆる社会的側面における文化的支配の様態であったりする。言い換えれば，仮に植民地主義が植民地の宗主国からの独立によって終焉したとしても，帝国主義は経済的・文化的支配としてより執拗なかたちで残存し得る。

　シェイクスピアの『テンペスト』に題材をとった映画『プロスペローの本』が扱うのも，まさにこの植民地を必要としない支配のありようだ。そうした支配の鍵となるメディアは言語だが，この映画はその支配の貫徹と終焉を，「本」という書記言語と身体から発せられる口承言語との緊張し

た関係のうちに描くことによって，現在の世界を囚えている帝国主義的な覇権の仕組みと，そこからの解放の可能性を探るのである。

18.＜先住民＞　『鳥の歌』

　1492年のコロンブスによる「新大陸の発見」によって象徴的に開始された5世紀に及ぶヨーロッパ的な植民地主義の歴史のなかで，もっとも抑圧され消去されてきたのが，＜先住民＞の文化であり歴史であることは言うまでもないだろう。それは土地や収穫物の略奪や，人々の奴隷化による組織的支配，軍事的あるいは新たに持ち込まれた病原菌による人口の大量殺害にとどまらず，家族や相続制度などの社会的システムの転覆，言語と芸術の抹殺，法と倫理の解体，および土着のテクノロジーの否定を含んでいた。このような民族虐殺に対する先住民の対処と抵抗の体験を再現することは，きわめて困難な試みである。そこには書記言語や表象によって残された記録が少ないだけでなく，「植民地支配だって悪いことばかりではなかった」といった植民地主義の正当化か，「失われた原初の無垢を回復しよう」といったユートピア的な民族主義的願望に終わってしまうことが多いからだ。

　『鳥の歌』という映画は，現代の南アメリカを舞台として，このような植民地主義の犯罪を反省するという試み自体の挫折を描く。しかもそれが映画製作の内幕を描く「映画内映画」という手法で行なわれることによって，西洋的なテクノロジーの力への根本的な問い直しをも含むものとなっている。先住民の歴史を再現することの不可能性を示唆しながら，彼ら彼女らがけっして失われた過去の遺物でも，純粋な民族標本でもなく，複雑な現代の力関係のなかで生き抜く知恵を備えた人々であることが，この映画から確かめられるだろう。

■＜カルチュラル・スタディーズ＞について手始めに読んでみよう

▷ 上野俊哉・毛利嘉孝『カルチュラル・スタディーズ入門』（ちくま新書，2000）
▷ 『現代思想のキーワード』（『現代思想』2000年2月臨時増刊）

- ▷ 菅谷明子『メディア・リテラシー――世界の現場から』(岩波新書, 2000)
- ▷ 姜尚中編『知の攻略　思想読本4　ポストコロニアリズム』(作品社, 2001)
- ▷ 本橋哲也『カルチュラル・スタディーズへの招待』(大修館書店, 2002)
- ▷ 上野俊哉・毛利嘉孝『実践カルチュラル・スタディーズ』(ちくま新書, 2002)
- ▷ ピーター・ブルッカー『文化理論用語集　カルチュラル・スタディーズ＋（プラス）』(新曜社, 2003)
- ▷ 吉見俊哉『カルチュラル・ターン, 文化の政治学へ』(人文書院, 2003)
- ▷ 石田英敬『記号の知／メディアの知――日常生活批判のためのレッスン』(東京大学出版会, 2003)
- ▷ 小森陽一編『研究する意味』(東京図書, 2003)
- ▷ 富山太佳夫『文化と精読』(名古屋大学出版局, 2003)
- ▷ 内田樹・難波田和英『現代思想のパフォーマンス』(光文社新書, 2004)
- ▷ 伊藤守編『文化の実践, 文化の研究――増殖するカルチュラル・スタディーズ』(せりか書房, 2004)
- ▷ 鷲田小彌太『現代思想の「練習問題」――キーワードの発見と使用法』(彩流社, 2005)
- ▷ 内田隆三『社会学を学ぶ』(ちくま新書, 2005)
- ▷ 香山リカ『いまどきの「常識」』(岩波新書, 2005)

■＜映画＞について手始めに読んでみよう

- ▷ 加藤幹郎『映画とは何か』(みすず書房, 2001)
- ▷ 木下昌明『映画がたたかうとき―壊れゆく＜現代＞を見すえて』(影書房, 2004)
- ▷ 『季刊　前夜』(影書房, 2004年10月〜)
- ▷ 伊藤千尋『君の星は輝いているか―世界を駈ける特派員の映画ルポ』(シネ・フロント社, 2005)
- ▷ 長谷正人・中村秀之ほか『映画の政治学』(青弓社, 2005)
- ▷ 森達也『ドキュメンタリーは嘘をつく』(草思社, 2005)

I

アイデンティティの
揺らぎ

第 I 章 ＜自己＞

『千と千尋の神隠し』

〈DATA〉

監督　宮崎　駿

声の出演　柊　留美，入野自由，夏木マリほか

（2001年，日本）

〈KEYWORDS〉

1. 越境　　4. 食
2. 名前　　5. 物語
3. 主体

1◉越境による変化

STORY・1　トンネルを抜ける千尋

　今日は一人っ子の少女，千尋とその両親の引越しの日。3人は新しい家に車で向かうが，山の中で道に迷ってしまう。行き着いた先に現れたトンネルに興味を引かれた父親の提案で，3人はトンネルを抜けて向こう側の世界を訪れる。そこには見知らぬ町が広がっていた。

　不吉な雰囲気を感じて戻りたいと言う千尋を尻目に，父親と母親は屋台に並ぶおいしそうな食べ物の匂いに誘われて食事に夢中になっているうちに，いつのまにか豚になってしまう。

| POINT・1 自己と境界 | 『千と千尋の神隠し』は，越境によって自己が変化する可能性を描く。|

　自己と他者，こちら側の世界と向こう側の世界，過去と現在，日常と夢，といった対立したり相互に依存したりする２つの領域。それらをつなぎ，結ぶと同時に，区分し，隔てている境界として，トンネル，橋，階段，樋，川，鉄道などがこの映画では重要な役割を果たしている。もともと，千尋がいたそれまでの日常的な世界と「千」という名で働くことになった夢のような世界とをつなぎ隔てていたのは，異界への通路としてのトンネルである。また，この不思議な世界の中心とも言うべき湯屋にたどりつくには大きな橋を渡らねばならず，湯屋自体のなかにも移動を可能にすると同時に通行を妨害する階段やエレベーターや通路，湯を運ぶ巨大な樋や薬をしまう引き出しがある。さらに，千が終末近くでハクにかけられた魔法を解くために，湯屋の主である湯婆婆(ユバーバ)の双子の姉妹銭婆(ゼニーバ)を訪ねていくのは，水の中を渡る鉄道の旅によってなのだ。

　これらの越境は自己の変化，あるいは自己と他者との関係の変化をもたらさずにはおかない。千となった千尋の成長は，そのような越境による他者との出会いをとおした自己の新たな構築，移動と旅による見知らぬ世界との遭遇によってなされるからである。

　境界の侵犯であると同時に，新たな体験をもたらす対話。それは新しい自分と他者に出会う恐れと喜びに満ちた，解放の快感と喪失の痛みを伴う過程であり，今まで知らなかった自分の可能性に目覚める旅路なのだ。

2● 名前の喪失と獲得

| STORY・2 | 湯屋で働く千 |

　両親が豚となり，驚き絶望した千尋はハクという少年に出会い，彼に助けられる。千尋はこの魔界の食物を食べないと体が透明になって消えてしまうので，ハクから木の実をもらって食べる。千尋はハクに連れられて巨大な湯屋に

つながる橋を渡り，その湯屋で働くことになり，千という名前を与えられる。湯屋には魔法を操る湯婆婆という老女が君臨し，ハクもその下で働かされているらしい。この湯屋にはさまざまな怪物や神々が客として訪れる。湯婆婆には沼の底に住む双子の姉銭婆がいるが，湯婆婆は彼女を憎み恐れていた。

POINT・2　自己と名称　『千と千尋の神隠し』では，名前によって自己のアイデンティティが規定される。

　私たちの名前は，自己を他者から区別し，自分が自分であると証明するもっとも基本的な要素のひとつである。しかしそれはつねに他者によって，ある一定の文化圏において，特定の言語を通して，与えられるものだ。つまり名前という自己のアイデンティティを示す記号を，人は人生の当初において，あるいはその後も完全には自分だけの意志で選択することができない。つまり名前とは，自己と他者とのつねに移り変わりつづける力関係の指標である。

　この映画で千尋はその名前を湯婆婆に文字通り奪われ，千と改名されることによって，その支配に屈することになる。しかしそうしたもともとの名前の喪失も，主人公の少女にとって損失であるよりは，これまでの自分とは異なる自己を探すための苦痛と冒険に満ちた，しかし最後には大きな実りをもたらす契機なのだ。

　与えられた名前に自己のアイデンティティを規定されながら，そこから新たな自己を築いていこうとするのは，千尋だけではない。湯婆婆の魔法によって彼女の命令に従っているハクも，もともと水神としてミギハヤミ・コハクヌシという名前を持っており，それを千との友情によって回復する。このように名前は自分の歴史と体験の記録であると同時に，他者と自己との相互認識の証明でもあるのだ。

　千が湯屋で出会い，特別な関係を持つ人物のひとりに，顔ナシがいる。その名前の通り，彼は顔も名前も声も持たない存在であり，それゆえに他者を限りなく吸収することができ，また金貨のように他者の望むものをいくらでも生み出すことができる。友を絶望的に求めながら，他者への思い

を物質的な交換としてしか表現できない顔ナシは，千と同じように新たなアイデンティティを求めて苦悩する。その意味で彼は千の分身(ダブル)である。そうした物質的な消費と蕩尽(とうじん)の果てに，顔ナシはハクを救おうとする千の旅路に同伴することによって，他者から自らの価値を認識され，銭婆の元で安定した生活を送ることができるようになる。千が危険と苦難に満ちた冒険と体験の末に，単に千尋という元の名前を回復するだけでなく，まったく新しい自己のアイデンティティを獲得するように，顔ナシも飽食と喪失の体験を経て，何も持たない存在としての自らのアイデンティティを受け入れることができるようになるのである。

3 ● 主体の構築

STORY・3 千，さまざまな他者と出会う

湯屋で神々や妖怪を含めた多くの者と出会い，これまで知らなかった体験をする千は，人見知りする女の子から他者を助けることのできる少女へと成長していく。たとえば千に魅かれて湯屋に迷い込んできた顔ナシ。彼は金貨をばらまき，あらゆる物を食べ尽くすが，金銭の魅力になびかない千によって本来の自分に帰ることができる。ハクも湯婆婆の魔法に縛られ，龍として彼女の命令に従っていたが，千の友情によって救われることになる。

POINT・3 自己と構築 『千と千尋の神隠し』は，自己の主体が他者との関係のうちにしか構築されないことを示す。

アイデンティティを主題とする物語が，まだ大人になりきらない少女や少年を主人公とするのは，彼女ら彼らの主体化のプロセスが私たちの興味を引くからである。主体化とは，自分がどのような社会的関係のうちに存在しているかを認識する過程のことだ。

端的に言って私たちが主体となるのは，他者から呼びかけられたときだろう――「かわいいねえ，君は」「おい，そこのおまえ！」「男だろ，あん

たは」「愛しているよ」「あなたのおかげでこうなったのだから」…。自己はこのような他者から来る呼びかけを，聞こえないふりをしたり，無視したりすることはできるが，それを存在しないものとすることはできない。私たちの主体が他者の呼びかけによってすでにそこに成立してしまっているからだ。

　主体が構築される過程で重要なのは次の2点である。第1に主体が固定したものではなく，時と状況によって可変的に形成されること。第2に，それがさまざまな社会的差異の範疇——ジェンダー，階級，収入，出身地，年齢，セクシュアリティ，人種，民族，信条など——が複合的に作用することによって作られ変化することだ。

　一人娘である千尋は多くの今どきの少女がそうであるように，はじめはやや臆病な普通の少女だった。しかし彼女は他者の存在や気持には敏感であって，さまざまな他者からの呼びかけに応えていくことで，主体を形成していくことができる。千という少女の特徴は，そのような呼びかけに応答(リスポンス)しようとする勇気と責任感を持っていることだろう。こうしてどこにでもいそうな少し内向的でシャイな少女が，社会的に応答責任(リスポンシビリティ)を持つ存在として主体化されていくのである。

　この映画には，さまざまな神々や怪物が登場し，それらは人間以上に人間的な様相を持った存在として，主人公の主体化の媒介となる。また千尋の父母のように動物化されてしまう人間も登場するのだが，そのような罰を受けるのは彼らが，他者に応答することを怠り，自ら新たな主体形成の契機を逃すからだ。千が最後に両親を豚の境遇から救い出すのは，湯婆婆の謎に答えることを通してである。千は全員が同じように見える豚が実はそれぞれ異なる主体であると見出すことによって，湯婆婆の魔術を破るのだ。

　この映画において，主として湯婆婆によって操られる魔術は，自己と他者の身体の変容をもたらすことはできても，新しい自己の発見に貢献することはない。むしろ自らの身体と言葉を使った地道な努力と知恵だけが，新たなアイデンティティの獲得に寄与するのだ。その意味でこの映画の主眼は，魔法に頼らない主体形成の価値を追求することにあるのではないだ

ろうか？

　湯婆婆と銭婆という双子の姉妹の対照は，主体化の過程が必然的にはらむ鏡像関係，すなわち鏡に映った像を認識するように，自己が模倣しながら異なろうとする同一化と差異化の同時進行を表している。あらゆる主体は，他者を自らの分身ないしは双子の片割れとして，それとの同一化と差異化をくりかえしながら形成されていくのである。

4 ● 食と変容

STORY・4　旅する千

　千はハクにかけられた魔法を解き，自らも湯婆婆から解放されるために，沼の底に住む銭婆のもとへ，水を渡る鉄道による長い旅に出かける。ようやく探しあてた銭婆は双子の湯婆婆とは違って，田舎家に住むとりたてて特別なところのない老婆だった。銭婆は顔ナシを自らのもとにとどめ，千を湯屋へと送り返してやる。

POINT・4　自己と変容

『千と千尋の神隠し』は，自己が何かを食べることによって変容する必然性を探る。

　食べることはもっとも基本的な生物の営みのひとつだが，それは自己と他者との混交をもたらす過程であるとも言える。千尋の父母のように魔界の食物を断りなしに食べることで，人間から豚になってしまう人物もいるが，それはもともと人間と豚とがきわめて近い関係にある，いわば相互に依存した動物だからではないだろうか？　豚は人間の排泄物を食べて太り，その肉を人間が食べることで人が生きる。人と豚はひとつながりの生産と消費のプロセスのうちにあるのだ。

　千もハクも顔ナシも，さまざまなものを食べることで自己を変容させていく。それはまさに他者を自らのうちに取り込むことで，他者とのつながりを確認し，新たな社会的存在として再生することである。

湯婆婆が君臨する巨大な湯屋こそは，そうした膨大な消費の場所だ。そこではあらゆるものが，まさに湯水のごとくに蕩尽される。それとは対照的に，沼の中にある銭婆の小さな田舎家では，規模は小さいが不可欠な生産過程として裁縫が行なわれ，お茶とお菓子が単に消費されるというよりは，お互いの絆を確かめるために分有され，共に食される。食べることは消費であると同時に自己の再生産であり，しかも自己と他者の絆を確認する共同の営みでもあるのだ。

5 ● 物語とアイデンティティ

> **STORY・5** 千尋の帰還
>
> 銭婆の助力により千は湯婆婆の呪縛から逃れることに成功する。さらに千は湯婆婆の謎々を解き，父母を豚から人間に戻すことにも成功，後ろ髪を引かれながらもハクと別れて，ふたたびトンネルを抜けて日常へと帰る。それは一瞬のようでもあり，長い時間のようでもある得がたい体験の終わりだった。

> **POINT・5 自己と語り** 『千と千尋の神隠し』では，自己が物語られることによってアイデンティティを確認する。

千がハクや顔ナシを含む多くの他者との関係において，自分自身のアイデンティティを獲得し，同時にハクや顔ナシのそれをも再生することができるのは，彼女たちが共同で自分たちの現在を過去から連なる物語のなかに位置づけることができたからだ。自らのアイデンティティは，自らの言葉によって語られる物語を他者に聞き取ってもらうことによって成立する。そこには言葉によるコミュニケーションにまつわる翻訳の困難や意味の決定不可能性があり，現実と夢との複雑な交錯が影響し，語る者と聞く者との力関係が作用する。

そのような物語が語る者と聞く者との関係性のうちに成立したときに，人は他者とのあいだに友情や愛といった親密な関係を築き，家族や共同体

の一員として自己を認識する。そうした関係には避けることのできない，愛と憎しみ，出会いと離別，悲哀と歓喜といった人間的な思いも，こうした物語がもたらすものだ。

　この映画の主人公が獲得するアイデンティティとは，まさに自己が語る物語のなかに自らを位置づける苦闘の証明なのである。

QUESTIONS

1. 越境をテーマとした他の映画をひとつ取り上げて，自己が自らの新しい可能性と出会ういきさつについて考察してみよう。
2. 名前がアイデンティティの指標として重要なのはどうしてだろうか？　個人の名前だけでなく，民族や土地の名前について例を挙げて考えてみよう。
3. 宮崎駿の映画には，自己と他者とが分身としての関係を築くものが多い。彼の映画をもうひとつ取り上げて，主体化のプロセスに他者との出会いが不可欠な理由を考えてみよう。
4. 食べることのほかに，自己と他者との混交をもたらす営みにはどのようなものがあるだろうか？
5. 人間は物語る動物であり，物語として古来多くの芸術が編み出されてきた。そのうちのいくつか，たとえば演劇と小説と映画とを比較し，それぞれの物語としての特性を考えてみよう。

▰＜自己＞にまつわるこんな映画も観てみよう

＊（　）内は監督，製作年

▶『市民ケーン』（オーソン・ウェルズ，1941）　「ばらのつぼみ」という謎の言葉を残して新聞王ケーンが死んだ。富や名声は自己という存在の空虚を埋めることはできるのか？

▶『生きる』（黒澤明，1952）　末期がんで余命いくばくもない市役所市民課長が，町に住む子どもを持つ女性たちの陳情を受けて公園建設に全力を傾注する。多数の意思を代行する自己の使命とは何か？

▶『冬の光』（イングマール・ベルイマン，1962）　牧師に訪れる空虚と孤独の感覚。神の沈黙に自己はどのように堪えることができるのか？

- ▶『カスパー・ハウザーの謎』（ヴェルナー・ヘルツォーク，1975） 19世紀ドイツに実在した「野生児」カスパーを描き，不寛容な人間社会を告発する。自己が他者と共生するための条件とはなにか？
- ▶『カッコーの巣の上で』（ミロス・フォアマン，1975） 刑務所の強制労働を逃れて精神病院に入った男の自己の自由と尊厳を求める闘い。個人と社会とのせめぎあいをジェンダーや人種の要素をからめて描く。
- ▶『デッドマン・ウォーキング』（ティム・ロビンス，1995） 殺人犯の死刑囚と精神アドバイザーとなったシスターとの心の交流。外界に暴力でしか関わってこなかった自己が，他者に心を開く道筋が見えてくる。
- ▶『桜桃の味』（アッバス・キアロスタミ，1997） 報酬と引き換えに自殺幇助をしてくれる人間を探す男。自己はいったいどのような出会いから，ふたたび生きる意味を見出していくことができるのか？

■宮崎駿監督の他の作品も観てみよう
- ▶『風の谷のナウシカ』（1984） この映画監督の戦争，女性，環境，伝説，共同体といったものに対する関心が集約されている出発点にして到達点。善と悪の境界線は引けるのか？
- ▶『となりのトトロ』（1988） 誰でも少年時代はおばけの「トトロ」のような隣人を持っている。しかし，そんな隣人と一緒に遊べる池や川や草地は今いったいどこにある？

■＜自己＞について，手始めに読んでみよう
- ▷大庭健『他者とは誰のことか』（勁草書房，1989）
- ▷山崎カヲル・永井均ほか『エロス』（岩波現代哲学の冒険4，1990）
- ▷細見和之『アイデンティティ／他者性』（岩波書店，1999）
- ▷今福龍太『クレオール主義 増補版』（ちくま学芸文庫，2003）
- ▷杉田敦『境界線の政治学』（岩波書店，2005）
- ▷酒井潔『自我の哲学史』（講談社現代新書，2005）
- ▷古東哲明『他界からのまなざし―臨生の思想』（講談社選書メチエ，2005）
- ▷浜田寿美男『「私」をめぐる冒険――「私」が「私」であることが揺らぐ場所から』（洋泉社新書ｙ，2005）
- ▷マイケル・ケニー『アイデンティティの政治学』（日本経済評論社，2005）
- ▷上野千鶴子編『脱アイデンティティ』（勁草書房，2005）

第 2 章 ＜家族＞

『ハリー・ポッターと賢者の石』

〈DATA〉

監督　クリス・コロンバス
出演　ダニエル・ラドクリフ，ルパート・グリント，
　　　エンマ・ワトソンほか
　　　（2001年，アメリカ）

〈KEYWORDS〉

1．血統　　　　　　4．鏡
2．想像の共同体　　5．孤独
3．異界

1● 血統の価値

STORY・1　ハリーの家系

　ハリー・ポッターは一見，イギリスならどこにでもいそうな普通の少年だ。しかし父親も母親も魔法使いの家系であるハリーには特別な能力があって，彼自身優れた魔法使いとなるべく教育される運命にある。とくにハリーの能力が期待されるのには理由があった。それはこの世界が現在，善と悪の勢力に二分された戦いに引き裂かれているからである。善良な魔法使いの世界を率いるのが，全寮制のホグワーツ魔法使い学校の校長ダンブルドーであり，対して悪逆非道にも多くの魔法使いを殺し権力を伸長してきたのが，自らもかつてホグ

ワーツで学んだヴォルデモートだ。ハリーの父ジェームズと母リリーも生まれたばかりの息子を守ろうとして，ヴォルデモートに殺されたのだった。

　ダンブルドーたちは，赤ん坊のハリーをリリーの姉ペチュニアとその夫ヴァーノン・ダースリーのロンドンにある家に預け，そこでハリーはホグワーツ学校に入学する11歳になるまで過ごしてきた。ダースリー家は魔法使いではない，普通の人間（魔法使い用語では「マグルズ」と呼ばれる）の家庭で，父親も母親も息子のダドリーもハリーを毛嫌いし，虐待してきただけでなく，ハリーが魔法使いの家系であることさえ隠してきた。しかしハリーの11歳の誕生日が近づき，ハリーにホグワーツ学校から入学の知らせが届く。ヴァーノンたちはなんとかハリーを入学させまいと家まで捨てて逃亡するが，ホグワーツに勤めるダンブルドーの忠実な部下で巨人族のハグリッドに見つかり，ハリーはハグリッドとともにロンドンに帰って，入学の準備を整える。

　ハリーがハグリッドから聞かされた彼自身の生い立ちや，ヴォルデモートのことはハリーを驚かすのに十分だったが，ハリーにはまだ彼自身がヴォルデモートのもっとも恐れる最大のライヴァルになるだろうことは理解できない。ヴォルデモートはジェームズとリリーを殺害したときに赤ん坊のハリーも殺そうとしたのだが，不思議なことにハリーを狙ったヴォルデモートの呪いは逆にヴォルデモートを襲い，彼は死にはしないまでも，力を喪失して他人の身体に寄生することでしか生き続けられない存在に転落していた。

POINT・1　家族と血統　『ハリー・ポッターと賢者の石』では，家族のアイデンティティが血筋によって定義されることが示される。

　家族は多くの人間にとって最小の，そしてもっとも身近な共同体だ。そこには私たちが日常的に体験する，逃れることが困難な血筋をめぐる力関係が充満している。この映画も基本的なところで，男性同士の関係と女性同士の関係のそれぞれにおいて，家族内の重要な2つの血縁関係によって成り立っている。

　ひとつめは，主人公ハリーとその父親ジェームズ・ポッター，およびハリーとその伯父ヴァーノン・ダースリーとの関係である。これを家父長制度内部における関係と言ってもいい。家父長制度とは，父親から長男へと

財産や土地や家柄や名誉や歴史や能力が引き継がれる制度だが，そこには決定的に重要な要素として父親の妻，つまり息子の母親の生殖能力が介在する。夫にとって自分の子どもが本当に自らの種によるのかどうかを確証するのは，通常，妻の言葉しかない──「心配しないで，あなたの子どもよ，ほら目元があなたにそっくりでしょ」…。男性にとって男系による権力継承を保証する要が，同時にその最大の弱点ともなり得るのだ。だから家父長制度にとって不可能な究極の理想は，女性の腹を経ないで子孫が生まれる一種の単性生殖であり，それが不可能であるからこそ，なるべく女性の生殖能力を隠蔽し，かつ管理することが必要となるのである。

　この映画も，そのような家父長制度における父親から長男への財産や能力の相続欲望によって貫かれている。ハリーがホグワーツ学校へと出発する準備を整えられるのも，グリンゴット銀行に預けられた親からの莫大な遺産によるものだし，ハリーがもっとも誇りとする生来の箒による飛行能力も明らかに父親譲りのものだ。

　ところがこの映画は，ハリーの父親ジェームズが，ヴォルデモートによって殺された時点から始まっている。家父長制度の根幹である絆が最初から暴力的に断ち切られているのである。代わりにハリーの面倒を見ることになるのが，伯父のヴァーノン・ダースリーであり，あらゆる点で父親のジェームズとは対照的な人物だ。その意味でこの映画も，父を殺された息子が父親の兄弟によって束縛される「ハムレット物語」の類型をなぞる。

　さて，この映画におけるもうひとつの親子関係，母親と息子の関係の方はどうだろうか？　これが映画における第2の重要な血筋関係をなしており，そこで重要なのは母親リリーと息子ハリーの関係だけでなく，ペチュニアとリリーとの姉妹関係，いわば女同士の絆である。

　ダンブルドーたちによって，ハリーの育ての親として，なぜよりによってまったく魔法に理解がないどころか，ハリーを嫌って虐待するダースリー家が選ばれたのだろうか？　それはヴォルデモートの殺戮に対して，リリーが自らを犠牲にしてハリーを守ろうとした，母親の息子に対する無償の愛情こそが，ヴォルデモートの悪逆な攻撃に対する最大の防御となるからだ。この映画が問題含みで提起するところによれば，そのような愛情

は母と子の血の絆のなかにしか見出すことができないというのだ。それゆえにたとえ気持ちとしてはハリーを毛嫌いしていても，リリーと血のつながったペチュニアのいる家庭では，ハリーはヴォルデモートの脅威から安全でいられる。だからハリーはホグワーツ校が休みのあいだ，いやいやながらもダースリー家に滞在せざるを得ない。

　この映画で，人間の価値を決めるものとして何度も言及されるのが血の純粋さに関わる問いである。とくにそれは，魔法使いの血筋とそうではない普通人「マグルズ」の血筋に関して重要となる。たとえばハリーのライヴァルのひとりである，ドレーコ・マルフォイは自らの魔法使いとしての血の純粋さ，高貴な血筋を誇りにし，そうでない者を軽蔑する一種の貴族である。ドレーコから見れば，ハーマイオニー・グレンジャーのような両親がマグルズである魔法使いは「汚れた血」の持ち主であり，ロン・ウィーズリーのような魔法使いの家系でありながら血筋も卑しく裕福でない家庭の息子も失格者とされる。またハリーのようにそれなりの家柄もありながら，ハーマイオニーやロンのような卑賎の者たちを友人とするのは掟に反した行ないということになるのだ。

　かくしてこの映画は，血筋の問題について，家父長制度，女性の生殖能力，血の純粋性といった，まさに西洋的な近代の植民地主義的支配を支えていた階級・ジェンダー・人種が交錯する差別に関する考察を促す。そこでは男性と女性，貴と賎，純血と混血，規範と異端といった相対立しながら相互に依存する価値観が問われているのだ。

2 ● 想像の共同体

STORY・2　ホグワーツ学校への入学

　念願かなってホグワーツ学校に入学したハリーにとって，毎日が新しい体験の連続だ。自分が魔法使いであることさえ知らなかったハリーはいっさい魔法使いとしての訓練を積んでこなかったので，見ること聞くこと驚くことばかり。この学校は生徒たちの宿舎にして共同体である4つの寮(ハウス)に分かれており，

ハリーは友人となったロンやハーマイオニーとともにグリフィンドー・ハウスに所属することになる。あやうく所属することになりそうだったスリザリン・ハウスには，ハリーたちを憎むドレーコ・マルフォイがいた。どの学科でもかんばしい成績を収められないハリーが，ただひとつ卓越していたのが箒による飛行で，その天来の才能のおかげで，ハリーは史上最年少のクイディッチのシーカーに選ばれる。クイディッチとは箒で空を飛びながら行なうホッケーゲームのような競技で，魔法使いたちの世界ではもっとも人気のあるスポーツである。シーカーはクイディッチの勝敗の鍵を握る役割で，相手チームのシーカーより先にゴールデン・スニッチという小さな羽根のついたボールを捕まえることによって，自分たちのチームに勝利をもたらすことのできるポジションだ。ハリーは最初の試合で見事スニッチをとらえ，ライヴァルのスリザリン・ハウスのチームを破り，グリフィンドー・ハウスのヒーローとなる。

POINT・2 家族と共同幻想

『ハリー・ポッターと賢者の石』は，家族が構成員の共同幻想によって成り立っていることを暴く。

　この映画は，主人公のハリーが2つの疑似家族を往復することで成り立っている。さらに言えば，映画の原作である『ハリー・ポッター7部作』も毎年ハリーがダースリー家で過ごした夏休みを終えてホグワーツに行き，そこでさまざまな冒険を体験して，ダースリー家に帰るまでの1年間を1サイクルとして，ハリーの7年間を追う物語である。母親のリリーと伯母のペチュニアという姉妹の血のつながりだけが頼りであるダースリー家と，まったく血のつながりのない他人の集合であるホグワーツ学校という2つの疑似家族のあいだの往復。この2つがハリーにとって重要な共同体となっているのだ。

　この映画や原作小説の大きな魅力のひとつに，ホグワーツという全寮制学校を舞台として，そこからの年毎の離脱と回帰を通してハリーたち主人公の成長を描いたことが挙げられるだろう。実際に映画の撮影に使われたのもイギリスの伝統ある学校の建物だが，この映画には，英国の教育・歴史・風景・食事・天候・スポーツなど，私たち外国人がいかにも「英国的」

として考えたりあこがれたりする要素が数多く含まれている。その意味でこれは，国民感情に基づくきわめてナショナリスティックな映画なのだ。

　こうした国民性を考えるとき，はずせない概念が「想像の共同体」という考え方である。これはベネディクト・アンダーソンという歴史人類学者の提唱した考えで，国民国家というものがおしなべてそこに住む人々の共通の「想像」によってできあがるという説だ。なぜ私たちはたまたま電車の中で隣合せた見知らぬ他人を同じ「日本人」という国民と考え，自分が彼ら彼女らとともにひとつの「日本」という国家を形成していると考えるのだろうか？　同じ文化を共有し，同じ言語を話し，同じ歴史を築き，同じ食物を好み，同じ情報を享受する…こうした同質性への信仰は近代になって，教育制度が整備され，言語が「標準語」と「方言」とに分かたれ，新聞などのマスメディアによる情報網が発達し，自分が隣人と同じ権利と義務を共有していると考える人々が特定の領土内で多数派を占めるようになってから生まれたものである。国民国家は独自の制度や装置や機構を備えた実体であることは間違いなく，それらを通して，ときに温和に，ときに暴力的に国民の参加を促したり強制し，そうではない者を「外国人」と見なしてそうした共同体から排除していくのだが，そのような実体の成立を支えているのが成員ひとりひとりの頭の中の「想像」であることも間違いがない。なぜなら街ですれちがう名前もわからぬ他人が同じ国民国家の一員であるという信念は，たまたま彼や彼女が同じような服装をして同じような顔色をしているのだから，きっと同じ国民だろうと想像することによってしか支えられていないわけであるし，その彼や彼女の延長線上に無数の国民の集合を想像することによって国民国家という巨大な想像の共同体が成り立っているのだ。

　私たちにとって国民国家のような想像の共同体をより身近なレベルで成立させているのは，家庭や学校，職場，地域社会のような共同体である。これらは一見，より規模が小さく私たちの日常に近接しているがゆえに，国家のような大きな共同体よりも実体として確実で想像の度合いが小さいように思えるが，それらがやはり想像の産物であることには変わりがない。

　たとえば，先ほどふれた血筋についてそれが想像の産物である所以(ゆえん)を考

えてみよう。たしかに親子や兄弟姉妹の血のつながりは事実として疑い得ないように思える。しかし実際に家族の成員の血液を取り出してみても，そこに親子や兄弟姉妹の血の絆をどうやって実際に見出せるというのだろうか？（たとえばＤＮＡ鑑定でわかるのは血液の生物学的特性であって，人間同士の固いつながりを作り出すとされる血の絆という観念の産物ではない）血筋とは，まったく想像の結果に過ぎないのだ。このような家族の血のつながりが，親戚の，同族の，地域の，民族の，国民のそれへといったふうに，次第に私たちの想像のなかで範囲を拡大されて，国民国家ができあがっているのである。それゆえ，たとえば国家間戦争において，国家のために一命を捧げるナショナリズムを国民に鼓舞するには，つねに家族を守るために戦うのだという自己犠牲の正当化と，国家の大義が個人の価値よりも重要なのだというイデオロギーを教育やメディアを通して人々に刷り込んでいくことが必要となる。

　この映画における家族や学校，魔法使いたちの社会といった概念も，こうした想像の共同体に基づいている。そこでは伝統や歴史によって培われてきたとその成員たちが想像する，ほかの共同体とは異なる独自の習俗や規範が定められ，季節ごとの祭事や紳士階級の娯楽が営まれ，決まった時期にプレゼントを贈り合う。それらは，いわば想像の共同体というゲームのルールなのだ。

　このように国民国家である英国という想像の共同体の一部を成すホグワーツ学校が，それ自体ひとつの想像の共同体として機能している。そしてこのホグワーツこそはハリーにとって，たとえ血のつながりはなくとも重要なひとつの家族となるのである。

3 ● 異界の発見

STORY・3　ホグワーツの秘密の場所

　ホグワーツ学校には生徒たちの立ち入りが禁止されている秘密の場所がいくつかあった。まず学校の敷地の外に広がる森。そこは生徒たちを守る学校の魔

法が及ばない禁断の場所で，多くの害を及ぼす生物が住んでいた。ハリーたちは学校の規則を破った罰としてハグリッドとともに，夜の森を訪れる試練を与えられる。そこでハリーは怪物に襲われるが，ケンタウロスに救われる。

秘密の場所は学校のなかにもあって，ある日ハリー，ハーマイオニー，ロンの3人は，3階の廊下の先にあるひとつの部屋の中に迷い込む。そこには3つの頭を持つ巨大な犬が警護する地下への扉があって，どうやら何かが隠してあるらしい。ハリーたちはそれが不死をもたらす「賢者の石」であって，ヴォルデモートの部下であることが疑われるスネイプ（スリザリン・ハウスの寮監で，魔法の薬の調合を教える教師だが，ハリーのことを憎悪している）が，ヴォルデモートに永遠の命を与えるために狙っていると見当をつける。

POINT・3　家族と他者　『ハリー・ポッターと賢者の石』では，家族の場所が，そこに属さない他者の世界と対照される。

ホグワーツという疑似家族，あるいは想像の共同体は，家族に属すると見なされぬ者たち，共同体の成員として想像されない他者たちが，共同体の外部，あるいは共同体の内部にも存在することによって成り立っている。いわばホグワーツという正の価値を帯びた場所は，それと敵対しそれを囲んでいる，あるいはそれが内部に抱えている負の場所があることによって，自らの価値を主張できる。家族や国民国家のような想像の共同体は，このようにつねに「敵」の存在を前提として存立する。ホグワーツ学校という家のなかが安全と想像されるのは，危険に満ちた森という外部があり，3階の秘密の部屋のような敵と遭遇する場所があるからだ。

しかしこの映画の特徴はすでに述べたように，ハリーにとっての想像の共同体が，2つの疑似家族でしかないことにある。この映画でくりかえし描かれるように，ハリーは記憶のうちにしか存在しない父母の面影を求め続ける。しかし彼らがすでに存在しない以上，本物の家族を求める彼の欲望は，自らの欲望を映し出す魔法の鏡を見つめ続けて消耗してゆくように，実現不可能な願望の前に人生を浪費することにしかつながらない。ハリーが個人としてのアイデンティティを確立していくためには，そうした

欲望を断ち切ることが必要なのだ。言い換えれば，ハリーは自らが家族的価値の他者であることを認識することによって，自立を果たしていく。

家族に憧れながら家族を持てない，あるいは家族を所有する欲望に抗うことのできるハリーは，こうして反家族の原理を身に帯びる存在となる。そのように家族原理からの離脱を目指すハリーにとって必要なのが，家族的な共同体の外部に住む他者との対決である。ハリーは孤児として家族のつながりを持たない。しかし同時に自らを犠牲にして我が子を守った母親の血の絆によって守られている。このようにハリーには，家族と反家族との両方の原理に依拠しているという特質がある。ハリーは，家族の外部に位置するがゆえに，家族内動物としての人間と家族外存在としての怪物という単純な二項対立を超えることのできる存在なのだ。

4● 鏡と像

STORY・4　欲望の鏡

ハリーはある日，学校で自分と両親の姿を映し出す鏡を見つける。自らのもっとも強い願望を映し出すこの鏡の誘惑を，彼はダンブルドーの教えにより断ち切る。この鏡は見果てぬ夢を映すが，可能性の実現にはいたらないからだ。

ハーマイオニーはどの教科にも優れているが，ハリーとロンは何をやってもぱっとせず，失敗をくりかえす。あまりに秀才ぶりを発揮するハーマイオニーを煙たがって，一度は彼女を遠ざけたハリーとロンだが，巨人のトロルに学校のトイレで襲われたハーマイオニーをロンの魔法ではからずも救出することに成功，それ以来3人は心からの親友となる。3人は習ったばかりの魔法を使って，3階にある秘密の部屋の地下に侵入するが，そこにはすでに先客がいた。

POINT・4　家族と反家族　『ハリー・ポッターと賢者の石』は，家族と反家族との緊張関係が鏡像的な関係であることを示唆する。

魔法の効用を無視してこの映画を考えることはできない。なにより魔法

とは，家族の絆を保つものであると同時に，それを破壊するものでもあるからだ。ハリーたちは魔法の力によって，賢者の石を隠す他者の領域へと侵入していくが，そこには魔法によって究極の家族外的な存在へと変身したヴォルデモートが待っている。

　しかし，同時にこの映画は，魔法の魅惑に抗することをも教えようとする。その例が自らの願望を映し出すという「欲望の鏡」だ。ハリーにとってこの鏡は現実に存在しない家族の姿を映し出す。最後のハリーとヴォルデモートとの対決において，決定的な鍵を握るのも，この欲望の鏡である。この鏡は「欲しても使わない者にのみ得られる」という逆説によって，ハリーの手に賢者の石を握らせる。ハリーは父親と母親への見果てぬ欲望を断ち切ることで，家族の絆から解き放たれて自立したように，ここでも所有の欲望を放棄することで賢者の石を手に入れる。つまりここで鏡は，ハリーにとって家族という最大の欲望に対する抵抗のきっかけとなっているのだ。

　ハリーをここまで送り届けた原理として重要なのが，反家族的共同体の原理としての「友情」である。賢者の石のある秘密の部屋への最後の扉の前でハリーとロンとハーマイオニーが直面したチェスの試合で，ロンがハリーに言うように，最後に敵と対決するのは，家族的価値を保持したロンやハーマイオニーではなく，現実に家族の絆を持たないハリーでなくてはならない。そしてその行動と勇気を支えるのが他者との友情であり，家族が鏡に映された幻影でしかないことを教える反家族の原理なのである。

5● 孤独の力

> **STORY・5**　ハリーとヴォルデモートとの対決
>
> 　ハリーが賢者の石を守る欲望の鏡の前で，最後に出会ったのは，予測に反してスネイプではなく，臆病で無能に思えた「黒魔法に対する防御」を教える教師のクィレルだった。彼が頭に巻いていたターバンに隠れて，ヴォルデモートが寄生していたのだ。ハリーは闘いの末にクィレルを倒し，ヴォルデモートは

風となって逃亡する。無事に賢者の石を守ったハリーは，ロンやハーマイオニーと再会し，彼らの冒険に満ちたホグワーツでの最初の1年が終わりを告げる。ハリーは夏休みをダーズリー家で過ごすために，ホグワーツ学校を後にするのだった。

POINT・5 家族と孤立

『ハリー・ポッターと賢者の石』では，家族的原理がそこから離脱した孤児によって転覆される。

ハリーとヴォルデモートの最大の共通点は，彼らがともに孤児であることにある。どちらもが「家族を知らない者」として，反家族的価値を担っているのだ。

欲望の鏡が示すように，家族とは鏡像，すなわち想像の共同体に過ぎない。この映画における最大の逆説は，それがもっとも重んじる価値である「愛」が，母親リリーの自己犠牲という家族の滅亡時に獲得されたこと，すなわち家族という制度を犠牲にしてはじめて獲得された人間同士の極限的な絆であることだ。

最後のハリーとヴォルデモートとの対決は，孤独な反家族的ヒーロー同士の対決である。しかし2人の最大の違いは，ハリーが母親リリーの自己犠牲による愛に守られ，家族ではない他人との友情によって結ばれ，自立しているのに対して，ヴォルデモートがハリーと同様，家族的原理の支えを欠きながらも，他者に徹底的に寄生した，友情も愛情もない存在であることにある。

この映画は，愛情や友情という究極の人間的価値が，家族の原理を離脱したひとりの脱家族的ヒーローによって逆説的に確認されることを示すのである。

QUESTIONS

1. あなたが自分や他人の血筋や家系について考えたことがあるとすれば，それはどんなときだろうか？　もし考えたことがないとすれば，それはなぜだろうか？

2．私たちにとって日常的に「想像の共同体」を可能にしている条件や媒体にはどんなものがあるだろうか？
3．異界や他者の世界との出会いは人間の成長に不可欠である。現代社会のように隅々まで管理しつくされているように見える世界では，異界への通路はいったいどのようなところに見出され得るだろうか？
4．「鏡」を重要なモチーフに使った文学作品や映画をひとつ取り上げて，その役割を考えてみよう。
5．『ハリー・ポッター』シリーズをはじめとした「魔法」を主題とする物語が，私たちを現実の問題から逃避させる安易なファンタジーものに過ぎないという批判があるが，それはどの程度当たっているだろうか？

■＜家族＞にまつわるこんな映画も観てみよう

＊（　）内は監督，製作年

▶『群れ』（ユルマズ・ギュネイ，1978）　東トルコの牧畜地帯で牧畜をいとなむ男が反目しあう家の娘と結婚するが，彼女は病弱で子どもが産めない。羊を売るために出かけた汽車の旅で夫はすべてを失ってしまう。家父長制的抑圧の下，家族にどのような再生の希望があるのか？

▶『クレイマー，クレイマー』（ロバート・ベントン，1979）　妻が家出して取り残された結婚8年目の夫と7歳の息子が，ニューヨークで仕事と家庭の両立に奮闘する。男女の自立と家族の平安は両立するか？

▶『愛と宿命の泉（フロレット家のジャン／泉のマノン）』（クロード・ベリ，1986）　フランス・プロバンス地方で泉をめぐる2世代の家族の葛藤と復讐。敵同士となった家族の和解はいかにして可能か？

▶『芙蓉鎮』（シェ・チン，1987）　1963年から79年までの中国で米豆腐を売るヒロインが文化大革命の嵐の中で，店も夫も失ってしまう。歴史に翻弄される家族の価値観が胸を打つ。

▶『レインマン』（バリー・レヴィンソン，1988）　死んだ父親の遺産目当てで帰郷した弟が，自閉症で40年も病院にいた兄と出会い，2人の間に不思議な関係が生まれていく。兄弟という家族のはじまりだ。

▶『浮き雲』（アキ・カウリスマキ，1996）　現代のヘルシンキでレストランの

給仕長の妻とバス運転手の夫がそろって失業。2人が仕事を得ようと奮闘するうちに新しい家族の絆は芽生えてくるのだろうか？
- 『精霊の島』（フリドリック・トール・フリドリクソン, 1996）　1950年代のアイスランドで老婆とその夫を長とする4世代の家族が, バラックのような住居に暮らしながらさまざまな悲劇を乗り越えていく。大家族を知らない人たちにぜひ。
- 『オール・アバウト・マイ・マザー』（ペドロ・アルモドヴァル, 1999）　女手ひとつで育てた息子に夫の秘密を明かそうとした矢先, 息子が事故死。息子の父の寄せる思いを伝えるために母はバルセロナへ。失われた家族のつながりは回復できるか？
- 『アイ・アム・サム』（ジェシー・ネルソン, 2001）　7歳児の知能しかないとされる父が娘と幸せに暮らしていたが, 養育能力の欠如を理由に娘を奪われてしまう。家族を取り戻す闘いは社会を変えることができるか？

■クリス・コロンバス監督の他の作品も観てみよう
- 『ホーム・アローン』（1990）　家庭と家族を守るべき聖域, かつ異なる価値観がぶつかりあう戦場としてとらえるこの監督の代表作。それにしても主人公はなぜいつも男の子なの？
- 『ミセス・ダウト』（1993）　別れた妻の家に入り込んだ家政婦を演じるロビン・ウィリアムズの迷演に抱腹絶倒。これまた逆の設定（別れた夫の家に妻が…）だと喜劇にならないのはどうして？
- 『ハリー・ポッターと秘密の部屋』（2002）　このシリーズ第2作を最後にコロンバスは監督降板。本作が遺作となったリチャード・ハリスのダンブルドー, ケネス・ブラナーのロックハートなど, さながら英国名優の競演。

■＜家族＞について, 手始めに読んでみよう
▷ 森永卓郎『＜非婚＞のすすめ』（講談社現代新書, 1997）
▷ 森巣博『無境界家族』（集英社文庫, 2003）
▷ 青木保『多文化世界』（岩波新書, 2003）
▷ 暉峻淑子『豊かさの条件』（岩波新書, 2003）
▷ 山田昌弘『希望格差社会』（筑摩書房, 2004）
▷ 吉本隆明『幻想する家族』（光文社, 2006）

第 3 章 ＜子ども＞

『亀も空を飛ぶ』

〈**DATA**〉

監督　バフマン・ゴバディ

出演　ソラン・エブラヒム，ヒラシュ・ファシル・ラーマン，アワズ・ラティフ，アブドルラーマン・キャリムほか

（2004年，イラン／イラク）

〈**KEYWORDS**〉

1．衛星放送　　4．手足
2．地雷　　　　5．アメリカ
3．予言

1● 衛星放送という象徴

STORY・1　パラボラ・アンテナを立てる少年

　映画はひとりの少女が思いつめた表情で絶壁の上まで歩いてゆき，脱いだ靴を丁寧にそろえて，崖の際に立つ場面から始まる。紺碧の空の下，眼下の草原から吹き上げてくる風で少女の服の裾がひるがえる。彼女が泉に何かを投げ入れ，水面に波紋が広がる映像がはさまって，私たちが息を飲む間もなく，少女の両足が崖の端を蹴る…。

　舞台は2003年の春，アメリカ軍を中核としたイラク侵略戦争が始まる数日

前，イラク北部クルディスタン地方の小さな村。イラン・イラク戦争，サダム・フセイン政権による組織的弾圧，米英軍の空爆の継続や経済制裁，劣化ウラン弾の影響など湾岸戦争以降10年以上にわたり被害を受けて荒廃し尽くしたこの地方を，ふたたび戦争の暗雲が覆おうとしている。

　この村で暮らす少年たちの元締め役が，サテライトと呼ばれる主人公の少年だ。彼は村の老人たちがテレビで戦争のニュースを知ることができるようにと，アンテナを立てようとするが，彼らが所有するアンテナでは電波が届かない。そこでサテライトは町に出かけて行って，ラジオ15個プラス500ディナールとひきかえに，その名にふさわしく衛星放送を受信するパラボラ・アンテナを手に入れる。それにより村の古老たちが集まったエスマイル老人の家ではテレビで各局の衛星放送を見ることができるようになる。しかし映るのは女の裸や意味不明の歌を流す西洋の「汚れた」番組ばかりで，やっとニュースチャンネルが見つかったと思ったら，それは英語なので老人たちにはまったく意味がわからない。通訳しろと言われたサテライトも英語が早すぎてわからず，ブッシュ大統領が「明日は雨だ」と言っているといい加減なことを述べ，それが暗号に違いないなどでたらめを並べる。

　サテライトにとって今，一番の関心事はハラブジャからやってきた少女アグリンのこと。彼がアンテナをつけようとしていたとき，アグリンが小さな男の子をおぶってやってきて，サテライトは一目ぼれしてしまったのだ。自分と同じように両親のいない少女，そんな人を求めていたのだから。彼女のロープが欲しいという願いにも，喜んで手持ちのロープを無償で手渡してあげた。しかしアグリンには兄がいて，彼は両腕がないのだが，卓抜な地雷探査能力と予言の力があるらしく，そのおかげでサテライトの領分である少年たちに対する差配の権利が冒されそうになる。

POINT・1　子どもと空

『亀も空を飛ぶ』は，子どもと自由な空間における飛翔との関係を探る。

　この作品は空がとても美しい映画だ。クルド人はイラクやトルコなどに多くの人口を擁しながら独立国家を建設することができず，国民国家内の「少数民族」としてさまざまな迫害を受けてきた。この映画もイラク軍に

よるクルド人迫害が背景となっており，サテライトをはじめとする子どもたちの不幸な境遇や，村に難民となった子どもたちや老人しかいない情景は，彼ら彼女らの民族的苦悩を想像させて余りある。しかしこの映画が子どもたちの必死に生き抜いている姿の背景に映す空は広く，あくまでも青く澄んでいる。

映画の冒頭でひとりの少女が崖の端に立ちすくむシーンでも，サテライト少年がアンテナを立てようとして少年たちを指図する場面でも，向こうには空が大きく広がり，子どもたちが本来許されるべき自由の空間が示唆される。だがイラクのフセイン政権による民族的迫害や継続する戦争は，そのような空を暗雲で覆い，子どもたちを地表に縛りつける。そして村の古老たちはといえば，パラボラ・アンテナを手に入れて，自分たちには理解できない衛星放送の英語のニュースを見ることで，世界の支配勢力とつながろうとすることにしか興味がないのだ。

この映画における主人公が子どもたちであるのは，大人たちが民族迫害と戦争の暴力によって仕事や文化や生存への権利さえ奪われたなかで，かろうじて現状を追認することで生き延びているのに対し，子どもたちは過酷な条件の下で生き抜かざるを得ない日常のなかにあっても，空の広さにも似た希望を担った存在であり続けているからである。多くの少年たちが地雷や爆撃によって四肢を奪われ，「亀」のような身体であることを余儀なくされてはいるけれども，少年たちが子どもであるかぎり，いつか彼ら彼女らにも「空を飛ぶ」日が来るはずなのだ。

サテライトがこの村で一定の力を持っている背景には，本来の権力者であるはずの壮年の大人たちが戦乱のおかげで殺されたり不在であることによる。それに彼も自らの利益のためにやっていることとは言え，ある程度までは誰にも分け隔てなく世話を焼こうとする親切心があって，多くの人々から信頼されている。なにより彼にはその名前にふさわしく，新しい情報テクノロジーにアクセスできる能力があり，町に出て必要なものを手に入れるすべを知っており，また片言ではあるが英語ができることで，村の多くの人々よりも外界に対するアンテナを備えているのだ。

またこの映画では，サテライト少年だけが眼鏡をかけ，手袋をつけてい

る。まるで彼だけが，外界に対して目が利き，大人の仕事に対処できるかのように。彼には他の少年にはない，現実に対応できる「視力」や「手力」があって，それによって尊宗を集めているのだ。

さらにサテライトは英語という「世界共通語」だけでなく，他の少年たちが持っていないものを所有している。その象徴がどこにでも行くことのできるきらびやかな装飾のついた自転車であり，世界の支配者であるアメリカ合州国軍隊の権威とつながる迷彩模様の野球帽である。言語と自転車と帽子を独占することによって，彼はほかの村人たちが持ち得ない外界へのアクセス権を保持しているのだが，実はそのすべてがアメリカ合州国の権威に寄りかかったものでしかない。この事実が映画の最後でサテライトに限界を知らしめる要因ともなる。

すなわちこの映画は，戦争と民族迫害のためにあまりに早く成長しすぎた少年たちが，本来の自由な飛翔を妨げられる一方で，擬似的で制限された社会への適応性を迫られるさまを描き，そのような状態からいかに脱出するかを，私たち観客とともに考えようとする映画なのである。

2 ● 循環する地雷

STORY・2 地雷を集める少年たち

この村には少年たちと老人しかいない。働き盛りの大人は戦争で殺されたか，出稼ぎのために村を出てしまったからだ。だから少年たちは自分で自分の生活を支えなくてはならず，それだけ早く「大人」となり早く成熟していくことになる。多くが孤児で，しかも村には難民として流入してきた少年も多い。彼らは一様に武器を扱うこと，とくに地雷を掘り出して，仲買人にそれを売ることで現金収入を得ている。仲買人はさらにそれを国連の出先機関に売り，皮肉なことにそれがまた地雷として製品化されて，戦禍にあえぐこうした土地に戻ってきてふたたび埋められるのだ。

サテライトはそのような少年たちの元締めとして，片言の英語力と衛星放送に関する半端な技術力，自転車と手袋を駆使する機動力と眼鏡を通した世界へ

の視野，そしてなにより大人たちと対等に交渉する勇気によって，地域での自分の地位を保ってきた。そんな彼をおびやかす存在が地雷によって両腕をなくしながら，地雷がどこにあるかを言い当て，口でその信管を抜き取る技術を持ち，しかも不思議な予言能力を持つアグリンの兄，ヘンゴウなのだった。ヘンゴウは地雷の識別に関してサテライトと違う意見を表明するが，サテライトがヘンゴウを自分を嘘つき呼ばわりしたとして非難すると，いきなりサテライトに頭突きをくらわす。そんな事件の後，サテライトとしてもヘンゴウの不思議な力には一目置かざるを得なくなる。

POINT・2 子どもと戦争

『亀も空を飛ぶ』は，子どもが戦争によって地を這うことを余儀なくされている事実を見つめる。

　自由に空を飛ぶという少年たちの夢を戦争が奪ってしまっている。この映画はそうした現実を冷徹に，しかし苦いユーモアを交えながら描き出す。地雷によって手足を奪われた少年たち。彼らはもちろん俳優として演技をしているのだが，しかし彼らの手足の不自由さが現実のものであることを，この映画を見る私たちは片時も忘れることができない。地雷を集める仕事は，手先の器用な少年たちにもっとも「適した」仕事なのかもしれないが，しかし未来を担う少年たちにこれほど不適切な営みもないだろう。そしてその地雷は彼らに生活費をもたらすと同時に，彼らと彼らの同胞たちをさらなる悲劇へと陥れるために，ふたたび売られて武器として還流する。

　このような悪循環を断ち切る存在として登場するのが，少女アグリンの兄ヘンゴウだ。ヘンゴウはしかし，地雷の集め手としても一頭抜きんでている。彼は両腕がなくてもサテライトを頭突きによって一撃でノックアウトしてしまうし，なにより彼には不可思議な予言能力があるというのだ。

　サテライトがアメリカ軍の権威を身に帯びることで村の子どもたちの信頼を集めていたとするなら，そのような権威の虚妄を暴いてしまう存在としてこの村に登場するのが，難民としてほかのクルドの村から流れてきたヘンゴウとアグリンとリガーの3人の「きょうだい」である。彼ら3人が

体現するのは，サテライトが象徴する価値とは対極のものだ。サテライトの英語と饒舌に対するヘンゴウの沈黙。自転車で水を運んでやろうとするサテライトの好意を容易に受けいれないアグリンの頑固さに現れる，文明の便利さに対する抵抗。手袋をつけ野球帽をかぶって誰とでも交渉し，眼鏡をかけた自らの視力を誇りにするサテライトに対して，「目が悪い」がゆえにかえって民族の悲惨さを見通すがごとき存在であるリガー。これまでサテライトだけを権威として仰いでいた村の少年たちが，そのような3人の沈黙と抵抗と絶望の姿勢に次第に共鳴していく。

　ヘンゴウが難民としてアグリンやその「弟」（実は彼女の息子であることがやがて観客には知れるのだが）とともにこの村にやってきたことによって，この村の既存の権力構造は揺らいでいく。兄と妹とその息子からなる奇妙な，一種の「聖家族」がいったいこの村に何をもたらすのか，それは救済なのか，それともさらなる悲劇なのか？　池に落ちた小石がつくる波紋のように，クルド民族の悲劇性を体現した3人の「内部の異人たち」が，戦争によって地面に押しつけられた少年たちの生活に，大人もアメリカ軍も民族の理想もけっしてもたらしてはくれないであろう，ある新しい可能性をもたらすのだ。

3●夢と予言

STORY・3　未来を透視する少年

　ヘンゴウの予言の力が如実に発揮される事件が起きる。ある日子どもたちが，トラックから降ろされた砲弾の薬莢を空き地に積み上げていると，ヘンゴウがひとつのトラックを「不吉だ」と言ったという話が伝わる。サテライトはすぐに子どもたちに指示して避難させるが，まさにその直後トラックの荷台で爆発が起きる。その威力を身をもって感じたサテライトはヘンゴウに「もっと予言してほしい」と頼む。

　学校の先生の指示で毒ガスよけのガスマスクが配られると，サテライトはアグリンのためにひとつを届けさせ，さらに「弟」のためにサイズの小さなもの

も探しておくことを約束する。サテライトはアグリンの気をひこうと，さまざまな親切を試みるが，アグリンの心が動いたようには見えない。アグリンには他人に言えない秘密があった——「弟」のように見える幼児のリガーは，実はアグリンの息子で，しかもイラク軍の兵士が村を襲ってきたとき，暴行されて妊娠し，できた子どもなのだった。アグリンは深夜，自殺しようと泉に入り，石油をかぶるが，リガーの「ママ」と叫ぶ声を聞いて思いとどまる。その姿を見たと思ったアグリンがテントに戻ると，リガーは寝ており，その足はロープでしっかりと結ばれていた。

POINT・3 子どもと予知

『亀も空を飛ぶ』では，子どもの目と支配的なメディアの目とが対比される。

　この映画で鍵となるのは，見ること，あるいはまなざしである。この映画はくりかえし，村の古老たちや衛星放送のニュースの視点より，少年たちの視点の方が正しいことを主張する。さらに現実の映像は，夢や幻想によって予見され，あるいは裏切られ，観客である私たちの視力の不確かさを示す。

　そのような「目」の重要さを象徴するのが，すでに述べたようにサテライトの眼鏡であり，その不十分さを暴露してしまうヘンゴウの予知能力であり，また彼が大事にしている甥の幼児リガーの「目が悪い」ことへの再三にわたる言及だ。母親であるアグリンは，イラク兵に暴行された結果として生まれてきたリガーを心から愛することができない。しかし，伯父であるヘンゴウは何か不思議な糸で結ばれてでもいるように，この不憫な甥を愛している。3人が難民キャンプのテントの中で食事をする場面がある。両腕のないヘンゴウはアグリンにスプーンで食べさせてもらい，リガーもアグリンの差し出す食べ物を素直に口に入れている。一見平和な家族の団欒だが，そこには自殺を考えているアグリンの思いが潜み，この子を捨ててここを逃げ出そう，と兄のヘンゴウに言い，ヘンゴウはそれを否定する。目が悪いリガーと，腕のないヘンゴウとが不思議な予知能力を持つまなざしによって結ばれているのだ。

ヘンゴウの予知能力は，たしかに何人かの少年たちの命を救ったかもしれないが，はたして戦火から民族を救うことはできるのか，あるいはもっと身近な肉親を悲惨な運命から救うことができるのか？　子どもの目の方が明らかに大人やニュース・メディアより真実を見通しており，現実に届く射程も深い。しかしそれは彼ら彼女らの幸福にはつながらず，子どもたちがその視覚ゆえに不幸であることがくりかえし描かれる。
　この映画における夢や幻想は幸福の虚像ではなく，不幸の予兆である。子どもたちだけがそうした予知能力を持っているのだが，それは彼らだけが現実に果たし得ないあこがれや夢を抱きつづける存在だからだ。そのような夢が幻想に終わってしまわないためにはやはり平和で，戦争や暴力によって彼ら彼女らの人生が突然断ち切られたりすることのないことが最低の条件ではないだろうか？
　現実には亀が空を飛ぶことはないかもしれない。視力回復に効くという金魚が村はずれの池で見つかることもないだろう。しかし亀も空を飛ぶかもしれないと想像すること，本物の赤い金魚を見ることができるかもしれないと望むことは子どもたちの権利であり，そのまなざしが秘めた予言の力なのではないだろうか？
　この映画は終局に近づくにつれて，既存の言葉で語ることから，ただ沈黙のうちに見ることへと，衛星放送や自転車や機関銃や戦車のような支配者によって与えられたテクノロジーを捨てて，自分のからだで泳ぎ自分の足で歩くことへと，そして，赤く染められたにせものの金魚やフセインの銅像や野球帽を捨てて，クルドの民族衣装を身につけ，愛した者が残した形見の青い靴を慈しむことへと，主人公たちの具体的な行動とイメージ変換による価値の展開がはかられていく。そのような転換を果たそうとする子どもたちの沈黙のまなざしが見出すのは，やはり絶望でしかないのだろうか？　予言が予言として機能するのは，それを聞く者にとってなんらかの希望の可能性があるからではないのか？

4 ● 手足の束縛

STORY・4　手足を縛るロープ

　アグリンの子ども，リガーが夜中に起きだして徘徊してしまわないようにとヘンゴウがリガーの足につけたロープ。それはもともとサテライトがアグリンの求めに応じてあげたものだった。しかしその同じロープがやがて恐ろしい役割を果たすことになる…。

　サテライトはヘンゴウから「すごい予言」，すなわちアメリカ軍がイラクと戦争を始めるという予言を聞く。サテライトの呼びかけで裏山に登った村人たちに，予言通り，アメリカ軍のヘリコプターが飛んできて，クルドの人々の苦しみを取り除くために，アメリカ軍がやってきたというビラをまいていく。サテライトたちは村を守るために丘の上の学校に機関銃を設置する。

　リガーが地雷原の真ん中に入ってしまったという知らせを聞いて，サテライトはリガーを助けようとして自ら負傷してしまう。壊れた戦車を改造した家に背負われて泣きながら帰ってきたサテライトに，新しい予言が届く。戦争があした終わり，サダム・フセインが負けて，アメリカ軍が村に入ってくるというのだ。

　テントの中でヘンゴウは夢を見る。泉の中でリガーが漂っている夢だ，足にはロープの先に重い石が結ばれている。泉に潜ってみたヘンゴウの目に青い長靴をはいたリガーの水底に横たわる姿が映る。

POINT・4　子どもと四肢

『亀も空を飛ぶ』は，子どもの四肢を束縛する暴力を告発する。

　この映画はある意味で，最初から最後までひもやロープと子どもたちとの関係を描き続けた作品だ。映画の冒頭近く，サテライトがアグリンと最初に出会う場面で，アグリンはサテライトにロープを分けてくれないかと頼む。ひと目で彼女に好意を抱いたサテライトはすぐに工面してやるのだが，私たちはそこではまだそのロープの用途をほとんど考えることがない。やがてそれが夜中に起きだしてさまよう癖のあるアグリンの息子リ

ガーの足を縛ってテントから抜け出せないようにするためのものであったことを，注意深い観客ならば気がつくだろう。

　ひもやロープの重要性は，人と人とを結ぶ絆としてくりかえし変奏されていく。たとえばなぜサテライトがアグリンに魅かれたかを語る場面。彼はアグリンのような，自分と同じように両親のいない子を探していたのだと告げるのだが，そこにも暴力的に断ち切られた絆を新たな出会いによって修復しようとする必死な営みが感じられるのだ。

　しかしこの映画の描く人間と人間との関係は，つながれながらも冷酷なまでに分断されている。両手のないヘンゴウにとって，ロープを結ぶことは不可能な作業だ。そして母親のアグリンにとっては，息子のリガーの足をロープで結ぶことは，親子の絆の確認というより，むしろその絆を断ち切ろうとする行為だ。アグリンはリガーと別れようと，彼の足を縛ったロープを地雷原の中の木にくくりつける。しかしアグリンはどうしてもうまくロープを結ぶことができずに，いつもリガーに逃げられてしまうのだ。ロープをはずしたリガーが地雷原のただなかに入ってしまったのを発見した子どもたちの通報でサテライトが駆けつけ，リガーを救い出そうとするが最後のところで，自分の自転車が地雷のワイヤーをひっかけ，地雷が爆発してしまいサテライトは怪我をする。こうして足に怪我をしたことで，サテライトももはや自転車に乗ることができず，自分の足で歩かざるを得なくなるのだ。

　そしてなんと言っても，どれほど私たちが鈍感でも，子どもの手足を縛るロープの暴力性に打ちのめされるほかないのが，終幕近くのリガーとアグリンの死の場面だろう。この場面の夢と現実の交錯と連続は私たちに息つく暇さえ与えない。まずリガーが泉の中を漂っている夢をヘンゴウが見る。リガーはロープに結ばれており，そこへサテライトがロープをくわえながら潜ってくるのだ。そして揺れているリガーの青い長靴。水中には亀も浮遊し，ヘンゴウも潜っている。予知能力を持つ少年の夢の中で，ロープで結ばれた者とそうでない者とが，死と生とが共存しているのである。続いてヘンゴウが目覚めるとテントのかたわらの敷物は空っぽだ。次の場面，土砂降りの雨の中，泉のほとりで，ロープにつながれたリガーが座っ

て泣いている。テントの場面に戻りヘンゴウが呆然としている。泉のほとりで，カメラがゆっくりとロープをたどっていくと，アグリンがその先に大きな石をくくりつけている。テントの中ではヘンゴウの耳にリガーの泣き声が響く。泉のほとり，石が大きな波紋を作って池に落とされるとリガーも沈んでいく。テントの中，突然目覚めて身を起こすヘンゴウ。

　ヘンゴウの夢が予知し，描き出す現実は細密な描写によって，私たちの目と意識を釘付けにしてしまう。そして，アグリンがかつて土砂降りの日にイラク兵に暴行されてリガーを身ごもってしまったことを思い出す観客は，彼女が水溜りの中で暴行されてできた子どもを水の中に戻してやることが，母親にとって精一杯の復讐であり鎮魂であることを悟るだろう。

　泉の底に横たわるリガーがはいている青い長靴。リガーはアグリンがようやくひもで石を結びつけた靴に囚われ，その靴が結ばれた絆から自由になることができずに，死ぬほかなかった。アグリンもまた崖から身を投げて自ら命を絶つが，なぜ彼女は崖から飛ぶときに，自分の青い靴をそろえておいていったのか？　アグリンの青い靴もやはり比喩的にはひとつのロープだったのだろう。彼女はその靴を脱ぎ，絆から解放されることで，やっと大空へと飛翔し自由になることができたのではないか？　そしてその絆は生き残るものへとつながり，残されていくだろう。兄のヘンゴウから，サテライトへと手渡されたアグリンの青い靴。この映画はそのような無垢で美しいはずの形象が，暴力の象徴になってしまうことの不条理を告発してやまない。

5 ● アメリカと未来

STORY・5　米軍到来

　フセイン政権を転覆したアメリカ合衆国の軍隊が，戦車とともに村に「解放者」として続々と入ってくる。しかし身近なものたちの死と悲劇を目撃したサテライトには，その姿は何の希望も未来も与えてくれない，自分とは無関係な情景でしかない。サテライトは友だちからお見舞いとして，倒されたサダム・

フセインの銅像の腕と，赤い金魚をもらう。

　リガーの死を確認し，岩山を上ったヘンゴウは谷底に向かってアグリンの名を叫ぶ。彼女が残した青い靴をサテライトに託して，ヘンゴウはどこへともなく去っていく。サテライトに伝えられたヘンゴウの最後の予言，それは「275日後にまた何かが起こる」というものだった。

POINT・5　子どもと偶像　『亀も空を飛ぶ』は，子どもの未来が偶像や幻想の破壊の先に始まることを展望する。

　サテライトが泉の中で見つけたのは，目を治すのに効果があるという金魚ではなく，ロープに結びつけられたリガーの死体であり，その青い長靴だった。池の中に金魚は結局見つからず，プレゼントされた赤い金魚も結局黒い魚を染めたものに過ぎなかった。ヘンゴウからサテライトにと託されたアグリンの青い靴。最後の場面でそれを無言で受け取ったサテライトは，アグリンたちが残した重い課題を自身でこれから担っていくしかない。

　赤い金魚をアグリンに見つけてやることで，リガーの目を癒すという約束を果たせなかったサテライト。本当は赤い色などしていない魚を赤い金魚として見ていたかったサテライトにとって，アグリンこそは幻想の赤い金魚だった。しかし彼女にはサテライトが知らなかった暗い過去があり，彼女の子どもとしてのあらゆる未来の可能性を根こそぎ奪った憎むべき暴力がその人生には刻まれていた。そのことをサテライトが理解するには時間がかかるかもしれない。しかし続々とやってくるアメリカ合州国の戦車や兵士たちに背を向けてひとり逆方向に歩いていくサテライトには，フセインの偶像でも，アメリカ軍への幻想でも，想像の赤い金魚でもない，民族の運命と自己の人生をひとりで築いていくしかない者の哀しみと静かな決意が見られないだろうか？

　「275日後にまた何かが起こる」というヘンゴウの最後の予言。それはクルドの人々をふたたび襲う悲劇を予知するものかもしれないし，新たな幻想をもたらす予告かもしれない。おそらく275日目にも，子どもたちが暴行され，大人たちは殺され，民族は迫害を受けるだろう。ヘンゴウの予

言は結局絶望しか語らないのか？ 275日目とは，その日に何も希望に満ちたことが起きないことを確証する日付である。それはいわば予言者による予言の効力の自己否定なのだ。

　ヘンゴウはおそらくこう言いたいのだ——「275日目に何かが起きる，しかしそれは僕たちの誰にとっても意味がない」，と。サテライトは，アグリンの青い靴とともにヘンゴウのそのメッセージを確かに受けとめたように見える——「もう予言を聞くのはやめて，自分の目で見て，自分の言葉をしゃべり，自分の頭で考え，自転車に乗るのではなく，不自由でも松葉杖をついて自分の足で歩いていこう」と。

　偶像の崩壊に直面したサテライトが他人の予知能力に頼ることなく，自らの力で自らの運命を切り開いていくとすれば，そのときこそ275日目に，本物の赤い金魚が見つかり，そして亀も空を飛ぶことができるのではないだろうか？ 暴力と悲劇と絶望の果てに，なんらかの希望があるとすれば，その源泉もまた，子どもたちに備わったそのようなまなざしと身体の力のほかにない。

QUESTIONS

1. 衛星放送が私たちの日常生活に及ぼしている影響について，具体的な事例を挙げながら検討してみよう。
2. 対人地雷はもっとも残酷な兵器のひとつと言われるが，その起源と歴史と現状を調べ，地雷撤去と廃絶の動きについて知ろう。
3. 人間の人生にとって「予言」とはいったい何だろうか。子どもの予言や特殊な能力が大きな役割を果たしている文学作品や映画をひとつ取り上げて，その意義を考察してみよう。
4. ロープやひもが人間同士のつながりや断裂を示唆する映画は多いが，その象徴性をほかの映画との比較で考えてみよう。
5. 日本に住む私たちにとって，「アメリカ」が喚起する夢や幻想，そしてアメリカ合州国と日本との現実の関係は，どのような意味を持っているだろうか？

■＜子ども＞にまつわるこんな映画も観てみよう

＊（　）内は監督，製作年

- ▶『新学期　操行ゼロ』(ジャン・ヴィゴ，1933)　寄宿学校と子どもたちとの戦争。画面から子どもたちの遊ぶエネルギーがこちらにも伝染してくるような映画だ。
- ▶『忘れられた子どもたち　スカベンジャー』(四ノ宮浩，1995)　フィリピン・マニラ市の北にある巨大なゴミ捨て場「スモーキーマウンテン」に生きる子どもたちの姿をとらえたドキュメンタリー。いまでも世界中のスラムにこんな子どもたちが暮らしている。
- ▶『運動靴と赤い金魚』(マジッド・マジディ，1997)　修理したての妹の靴をなくしてしまい，一足の靴を替わりばんこに履いて学校に通っていた少年が，靴が賞品の小学校のマラソン大会に出場する。子どもたちが必死に走る姿を見て，こちらも手に汗にぎる。
- ▶『セントラル・ステーション』(ヴァルテル・サレス，1998)　リオ・デ・ジャネイロの中央駅で手紙の代筆業をしていた初老の女と，身寄りをなくした少年との父親探しの旅。見知らぬ2人に母子のような絆が育っていく様子が，ブラジル社会のさまざまな問題を背景に浮かび上がっていく。
- ▶『蝶の舌』(ホセ・ルイス・クエルダ，1999)　1936年，スペイン・ガリシア地方で喘息もちの少年と自然観察の授業を行う先生との心の交流がファシズムによって押しつぶされていく。子どもの純粋さは時にこれほど残酷だ。
- ▶『リトル・チュン』(フルーツ・チャン，1999)　香港の中国返還前夜，9歳にしてお金こそすべてと悟った少年が不法移民の少女に恋心を抱いた。経済的価値と愛情との相克を暖かくすくいとる。
- ▶『ペイ・フォワード／可能の王国』(ミミ・レダー，2000)　中学1年の社会科で，世界を変えるために受けた好意を相手に返すのではなく，身の回りの別の人に贈るアイデアを思いついた少年。これで本当に世界を変えられるのだろうか？
- ▶『モンスターズ・インク』(ピート・ドクター，2001)　子どもたちの悲鳴を集めることを仕事とするモンスターズ株式会社に，ほんものの人間の少女が入り込んだことで起きる大混乱。子どもの関心をひこうとして振り回される，人間よりも人間らしい怪物たちがなんとも愛らしい。
- ▶『アフガン零年』(セディク・バルマク，2003)　女性の権利が制限されたタリバン政権下で少年の扮装をして働く少女。男だけのなかに混じった彼女の恐怖や逡巡が伝わってくる。

- ▶『家の鍵』(ジャンヌ・アメリオ,2004)　親と子どもとの不可思議な関係という永遠のテーマを掘り下げる。子どもとは教えるべき対象ではなく,大人がそこから自己について学ぶべき身近な他者なのだ。
- ▶『イノセント・ヴォイス　12歳の戦場』(ルイス・マンドーキ,2005)　エル・サルバドルの内戦で強制的に少年兵とされた主人公の実話に基づく映画。いま世界では30万人以上の少年が兵士として戦場にいるという。
- ▶『オリバー・ツイスト』(ロマン・ポランスキー,2005)　チャールズ・ディケンズの原作小説に基づくイギリス・ヴィクトリア朝の子どもたちの実状を写した劇映画。映像のリアリズムとストーリーの面白さに圧倒される。
- ▶『誰も知らない』(是枝裕和,2005)　現代の日本を生きる子どもたちの恐るべき自律と活力の証拠。大人がしたり顔で語る「教育」や「道徳」などというものが,いかに空しいものかが身に沁みてわかる。

■バフマン・ゴバディ監督の他の作品も観てみよう
- ▶『酔っぱらった馬の時間』(2000)　イランで最初のクルド人監督としての初の長編。やはり子どもの視点から民族や戦争を見る視点が秀逸だ。画面にあふれるユーモアと暖かさはどこから来るのか？
- ▶『わが故郷の歌』(2002)　イラクにおけるクルド人の徹底した弾圧を描きながら,単なる告発にも同情の強要にも終わらないおおらかさと美しさ。私たちにとって「故郷」や「民族」とは何を意味するか？

■＜子ども＞について,手始めに読んでみよう
- ▷郡山総一郎『未来って何ですか―ぼくがいちばん撮りたかったもの』(新日本出版社,2004)
- ▷石弘之『子どもたちのアフリカ』(岩波書店,2005)
- ▷藤原章生『絵はがきにされた少年』(集英社,2005)
- ▷鬼丸昌也・小川真吾『ぼくは13歳　職業,兵士。』(合同出版,2005)
- ▷今川夏如『トモダチニナルタメニ―アフガニスタンが教えてくれたこと』(新日本出版社,2005)

II

性の位相

第 4 章 ＜女性＞

『カンダハール』

〈DATA〉

監督　モフセン・マフマルバフ

出演　ニルファー・パズィラ，ハッサン・タンタイ，
　　　サドゥー・ティモリー，ハヤトラ・ハキミほか
　　　（2001年，イラン／フランス）

〈KEYWORDS〉

1. 日食
2. ロードムービー
3. 義足
4. ボイスレコーダー
5. 希望

1● 日食の比喩

STORY・1　20世紀最後の日食

　映画の主人公はかつてアフガニスタンの内戦を逃れてカナダへと移住した女性ジャーナリストのナファス。彼女はアフガニスタンに残してきた妹から，20世紀最後の日食が起きる日に自殺するという手紙を受け取り，妹を救うために彼女の住むカンダハールをめざそうとする。日食はすでに3日後に迫っており時間がない。彼女たちは母親が死に，父と3人でアフガニスタンを脱出しようとしたのだが，途中で砂の上の人形を妹が拾ってそれが爆発，足を失ってそこに残らざるを得なくなる。その後父親も死んで，今は妹ひとりがアフガニスタ

ンに住んでいるのだ。

　ナファスは赤十字のヘリコプターに乗って，イラン国境からアフガニスタンに向かい，後は陸路でアフガニスタンに帰郷する家族の一員になりすましてカンダハールに向かおうという計画だ。国境地帯ではアフガニスタンに戻る少女たちに，人形に似せた地雷を拾ってはいけない，という講習が行なわれている。地雷によって5分ごとに人が殺害されており，その多くが人形を拾おうとして地雷の被害にあう少女たちであるというのだ。

　ナファスはある大家族の父親に百ドルを支払い，その第4夫人ということでこの家族と共にカンダハールをめざすことにする。出身民族も異なる妻たちは夫に恥をかかせないために，けっしてブルカを脱いで他人に素顔を見せようとしない。自動3輪車に国連の旗をつけて出発した一行だが，ほどなく砂漠地帯の手前で盗賊につかまってしまい，すべての家財道具を奪われてしまう。家族はカンダハール帰郷をあきらめイランへと来た道を戻ることになり，ナファスだけが徒歩でカンダハールへの旅を続ける。

POINT・1　女性と太陽

『カンダハール』は，ともに2面性を持たされた女性と太陽の関係を探る。

　この映画は終始，太陽の2面的なイメージをめぐって展開する。太陽はあらゆる者の命の恵みの源泉となると同時に，アフガニスタンのような国では命をおびやかす灼熱をもたらすものでもあるからだ。同時にまたこの映画の主人公である女性たちも2面的な存在として支配層である男性に認識されている。一方において女性は生殖能力を持ち，あらゆる人間社会の持続を保証する生命の源である。しかしそうした能力は同時に，男性中心主義，父親から息子へと権力や財産や名声が女性の介在なしに受け渡されることを理想とする家父長的体制にとって，自らの体制に対する大きな脅威ともなるのだ。その太陽が女性にとってはどんな存在なのか？　アフガニスタンの家父長制権力社会における女性の位置が太陽のイメージとの関係で考察されていく。

　この映画でナファスとカンダハールまでの旅を共にしようとするのは，

すべて男性である。イランからアフガニスタンに帰ろうとする家父長，神学校から追い出された少年，兵士から医者となったアフリカ系アメリカ人，義足をもらいにやってきた男…。そうした男たちの誰もが戦争暴力や抑圧的支配機構によって社会の規範からはずれてしまった者たちだ。カナダに住み「西洋的な」価値観を身につけたナファスは，彼らを外部者の視点から眺めることができるが，彼女の見方が「正しい」かどうかにこの映画は疑問を付してゆく。

　この映画に出てくる女性たちは，ナファスと子どもたちを除けば，ほとんどの女性がブルカを深くかぶったままでその素顔を私たちの目に露わにすることはない。しかしだからといって，彼女たちの意思や自由が完全に抹殺されていると単純に結論づけることはできないだろう。アフガニスタンの女性たちもブルカの下で化粧をし，井戸端会議をし，多民族どうしが共存して生きているのだ。

　ナファスもそのような女性たちに囲まれながら旅をすることによって，カナダに移住して以来の自分が培ってきた西洋的な価値観を見直さざるを得なくなる。そのとき彼女と太陽との関係は変わってくるかもしれないし，そのときになれば，なぜ妹が自殺の日を太陽が月に完全に隠される日食の日に指定したのかの理由もわかってくるかもしれない。

　ナファスはカンダハールに向かう旅の記録として，そしてある意味では妹に生きる勇気を与えようとして，旅の途中で携帯テープレコーダーに声を吹き込んでいく。それは彼女たちをつなぐ秘密のブラックボックスであると同時に，太陽や女性の持つひとつのイメージでは語りきれない側面を封じこめた沈黙に近いつぶやきや言葉の断片の集積である。この映画は太陽，砂漠，ブルカ，義足，大地，空といった圧倒的なアフガニスタンの雄弁なイメージのなかに，まるでブルカの奥に隠された女たちの欲望や意思を，あるいは表に出ない思いや叫びやささやきをも記録しようとするのだ。

　この映画は太陽や女性を見つめるまなざしをくりかえし問題にする。人の目は太陽を直接見つめることはできない。日食が特別なのは，太陽が月の影に入ることによって私たちの，まなざしが遮断されるがゆえに，かえって太陽を直接見ることができるからだ。影に隠れることによってはじ

めて全てを見ることのできる存在。日食もアフガニスタンの女性も，そのような存在と非在を同時に抱えることで，私たちのまなざしの限界を問うているのではないだろうか？

2 ● ロードムービーと自己の発見

STORY・2 砂漠を越える旅

　ナファスの旅の案内役を買って出るのは，コーランを暗誦する神学校から追放された少年ハクだ。彼はまったくコーランが読めず，無意味な音だけを発するので，ムッラー（先生）から見捨てられ，イランにでも出稼ぎに行った方がよいと言われたのだ。ハクの母親にとっては夫が地雷で死んでしまい，ハクだけが頼りだったのだが。

　ナファスはハクを50ドルでガイドとして雇い，砂漠の中の道なき道を行くことにする。途中の井戸で生水を飲んだためだろうか，ナファスは具合が悪くなり，ある医者のところを訪れる。この医者タビブ・サヒブはかつてアフガニスタンにソ連軍相手に戦うためやってきたアフリカ系アメリカ人だ。そのままここに住みついたので，正式の医師免許は持っていないが，現地の人々には基本的医療の心得があれば十分なのだと言う。というのも栄養不足で病気になる人が多いここでは，医薬品よりパンの方が役立つことが多いからだ。ナファスは少年ハクにお金をやって彼と別れ，タビブの助けを借りて先をめざすことにする。

POINT・2
女性と旅路

『カンダハール』は，女性が旅路でさまざまな他者と出会う自己発見の過程を中断させる。

　ナファスの妹はなぜ20世紀最後の日食の日に自殺しようとするのか？　そしてそのことをただひとり残された肉親であり，アフガニスタンを脱出してカナダに亡命した姉だけに告げようとしたのか？　妹のＳＯＳは，アフガニスタンにおける女性の窮状をジャーナリストでもある姉の手を借り

て世界に伝えてほしいというメッセージなのか，それとも本来ならばアフガニスタン生まれの女性として共有すべき状況から運よく脱け出した姉に対する嘆願ないしは復讐なのか？　ナファスの旅は妹を救出するためのものであると同時に，いやそれ以上にその問いへの答えを見つける旅である。そのことはまた，かつてアフガニスタンを脱出してカナダに定住するようになった自分が，このように女性にとって苛酷な社会で，いったいどのような存在として多くの人々の目に映るのかを発見しようとする過程でもある。

　ある年老いた家父長の第4夫人としてカンダハールに向かう計画が失敗に終わったナファスは，コーランを暗誦できないために神学校を追い出されたハク少年を道連れにして旅を続ける。この契約において主導権を握っているのは，ナファスではなくハクの方である。彼はまず彼女が信用できるかどうか，ブルカの下に隠れた顔を見せるようにと要求する。それがいかにもドル紙幣を持っていそうな西洋的生活に慣れた顔つきであることに安心して，ハクも一緒に行くことに合意するのだ。

　このようにして現在のナファスはブルカをかぶった「にせアフガン女性＝アフガン出身の西洋在住女性」というジェンダー的・民族的特徴のゆえに，何度も自己証明をしなくてはならなくなる。つまりナファスはアフガン女性ではないゆえにブルカを取ることができ，そのたびに「西洋人女性」としての自己を表明する。しかし彼女は現在アフガニスタンにいるのだから，基本的にアフガン男性の前では女性としてブルカをかぶり続けることが彼女の旅の安全をある程度までは保証することになる。かくして旅する彼女は西洋女性にしてアフガニスタン女性であるという二重の存在であり，またそうした自己表象の記号を状況に応じて使い分けることによってのみ，旅を続けることができる。

　このような彼女の複数のありようを支える重要な要素のひとつは，彼女の言語能力である。彼女は現地の主要言語のひとつであるダリ語を話せることにより多くの現地の人間とコミュニケートすることができる。また，アフガニスタンに政治的・経済的・文化的に大きな影響を及ぼしている「国際社会」の代表言語である英語が話せることで，医者タビブや赤十字

キャンプのオランダ人女性たちと同様，アフガニスタンにおける他者の一員としてふるまい，即座に彼女たちの同情と共感を得ることも可能となる。

しかしこの映画はナファスをそのような，ときには有効な介入の契機となりうるが，結局は曖昧で無力な位置に留めたままで終わってしまうように見える。ナファスはさまざまな他者と出会い，観察し交流するが，ついに彼ら彼女らとの距離はまったく埋められないまま，砂漠の中で立ち止まらざるを得ない。その意味でこの映画は，通例，終着点にいたる過程で，他者との出会いによって新たな可能性が示され，失敗するにしろ成功するにしろ，そこで何らかの評価や情動を観客に要請するロードムービーを，いわば意図的に途中で宙吊りにしてしまった作品なのではないだろうか？

3 ● 義足の表象

STORY・3　空から降ってくる義足

　医者タビブとナファスは赤十字のキャンプにやってくる。ここでは地雷で足を失った人々のために，義足を支給している。先回，義足の寸法を測った人々が義足を受け取りに来るが，なかには自分の妻には大きすぎると主張して，他の人の義足をもらい受けようとする者もいる。ヘリコプターがやってきて，いくつかの義足をパラシュートで落としていくと，松葉杖の人々がそれを手に入れようと，落下地点に向けて我先に走っていく…。

　ナファスとタビブはカンダハールに行く男を求めて，右手のない男ハヤトを追う。ハヤトはさきほど赤十字のキャンプで，義足を手に入れようとして様々な口実を設け，中古の義足を手に入れた男だ。ナファスたちが追いつくと彼はさっそくこの義足を売りつけようとする。医者タビブと別れたナファスは，百ドルの報酬を払って今度はこのハヤトとともに旅を続けることになる。

POINT・3　女性と身体

『カンダハール』では，女性に対する支配が，身体部分の交換として描かれる。

この映画では身体の部分が強調されて，問題の焦点をなすことが多い。

ブルカの陰から突き出した片手が別の手の指先の爪にマニキュアを塗る。ハク少年が砂漠の死体の指から指輪を抜き取る。医者タビブがシーツに開いた穴を通して女の喉や眼や舌を診察する。既婚女性は夫以外の男性と話をしてはいけないため、子どもを通訳にして身体の一部分しか見えない女性に対して問診が行なわれる。そして義足を求めて多くの男が集まり、その義足が空から降ってくる赤十字のキャンプ。

　地雷で足を失った妻のために、すでに寸法を測ってあった義足を受け取りに来たある男が、その義足がどうしても妻には大きすぎると主張して、代わりの義足をよこせと言ってきかない。その証拠として男はわざわざ持ってきた妻の衣服や婚礼のときの靴を義足にはかせてみて、小さいサイズの義足にぴったりではないかと言うのだ。彼にとって妻の足は義足となった今こそ、いつまでも不変で、彼がそうあれかしと願うような新妻のままのサイズと美しさでなければならない。

　おそらくこれを家父長制的男性中心主義の身勝手と言うだけでも、戦争の暴虐がもたらした悲劇と言うだけでも不十分だろう。ここに描かれているのは、妻の価値を一本の義足のサイズで推し測らせてしまうような状況を、対人地雷が作り出しているという現実だ。私たちは笑っていいのか泣いていいのかわからないような場面に直面させられる。妻の足のありようをどんな反論も聞き入れずに主張する男の前で、義足を配給する赤十字の係員が困窮するように、これだけ多くの人間が普通に生活しているだけで手足を失ってしまうような状況下では、私たちの安易なヒューマニズムは徹底して無力である。

　そのような観客の「人間的な同情」をさらに打ち砕くかのように、映画は松葉杖による一本足の男たちの競争をまるで一編の詩的情景として類いまれな映像で描き出す。この場面で観客は、画面の美しさに酔いながら、そのような審美的な姿勢が許されないことを十分に思いしらされる。なぜなら彼らはもちろん俳優として演技をしているのだが、同時にみな戦乱の犠牲者であって、手や足が本当にないからだ。そのことはこの松葉杖競争の場面のすぐ後で描かれる、悠然と４本足で歩くラクダの群れの情景と比較されることによって衝撃力を増す。松葉杖で疾走する男たちの場面が現

実の凄まじさを示す一方で，通常ならありふれた現実として見過ごしてしまうような砂地を歩いてゆくラクダの一群の映像が，限りない幻想性をはらむのである。

現実と幻想の境界を侵犯することで，私たちを居心地悪くさせる映画。そこには，夫である男性の目から見て，女性が義足のような擬似的身体の一部分と見なされてしまう社会がある。この男にとって自分の妻はほとんど一本の義足と等価になっており，そのことを誰も笑うことができない。義足としてしか表象されない女性と，カナダから自国に戻ってきた旅する女性との差は，いったいどこから生まれてくるのだろうか？

4 ● ボイスレコーダーのなかの声

STORY・4　ブルカの奥の顔

ハヤトはブルカをかぶって女装し，ナファスとともに結婚式に向かう女性の集団と旅を続けることにする。そのなかには多くの女装した男たちも混じっており，商売のためにこの一行に紛れてさまざまな場所へと向かうらしい。しかしこのブルカの一行は，途中でタリバン兵の検問にひっかかり，男たちをはじめ，本や楽器を持った者など，多くの人々が拘束されてしまう。「花嫁のいとこ」を装ったナファスたちも尋問を受ける。

POINT・4　女性と録音

『カンダハール』では，女性が自分の声で語ることがその権利の主張となる。

この映画ではナファスが携帯テープレコーダーに録音していく語りが，映画の世界を規定するひとつの枠組みをなす。それは旅の記録にして一種の自伝であり，同時に不可視の妹へと届けようとする希望の伝言でもある。だがそれはおそらく妹の元へ届くことも，他者に聞かれることもない。

しかしそれにもかかわらずナファスも女性たちも，自分が自分であると

語ることを止めない。ナファスがブルカを脱いで「見て私はただの女」と言うとき，ブルカをかぶったままで女たちが自分の名前を名乗るとき，そこには危険から逃れるための自己証明という以上に，自分が自分である証しを主張しつづける女たちがいるのだ。

そしてこのような社会では男たちもときに女装してブルカの陰に隠れることでしか，日常生活を営むことができない。家父長にもタリバンにもなれないとすれば，ブルカをかぶって旅するほかない男たち。この映画は自分の声で語ること，そしてその声を自己のものとして認めてもらうことが困難な中で，どうしたらそのような自己証明が可能なのかを問い続ける。ナファスが妹のために自分と他者の声を録音した旅の記録。そうした女性たちの声を私たちはどうすれば聞くことができるのだろうか？

5●希望のありか

STORY・5 終わらぬ旅路

ナファスと一緒に来たハヤトはタリバンにつかまり，ナファスも妹にあげようとさまざまなメッセージや声を録音してきたテープレコーダーを捨てなくてはならなくなる。こうしてナファスのカンダハールへと向かう旅は，砂漠の真ん中でふたたび暗礁に乗り上げる。日食が刻一刻と迫ってくる。カンダハールへのナファスの旅に終わりが来ることはあるのだろうか？

POINT・5
女性と非在
『カンダハール』は，自由を制限された女性の旅が希望を求める終わりなきものであることを示唆する。

自分が何者であるかを主張する選択の幅が限られていれば，その改変はさらに困難だ。この映画によれば，ブルカが圧殺するのはその変革の可能性だ。

医者タビブはナファスに希望とは何かと聞かれ，それをテープに吹き込むように言われて，およそ次のように言う——「乾いた人には水が，腹の

すいた人にはパンがいるように，人には生きるためになんらかの理由が必要だ。希望がその理由なのだ。ブルカで顔を覆わざるを得ない女性には，いつか人に顔を見せることが希望になる」と。

　ところがタビブは自分でこの希望についての定義に満足することができないで，ひとりでテープレコーダーを借りて録音する。しかし彼がしゃべる声は聞こえず，私たちはその内容を知ることができない。ナファスはそれを聞いたのかもしれないが，彼女はそれを私たちと共有しない。

　こうして砂漠の真ん中で旅は挫折し，声や音も途切れる。この映画はナファスがブルカの内側から見つめた太陽の映像で終わる。大地を，ラクダを，女性を照らし焼く灼熱の太陽。それは日食を迎えつつあるようでもあれば，ブルカの内側から見るとつねに太陽は日食状態のようにも見える。太陽でありながら日食のように隠されたもの。それとも，それは女性ゆえに「私」でありながら「私」であることを自己主張できないもののシンボルなのだろうか？

　永遠に到達できない場所としての「カンダハール」。それは不在の地であり，日食という太陽の不在が見える空間であり，見えない存在としての女性が自殺を決意しながらかろうじて生存している場所だ。医者の伝言は聞こえない。女たちの声は聞こえない。希望を伝えてくれる声が届かない。

　しかし希望を伝える声がこちらに聞こえてこないからといって，それは発話する女性たちの責任だろうか？　彼女たちが語っていないのではない。私たちが聞こうとしないから聞こえてこないのだ。彼女たちの声が届かないとすれば，それは私たち自身にまだ希望のメッセージを聞く準備がないからだ。私たちがブルカの奥から聞こえてくる声に耳を澄ませられるようになったとき，そのときこそ，希望の兆しも見えてくるかもしれない。

QUESTIONS

1. 女性が太陽や月などの天体に比せられる言い方について，その意味と文化的背景を考察してみよう。
2. 女性が主人公であるロードムービーを他にも探して，この映画と比較してみよう。
3. マフマルバフ監督は義足が空から降ってくる場面で，いったい何を訴えようとしたのだろうか？
4. 女性のかぶるブルカやヴェールは特定の文化圏でさまざまに異なる意味を持っている。いくつか例を挙げて，その社会的意味を考えてみよう。
5. タビブというアフリカ系アメリカ人がテープに語った「希望」の中身とはいったい何だろうか？ 自分なりに想像してみよう。

■＜女性＞にまつわるこんな映画も観てみよう

＊（　）内は監督，製作年

▶『紅いコーリャン』（チャン・イーモウ，1987）　18歳で親子ほども違う酒屋の主人と結婚した女が，夫が行方不明になった後，自分を強盗から救ってくれた男と結婚，やがて日本軍が侵略してきて…。主人公の生と性のエネルギーに圧倒される。

▶『ピアノ・レッスン』（ジェーン・カンピオン，1993）　19世紀の半ばニュージーランドの浜辺に降り立った「写真花嫁」。彼女は口がきけないがピアノで気持ちを語れる。夫はピアノを浜辺に放置したままにするが，ひとりの地主がピアノを教えてくれればピアノを返そうと言う。ピアノが女性の身体でもあることを如実に示した映画。

▶『ナヌムの家』『ナヌムの家Ⅱ』『息づかい』（ビョン・ヨンジュ，1995，1997，1999）　日本軍の「元従軍慰安婦」の女性たちが共同生活をする「ナヌム（分かち合い）の家」のハルモニ（老女）たちの日常をつづった記録映画。ともに暮らすことからしか生まれない信頼と責任と共有を誘う表現がここにある。

▶『アントニアの食卓』（マルレーン・ゴリス，1995）　オランダの田園のなかでおおらかに生きぬく4世代の女性たちの姿。アントニアに触れるとすべての人が愛情に包まれる，そんな情動がなんともすばらしい。

- ▶『テルマ＆ルイーズ』（リドリー・スコット，1999）　平凡な主婦とコーヒーショップのウェイトレスが週末に旅行に出かけ，そこで彼女たちを退屈な日常から解放する事件に出会う。女だけのロードムービー。
- ▶『エリン・ブロコビッチ』（スティーヴン・ソダーバーグ，2000）　2度の離婚をし，金も仕事もない3児の母親が法律事務所に何とか職を得て，ある地域の水質汚染の実態を知り，大企業を告発する訴訟に挑む。大事なのは教養よりも度胸と色気と行動力だ。
- ▶『父と暮せば』（黒木和雄，2004）　原爆の記憶に縛られ，自分は幸せになってはいけないと考えていた女性が，死んだ父の亡霊の励ましによって，好意を持った男に心を開いていく。新たな人生の可能性を共有できる映画。

■モフセン・マフマルバフ監督の他の作品も観てみよう

- ▶『サイクリスト』（1989）　イランにおけるアフガン難民の主人公が妻の入院費を稼ぐため，一週間自転車に乗り続ける見世物に挑戦。「難民を受け入れる」とはこういうことなのでは？
- ▶『パンと植木鉢』（1996）　自己言及的なメディアとしての映画の特質を生かした自伝的傑作。「過激派少年」が映画界の巨匠になった。
- ▶『ギャベ』（1996）　イランの遊牧民であるカシュガイの人々が織る絨毯（ギャベ）と，ひとりの娘ギャベの恋愛模様が重なる。映像美の極致。

■＜女性＞について，手始めに読んでみよう

- ▷上野千鶴子『セクシィ・ギャルの大研究―女の読み方・読まれ方・読ませ方』（光文社カッパサイエンス，1982）
- ▷アドリエンヌ・リッチ『血・パン・詩。』（晶文社，1989）
- ▷モフセン・マフマルバフ『アフガニスタンの仏像は破壊されたのではない　恥辱のあまり崩れ落ちたのだ』（現代企画室，2001）
- ▷松井やより『グローバル化と女性への暴力－市場から戦場まで』（インパクト出版会，2000）
- ▷竹村和子編『"ポスト"フェミニズム　知の攻略・思想読本10』（作品社，2003）
- ▷ベル・フックス『フェミニズムはみんなのもの―情熱の政治学』（新水社，2003）
- ▷ドゥルシラ・コーネル『女たちの絆』（みすず書房，2005）
- ▷石川康宏ゼミナール編『ハルモニからの宿題』（冬弓舎，2005）

第 5 章 ＜生殖＞

『ヴェラ・ドレイク』

〈**DATA**〉

監督　マイク・リー

出演　イメルダ・スタウントン，フィル・デイヴィスほか

（2004年，イギリス／フランス／ニュージーランド）

〈**KEYWORDS**〉

1．ティー　　4．戦争
2．堕胎　　　5．家庭
3．魔女

1● ティーの時間

STORY・1　1950年のロンドン

　舞台は第2次大戦後まもない1950年のロンドン。戦争の傷痕がいまだに残り，階級，人種，ジェンダーの差別も解消されず，人々は日々の生活に忙しい。初冬の凍てついた大気の中で，そこだけは暖かさが途切れないかのごとく，ヴェラ・ドレイクの笑顔が人々のあいだを経めぐっていく。昼間は裕福な家庭での家政婦の仕事，それが終われば労働者階級の人々が暮らす近所で老人や体の具合の悪い人の世話を焼き，ひとり暮らしの母親を訪ね…。そうやって

1日の仕事を終えると，ヴェラがもっとも大事にしている家族団欒（だんらん）の時間だ。弟のフランクが経営する自動車修理工場で働く夫のスタン，洋服仕立て屋に勤めている息子のシド，工場で働く娘のエセルが次々に家に帰ってくる。狭い家のつつましい夕食だが，それでもヴェラの家族にとっては一番幸福な時間である。戦争が終わり，やっと安定した平穏な生活がヴェラたちに訪れてきたようだ。ヴェラは近くに住むひとり暮らしの青年レジーを夕食に誘う。レジーはまじめで寡黙な青年だが，戦争中に母親を空襲でなくしていた。スタンが戦争で出征していたあいだ，つらい体験をしたドレイク一家はそんなレジーに心から同情し，家族の一員のように温かく迎える。無口でおとなしいエセルも，レジーが訪問するようになってから年頃の娘らしい愛らしさを少しずつ見せるようになっていく。スタンの弟フランクは事業に成功して自動車工場を経営しており，妻ジョイスと新しく広い家に住んでいる。ジョイスは貧しい義兄一家とのつき合いを好まず，電化製品の整った中流家庭の生活にあこがれている。しかし両親を早く失ったフランクにとって，スタンとヴェラはいわば親代わりの存在であり，妻の態度に戸惑いながらも，兄夫婦には心からの愛情を捧げているのだった。こうしてそれほど豊かではなくても，ロンドンの労働者の家庭には，これからも平和な日々が続いていくように思われたのだが…。

POINT・1　生殖と湯水

『ヴェラ・ドレイク』は，生殖が女性の自己選択であることを確認する。

ティーというとわたしたちは普通「お茶」を連想するが，これはイギリス語で夕食を意味する単語である。イギリス人はたしかに朝起きてから寝るまで紅茶を飲んでいる，朝起きぬけに，朝食時に，午前のお茶に，昼ごはんに，午後のお茶に，夕食に，そして寝る前に…。それは「イングリッシュ・ティー」が労働者にとってもっとも安価で簡便な飲み物であり，アルコール飲料のように副作用もなく，熱湯で入れるので衛生的であり，かつ自分の冷えた身体を温めたり，他者と一緒に飲むことで人間関係を維持するのに有効な手段だからだ。そして「夕食」を意味するティーも，1日のうちで一番豪華な食事である昼食のディナーと違って，質素だけれども1日の疲れを癒し，家族や友人が集う団欒としての意味合いを持つ。

この映画の主人公ヴェラ・ドレイクは四六時中お湯を沸かしている。お茶を入れ，湯たんぽを暖め，雑巾がけをし，そして彼女の秘密の営みに不可欠な消毒行為を行なうために…。お茶とお湯と，そして女性の羊水——この映画は当時の労働者階級女性の労働と生殖に欠かせない液体の物語とも言えないだろうか？

　夫のスタンが言うように，ヴェラの心は金(ゴールド)であるどころか，ダイヤモンドのように明るく輝いていて，しかも強い。ヴェラという主人公は女性であるだけでなく，母親にして労働者である。この点が重要だ。母親になるという生殖行為が労働であり，母親として家庭を維持していく努力が労働なのだから。ヴェラにとっては自らの生殖能力と出産労働とが幸福に結びついているのだが，そうではない女性たちもいる。ヴェラと対照的に描かれる何人かの女たちにないのは，この女としての生殖と母としての労働との密接な結びつきなのだ。富裕な階級に属するがゆえに母親にはなっても労働しない女たち。労働者階級でありながら母親としての義務を放棄してしまった女たち。そのような女たちのなかで，ヴェラがひときわ輝くのは，彼女がそうした女たちに対しても微笑みと愛情を絶やすことなく，女として，母として，さらに労働者としての集団的尊厳を保ち，あらゆる人を平等に愛そうとするからだ。

　そしてそのような社会的尊厳の原点にあるのは，出産行為というよりはむしろ女性の生殖能力である。しかしこの映画が問題にするのは，出産行為という，喜びをもたらすことがあるが，恐怖と現実的負荷をも招く営みの重荷をなぜ女性だけが一方的に担わなければならないのかという問いである。「孕む性」として女性に負わされた生殖能力の代償としての出産行為。ヴェラのように幸福な家庭の一員にとって，生殖と出産とは，まるでティーを入れるように自然で暖かい営みだ。だからこそヴェラはそのような幸福に恵まれない女性たちに助けの手を差し伸べてきた。だが，この映画は，生殖と出産とのこの幸福な結合をヴェラ自身が疑わなくてはならなくなる過程を見つめていくのだ。

2 ● 非合法堕胎という選択

STORY・2 望まれぬ妊娠

　女たちは階級や人種や置かれた立場にかかわらず，ときに望まぬ妊娠をしてしまう。裕福な家庭の娘スーザンもそのひとりで，彼女はある男性に暴行されて妊娠してしまい，高額の手術費用を払って医師に中絶手術を施してもらう。しかし多くの女性はそれだけの経済的余裕も，手術後に療養する時間的余裕もあるわけではなかった。ヴェラはそのような女たちに非合法の堕胎をひそかに施していたのだ。そのような選択をするしかない女性たちとヴェラとのあいだを仲介するのは，ヴェラの子どものころからの友人リリーで，彼女は女たちから報酬をもらっていたが，そのことをヴェラには黙っていた。ヴェラにとってこの行為は，ひたすら人助けでしかなく，報酬を受け取ることなど想定外だったのだ。ヴェラの堕胎方法は単純だが，それなりに有効だった。まず固形石鹸をチーズ削り器で削ってお湯に溶かし，その石鹸水をゴムの注入器を使って，子宮内に注入すると，翌日腹痛に襲われ，水とともに子どもが流産する。これまでこの方法でヴェラはいつも成功してきた。死ぬのではないかとおびえる娘，あどけない黒人娘，貧しくて子どもが育てられない母親，酒の勢いを借りて処置に耐える女——多くの女性たちがヴェラの手馴れた作業によって，この他人には言えぬ苦しい体験を通過していく。ヴェラはいつも数分でことをすませると，相手を思いやる優しい言葉を残して去っていくのだった。

POINT・2 生殖と流産　『ヴェラ・ドレイク』は，生殖能力ゆえに差別に直面する女たちを優しく見つめる。

　イギリスでは1861年以来，人工妊娠中絶は法律で禁止されていた。1929年の改正によって「妊娠・出産が母体の命をおびやかす危険があると医師が診断した場合のみ合法とする」とされたが，手術費も高額で，また中絶を行なう女性に対する世間の目も冷たく，多くの貧しい女性たちは非合法の堕胎に頼っていた。イギリスで人工妊娠中絶が合法化されるのは1967年である。よってこの映画で描かれる時代には，「医師の診断」を可能にす

る経済力があるかないかが，女性の決断を左右していた。

　この映画では男性の暴力によって妊娠してしまった裕福な家庭の娘スーザンと，彼女とは別の境遇にある貧しい女性たちとが対比して描かれている。暴行によって望まぬ妊娠をしてしまったスーザンの苦しみも同情的に描かれているが，しかし妊娠や出産の問題が「女性一般」の問題として一枚岩では考えられないことも明確にされている。スーザンには男性の専門医から「合法」との診断をもらうだけの蓄えがあり，また数日療養して過ごすだけの時間的余裕とその場所も保証されていた。それに対してヴェラが非合法に施す堕胎は，ほんの数分しかかからず，自宅のベッドでタオルとお湯さえあればいい。あとは腹痛を待つ，つまり自分自身のからだの自浄作用に頼るだけなのだ。それを「原始的」というのは簡単だが，自らの生殖能力ゆえに，人種や階級の差別をより残酷に受けなくてはならない多くの女性たちにとって，他にどんな選択があったろう。

　彼女たちに対するヴェラの視線はあくまで優しく，差別を善意で乗り越える力強さを持ちながらも，そうした社会的不平等を声高に糾弾するわけでもない。むしろ当然のこととして，まるで家政婦の仕事や家族の世話やお茶を入れるしぐさと同様の自然さで，彼女は淡々と堕胎を行なっていく。それこそが女としての，母としての矜持ででもあるかのように。こうしてこの映画は，女性の生殖能力に根本的に頼りながら，その貢献と自らの依存を隠蔽しようとする男性中心主義的な家父長制度の暴力の核心を，そのもの静かな告発の姿勢によってかえって深く突いていく。

　女性は確かにその生殖能力によって子を孕む性であらざるを得ないけれども，そのことは彼女たちが必ず子を産む性でなければならないことを意味しない。ヴェラが不運にも孕んでしまった女たちを救おうとするのは，ヴェラが女性の本質を子どもを産むという出産行為にあるとは考えないからだ。女性が医者によって堕胎を許されるためには，遺伝的な病気の可能性を証明してもらう必要がある。このように医学が女性の身体に押しつける出産本質主義は，女を再生産のための道具として定義づけていくのである。

3 ● 魔女の役割

STORY・3 魔女の系譜

　ヴェラたちの家庭に明るいニュースがもたらされる。エセルがレジーと婚約したのだ。家族みなの祝福を受けて，その週の日曜日，弟夫婦も招き，お祝いのディナーを食べることになる。その席でフランクがジョイスの妊娠を報告，皆の喜びが頂点に達したとき，突然警部が家を訪問する。ヴェラが数日前に堕胎行為を行なって助けた娘の容態が急変し，病院に運ばれた。命は取り留めたが，このような「民間の違法な堕胎」による被害を多く見てきた医師の通報によって，警察が介入し，娘の母親が渋々ながら事情を告白せざるを得なくなったのだ。こうしてリリーもヴェラも罪に問われることになる。お祝いの席に突然降って湧いたような出来事に混迷する家族には何も知らせず，ヴェラは黙って警察署へと連行されていくのだった。

POINT・3　生殖と医学

『ヴェラ・ドレイク』は，生殖を伝統的につかさどる魔女と，男性中心主義的な近代医学との対立を描く。

　ヴェラは自らの行為が違法であることに無知であったわけではなく，また女たちからの報酬や感謝にもまったく関心がなかった。あくまで貧しい女性たちには他の選択肢がないことを知り尽くしていたからこそ，また過去の実績によって自らの技術に自信を持っており，女たちの身体に害がないという確信をもって，ヴェラは堕胎行為をくりかえしてきたのだ。

　中世から「魔女」は生殖をつかさどる存在だった。彼女たちが体験によって集積した技術による伝統的な堕胎と出産と子育てを実践し，ときには母体を救うために子どもの殺害も辞さなかったために，子ども，とくに男子を最大の権力維持の方策とする男性中心主義的な社会によって，彼女たちは魔女として断罪されてきたのである。その意味で魔女は，生殖能力を持つ女の身体の味方である存在だった。彼女たちが独占していた生殖に関する実践と知識を領有し奪い取ってきたのが，近代医学である。それは

人間の身体をあくまでも男性的な視線と解剖の対象として見なすことによって，魔女が君臨していた生殖の神秘を医学的真理によって置き換え，彼女たちを迷信と汚穢と差別の領域に追放したのだ。

　この映画のヴェラ，そして彼女が牢獄で出会う，非合法の堕胎を行なってきた女たちは，現代の魔女である。彼女たちは法や医学の言葉は知らないが，女たち，とくに貧しい女性たちが何を求め，何に恐怖するかを知っている。警察や裁判所や病院の言説は彼女たちが営々と築き上げてきた誇りと自信をけっして切り崩すことはできないだろう。たとえ彼女たちが捕えられ，強制されて非合法の堕胎を行なわなくなったとしても，それは近代医学による魔女の敗北を意味しない。法や医学や知識の暴力が数え切れない女たちを抑圧し貶めているかぎり，魔女たちの系譜は滅びることなく連綿として受け継がれていくだろうからだ。

　医学と法律とキリスト教的倫理が強制する，子を産む身体としての女性のありよう。そのひとつの帰結が，出産できるからこそ女性である，子どもも産めないような女は女ではない，という家父長制的言説だろう。ヴェラたち魔女がこうした言説に回収されないのは，彼女たちがその階級ゆえに，貧しい労働者としての生活ゆえに，女たちの身体的リアリティを知りつくしているからだ。女は確かに孕む性であるが，それは必ずしも産む性でなければならないということではない。不運な女性たちを身近に知るヴェラは，そのことを体験によってはっきり知っていたからこそ，彼女たちに堕胎を施してきたのである。とすればこの映画が本当に問おうとしているのは女性の問題ではなく，生殖を女性問題としてしか考えられない，考えてこなかった男たちの，家父長たちの意識と実践ではないのか？

4 ◉ 戦争と生殖

STORY・4　戦争の傷痕

　ヴェラは男性が支配する法律や医学の世界と争おうとは考えていなかった。しかし，27年間一度もはずしたことのない結婚指輪を「被告人」としてはずさ

なくてはならなかったとき、彼女ははじめて自分の身体がもはや自分のものではないことを悟る。すぐに保釈が認められ、家庭に帰ったヴェラを待っていたのは、思いがけない不幸に打ちひしがれた家族の姿だった。母親の行為を穢(けが)れたものとして非難する息子のシド、同情しながらもそれを言葉にできずに落ち込むばかりの娘のエセル、軽蔑をあらわにする義妹のジョイス。しかし夫のスタンは、予期せぬ不幸に打ちのめされながらも立ち直っていく。というのも自分が戦争で受けた傷から立ち直れたのも、ヴェラの変わらぬ愛情があったからであり、今こそそれをヴェラのために返すべきときと悟ったからだ。スタンは、ヴェラの行為が人助けをしようとする優しさから出たことで、誤ちは犯したかもしれないがもう十分罰せられたのだから、今こそ家族が皆で応援しなくては、とシドを必死に説得する。クリスマスの日、弟夫婦を含めた家族全員でささやかなディナーのテーブルを囲む。誰もが重苦しい雰囲気を感じているなか、レジーが言う、「僕の人生で最高のクリスマスをありがとう、ヴェラ」と。

POINT・4 生殖と反戦　『ヴェラ・ドレイク』は、生殖による再生行為と戦争による破壊とのせめぎ合いを描く。

　ヴェラが非合法な堕胎行為を行なっていたことが明らかになることによって、断罪されるのはヴェラだけではない。まずもってそうした不幸な結果の責任は、そのような行為を必要とせねばならない状況に女性たちを追い込んだ男性の身勝手さにある。妊娠させて責任を取らないばかりか、それがまるで女性たちの落ち度でもあるかのようにふるまう男たち。第2にヴェラたちの犯罪を自分たちが支配する男性的権力体制への挑戦であるとして、法律と経済と科学の用語によって封じこめようとする「知識人」の集団がある。彼らは自らの権力を守り、強化するためなら、ひとつの家族を崩壊させることなど、何の痛痒(つうよう)も感じない。

　しかし男たちも一枚岩ではない。なにより戦争の悲劇をほんの数年前に味わった男たちがヴェラのまわりにはいるのだ。スタン、フランク、レジー…ヴェラを信じ、彼女の弁護のために立ち上がる彼らは、ヴェラの優しさや善意が、戦争という究極の破壊行為から自分たちを救ってくれた、

人を再生させる力を持つ者のそれであることを悟るからだ。彼ら労働者階級の男たちのなかで，ヴェラを断罪しようとする支配層の男たちの策動が明らかになるにつれ，戦争という国家の利害を標榜した破壊と，生殖を司る女たちの生産行為との対立関係がはじめて明らかになるのだ。こうしてこの映画は，ヴェラの手による堕胎という行為が逆説的に，女性の生殖行為に対する尊厳回復の道でもあることを訴えるものとなる。

　スタン，フランク，レジーたちは今こそ次のように問うことができる。今ヴェラを法や医学の言葉で断罪する者たちは，あの戦争のあいだ何をしていたのだ？　安全な銃後にいて，自分たちの利益を確保しながら，俺たちの犠牲のもとに肥え太ってきたのではなかったか？　かくして『ヴェラ・ドレイク』は家庭を舞台とした階級闘争であるとともに，反戦映画としての側面をも見せるのである。

5 ● 家庭の重み

STORY・5　家族の絆

　年が明け，ヴェラの裁判が行なわれた。家族一同が見守るなか，弁護士はヴェラの動機が困窮している人々への善意以外の何者でもないと強調するが，裁判長はこうした「違法行為」に対する見せしめとして，2年6ヶ月の禁固刑というきびしい判決を下した。ヴェラは監獄で同じ罪で捕まったほかの女性たちに会う。彼女たちは皆同じ方法で堕胎を施していたし，それに自信さえ持っていた。そんななかでもヴェラはとくに自己主張せず，つつましく微笑んで刑期を勤めていくのだった。

　ヴェラのいない家庭など考えられなかったドレイク家にとって，2年半は永遠のようにも感じられる年月だ。ラストシーン，ヴェラをひたすら待つ家族が沈黙のうちにテーブルを囲んでいる。スタン，シド，エセル，そしてレジー，彼らの思いはそれぞれだが，そこには絶望とも希望ともいえないある覚悟が潜んでいるようにも見える。

POINT・5　生殖と男性

『ヴェラ・ドレイク』は，生殖について男たちがどれだけの責任を担うのかを問う。

　この映画が描く母の2つの側面。それは一方で子どもを産み育てながら，他方で必要ならば母体を保護したり，不幸をもたらすような妊娠を中絶することで，生まれてくる子どもを犠牲にしてはばからない。そのことを母系映画だとか，母性尊重などと誤解してはならないだろう。あくまでも問われているのは，そうした相反する行動に母親たちを追いつめてきた父親たちなのだから。

　最後にヴェラのいない家庭で，4人の家族が一言も語り合うことなく佇む情景が心に残る。音楽も余韻もなく，無慈悲にその映像が突然断ち切られることで，かえって私たちは彼らの孤絶を思いはかることが可能になるのだ。おそらくもっとも母親を理解しているはずのエセル――彼女も将来「魔女」の伝統を引き継いでいくのではないだろうか？　無口だが強い社会正義の精神を保ち続けるレジー――彼は差別のない社会の実現をめざして闘っていくに違いない。母への愛情ゆえに苦しむシド――女性が自分の思い通りにはならない存在であることをおそらくはじめて悟った彼にとって，これから自分自身の男性性を問う長い旅路が始まるのだろう。そして夫のスタン――彼にとってはヴェラを信じ，愛し続けることにしか人生の意義はないことが，彼女を喪失することであらためて明らかになった，その重荷と決意。

　ヴェラの行為がもし罪に問われなければならないものだとするなら，その罪はまさにこれらの男たちと彼らに連なるすべての男性に問いを迫るものだろう。階級・ジェンダー・人種による差別は，家父長制と連携することで暴力として発現する。この映画が描く生殖能力と出産行為との矛盾にあえぐ女性たちの苦悩の社会的責任の大半は，男性にある。映画のラストシーンで，その重荷に打ちひしがれながら必死に耐えている男たちの沈んだ肉体は，そんな彼らの課題を提示しているのではないだろうか？

　生殖能力は男女が共有するものでありながら，出産行為は女性にしかできない。孕む性としての女性と，孕ませる性としての男性とが，生殖をめ

ぐって究極的に和解することはできるのか？　女性に一方的に出産の重荷を負わせる男性中心主義的な家父長制の暴力と，女性を産む性として一方的に定義する医学的・法学的制度による専門的知識の独占とが継続するかぎり，ヴェラのような優しい魔女たちは，女の身体を守り続けるだろう。

QUESTIONS

1. この映画が描く1950年代はじめのロンドンの雰囲気にはどのようなものがあるか，ジェンダー，階級，人種といった視点から分析してみよう。
2. 妊娠中絶の違法化と合法化の歴史について，イギリス以外の国，そして日本について調べてみよう。
3. 「魔女」を主人公としたほかの映画や小説，マンガ，演劇などをひとつ取り上げて，彼女たちの社会的役割と支配体制に対する抵抗の営みについて考察してみよう。
4. 戦争がしばしば「自国の女性たちを守れ」というスローガンとともに発動されるのはなぜだろうか，女性の生殖能力との関わりにおいて考えてみよう。
5. この映画においてヴェラを囲む4人の男たちの行動や信念を，あなたならどのように評価するだろうか？

■ ＜生殖＞にまつわるこんな映画も観てみよう

＊（　）内は監督，製作年

▶『神々の深き欲望』（今村昌平，1968）　神話が息づく日本の南の島で，神事をつかさどる一家の近親相姦の果てに起きる悲劇。性と生，伝統と近代化，生殖と制度とがせめぎあう原色の宴。

▶『マリア・ブラウンの結婚』（ライナー・ヴェルナー・ファスビンダー，1978）　第二次世界大戦中に結婚，翌日には夫を戦場に送り出した女が，夫の戦死を知らされ，黒人の子を宿す。旧西ドイツの戦後復興と女性の生き様を重ね合わせる。

▶『エイリアン1～4』（リドリー・スコット，1979；ジェームズ・キャメロン，1986；デヴィッド・フィンチャー，1992；ジャン・ピエール・ジュネ，1997）

人間の体内で成長する男性生殖器の形をした異星生物と戦うひとりの女性。単性生殖を目指す家父長制の理想と，母と娘の絆との闘争でもある。
- ▶『奇跡の海』（ラース・フォン・トリアー，1996）　1970年代のスコットランドの村で，敬虔なカルヴァン主義キリスト教の信者である女性が，全身麻痺となった夫の言葉によって，村のほかの男性と次々に肉体関係を持とうとする。性的欲望と宗教とのねじれた関係を探る不安定な画面の連続。
- ▶『チャドルと生きる』（ジャファル・パナヒ，2000）　規律の厳しいイラン社会のなかで，さまざまな女性が自らの生殖に向き合って生きていく姿。女の子の出産からはじまる映画の循環構造が見事。

■マイク・リー監督の他の作品も観てみよう
- ▶『ネイキッド　快楽に満ちた苦痛』(1993)　ロンドンを舞台に女性との肉体的な交渉だけを求める２人の若い男。映画がこれほど演劇に近づくのは珍しいことなのではなかろうか？
- ▶『秘密と嘘』(1996)　ロンドンの下町に住む母娘家庭に隠された秘密と嘘が次第に明らかに。家族の絆，血のつながりとはいったいなんだろう？
- ▶『人生は，時々晴れ』(2002)　それぞれ悩みを抱えたタクシー運転手の家族にふりかかる災難を通して，人間同士の愛が形になって見えてくる。ロンドンの人々が身近に思えてくる。

■＜生殖＞について，手始めに読んでみよう
- ▷北原みのり『オンナ泣き』（晶文社，2001）
- ▷鄭暎惠『＜民が代＞斉唱―アイデンティティ・国民国家・ジェンダー』（岩波書店，2003）
- ▷李静和『求めの政治学―言葉・這い舞う島』（岩波書店，2004）
- ▷東琢磨『おんなうた―ひそやかに手渡していくもの』（インパクト出版会，2004）
- ▷村岡潔・岩崎皓ほか『不妊と男性』（青弓社，2004）
- ▷加藤秀一ほか『図解雑学　ジェンダー』（ナツメ社，2005）
- ▷若桑みどり『戦争とジェンダー――戦争を起こす男性同盟と平和を創るジェンダー理論』（大月書店，2005）
- ▷細谷実『＜男＞の未来に希望はあるか』（はるか書房，2005）

第 6 章 ＜セクシュアリティ＞

『さらば，わが愛 覇王別姫』

〈**DATA**〉

監督　チェン・カイコー
出演　レスリー・チャン，チャン・フォンイー，
　　　コン・リーほか
　　　（1993年，香港）

〈**KEYWORDS**〉

1. 去勢
2. 男同士の絆（ホモソーシャリティ）
3. 役者
4. 後継ぎ
5. 自殺

1● 去勢というくびき

STORY・1　小豆（シャオトオ）と母との別離

　舞台は日中戦争前の北京。芸能の華である京劇役者となるため多くの少年たちが座主の元で修行に励む。なかでも目立つのが石頭（シートオ）で，彼は「四面楚歌」で有名な覇王別姫の物語で覇王を将来演じるべく鍛えられていた。ある日劇団に，遊女の母親の元で女の子として育てられていた小豆（シャオトオ）が連れられてくる。彼が成長してもはや手元におけなくなった母親は，劇団に預かってもらおうと思ったのだ。しかし，彼には生まれつき指が6本あり，これでは客がこわがって寄りつかないと断られる。絶望しかけた母親の耳に刃物研ぎの声が響き…。

> **POINT・1**
> **セクシュアリティと喪失**
>
> 『さらば，わが愛 覇王別姫』は，セクシュアリティが原初の去勢によって規定されることを示す。

　人間の性的欲望全般に関わるセクシュアリティは，多くの要素によって条件づけられる。なかでも重要なのが幼児期における母親との関係だ。

　この映画の主人公のひとり，小豆(シャオトオ)のセクシュアリティを規定しているのは，母親への満たされない性欲ではないだろうか？　女郎屋で育った小豆(シャオトオ)は，女の子として通るよう女装しているが，成長してもはや女としていられなくなり，京劇の劇団に連れてこられる。指が６本あることで入団を断られた母親は，包丁で小指を切り落とし，無理に劇団に預かってもらう。女を男に変身させる原初の切断。小さな男性器にも似た小指の喪失による男性性の獲得。原初において男性性器を剥奪され，性的不能を刻印された小豆(シャオトオ)のセクシュアリティは，幼児期に体験した母の手による暴力によって，男性と女性のそれに引き裂かれる。それは同時に，男女のセクシュアリティを横断するトランスジェンダー性を獲得することでもあった。

　この映画では，手指や刀が男性性器の象徴であることがくりかえし示唆される。母親の包丁による６本目の指の切除，母の擬似的男性性器の暴力による象徴的なペニスの去勢が，小豆(シャオトオ)の原初的喪失として，一生のあいだ彼のセクシュアリティを規定することになるのだ。女の子として育てられた少年が，女性から男性へと変身を遂げる際に，そのしるしである男性的欲望から暴力的に切断される。この原初の暴力によって逆説的に小豆(シャオトオ)は，一生，母親への禁断の性欲につきまとわれることになる。女性として育てられたがゆえに必死に男性になろうとし，母親によって男性性を断ち切られたがゆえに自らの性的対象として女性を選べなくなる——小豆(シャオトオ)はこのように矛盾したセクシュアリティの欲動に貫かれているのだ。

　この映画は，男でもなく女でもないセクシュアリティの持ち主が，京劇という，そのような曖昧なセクシュアリティを容認するメディアによってアイデンティティを複奏化させてゆく様を描く。小豆(シャオトオ)の去勢は男性性の喪失／女性性の獲得をもたらすというより，男女の境界を越えたセクシュアリティの可能性をひらくのである。

2 ● 男同士の絆

> **STORY・2** 小豆(シャオトオ)と石頭(シートオ)の絆
>
> 母と別れ劇団に入った小豆(シャオトオ)を他の少年たちはいじめるが，その中で石頭(シートオ)だけが小豆(シャオトオ)の面倒を見る。石頭(シートオ)は，小豆(シャオトオ)が母から渡された衣服を焼く。それは母から決別し，兄弟の絆を確かめる儀式でもあった。劇団員となった小豆(シャオトオ)は，兄のような石頭(シートオ)によって守られ，京劇の女形としての道を歩むことになる。時代は激動し戦争の足音が近づくが，少年たちは大役である覇王と虞姫(ぐき)をめざして，きびしい訓練に耐えていく。

> **POINT・2**
> セクシュアリティと少年
>
> 『さらば，わが愛　覇王別姫』は，セクシュアリティにおける男性性と女性性とのせめぎあいを描く。

　石頭(シートオ)と小豆(シャオトオ)とを結ぶ兄弟のような友愛。それを男同士の絆の原型と考えることができよう。ホモソーシャリティとは，男性原理が支配的な社会における男と男のつながりのことである。それは男性と男性との性欲による結びつきである同性愛(ホモセクシュアリティ)と似てはいるが，実は異なるものだ。ホモソーシャリティがホモセクシュアリティと重なる場合もあるけれども，ホモソーシャリティは，家父長制度に代表される男性的支配原理に基づいた社会制度と密接に結びついた慣行ともなるがゆえに，女性だけを性的欲望の対象とする異性愛(ヘテロセクシュアル)的な欲望とも適合性がある。いわば男同士の絆とは，同性愛と異性愛とのあいだを揺れ動く，両面価値的で曖昧なセクシュアリティのあり方を示唆しているのだ。

　男同士の絆を考えるときのもうひとつ重要な要素は，女性嫌悪(ミソジニー)である。男たちは自分たちの絆を確認するために，たとえ自分たちが同性愛者ではなく，女性に対する異性愛的欲望の持ち主であるとしても，女性に対する忌避と恐怖を共有することによって，社会的な性の階層における自らの支配的位置を確保することを望む。つまり，男同士の絆とは同性愛と異性愛の両方を恐れる，言ってみれば，自らの性的指向としてのセクシュアリ

ティの否認を基礎として成り立つ，社会的構成原理なのである。

　この映画の主人公である少年たちも，そのような男同士の絆で結ばれている。小指を切除された小豆(シャオトオ)は母親によって象徴的な男性性器を喪失させられたがゆえに，あからさまな同性愛にも異性愛にも積極的に関与することができない。いわば石頭(シートオ)と小豆(シャオトオ)とのセクシュアルな関係は男性同士のそれでありながら，そこには常に女性性が介在している。

　小豆(シャオトオ)が女形としての訓練を受けていく過程で，どうしても言えずにくりかえし罰を受けてしまう台詞が，「女として生まれ…」である。小豆(シャオトオ)はどうしてもそれが言えず，いつも「男として生まれ…」と言ってしまう。重要なパトロンの前でいつものようにこの台詞を間違えた小豆(シャオトオ)を石頭(シートオ)は，座長に恥をかかせたと罰する——家父長とも言える座長のパイプを小豆(シャオトオ)の口の中に突っ込み，それを血だらけにすることで。いわばこれは男性性器による暴力的な処女の凌辱だ。この異性愛性交を象徴する行為によって，小豆(シャオトオ)は「女として生まれ…」という台詞が言えるようになり，女性性を「本質」として獲得することができるのである。

　幼少期に母親に指を切断されたことによって，強制的に「男性」という性別を自覚させられた小豆(シャオトオ)にとって，兄弟子の石頭(シートオ)によるパイプでの暴行が，自分を「女形」へと変成させる契機となる。これ以降，小豆(シャオトオ)にとって舞台の上の女形こそが本来的なセクシュアリティのあり方となる。

　兄に暴行されて「処女」を失った弟は，はじめて女形として生きるすべを獲得する。演劇における少年俳優の「女」としての再生は，男同士の絆が象徴的な性交によって確認されることによって果たされる。同性愛が異性愛を模倣しながら，同時に演劇内の約束事として昇華されることで，女性を排除した男同士の絆が完成するのである。

3 ● 役者の両義性

STORY・3　少年から女形への成長

　成長した石頭(シートオ)と小豆(シャオトオ)は小樓(シャオロオ)と蝶衣(ティエイー)と名前を変え，北京中が熱狂する覇王と

虞姫を演じる役者となる。その絆は誰にも引き離すことができないように思われたが，小楼（シャオロオ）が遊女の菊仙（チューシェン）と結婚，2人の兄弟の絆にひびが入りはじめる。一方，蝶衣（ティエイー）も名士の袁四爺（ユアン）と深い関係になる。日中戦争のさなか，小楼（シャオロオ）と蝶衣（ティエイー）は北京を占領した日本軍のためにも演じることを余儀なくされる。

POINT・3
セクシュアリティと演劇

『さらば，わが愛　覇王別姫』では，セクシュアリティを規制する権力関係が演劇によって超越される。

　男同士の絆を支える要素には女性の介入が含まれる。この映画でも，男性が女性に対して性的欲望をおぼえる異性愛的な衝動と女性嫌悪（ミソジニー）とがせめぎあうなかで，菊仙（チューシェン）というひとりの女性（遊女）が介在する。

　役者と遊女には相同性がある。彼ら彼女らはともに，パトロンに頼る客商売であると同時に，演技を通して両性具有的な位置を獲得し得る。役者と遊女は，客の性的対象となりながらも，社会的な性差（ジェンダー）を超えるセクシュアリティの可能性をもはらんでいるのだ。

　菊仙（チューシェン）はたしかに妻として家父長制度のなかでの異性愛の対象として，小楼（シャオロオ）と蝶衣（ティエイー）との男同士の絆に介入してくる。しかしこの映画で，菊仙（チューシェン）は男まさりの遊女であり，小楼（シャオロオ）と菊仙（チューシェン）との結婚生活には性的欲望によるつながりがあまり感じられない。2人のあいだに生まれるはずだった子どもは流産し，その性交も文化大革命の嵐のなかで財産を失おうとする絶望のなかで一度きり描かれるだけである。

　ということはおそらく，この映画を同性愛と異性愛との対立を軸にした3角関係の物語と見ることは正しくない。むしろこれは，同性が対象にしろ，異性が対象にしろ，性的欲望が断念されたところで成り立つ，いわば複数の同性同士の絆がせめぎあう物語なのだ。小楼（シャオロオ）と蝶衣（ティエイー），小楼（シャオロオ）と菊仙（チューシェン），菊仙と蝶衣（ティエイー）という3つの関係が男性対女性という支配・被支配の関係や，性的欲望の対象として相手を見なす関係から免れたところで成立している。だからこそ，ここではセクシュアリティが発現する場が「演劇」として認知されるのである。

　主人公たちのなかでの性的欲望の不在を示す決定的事例がある。それは

少年であった小豆(シャオトオ)が，パトロンの老人によって暴行され，それを一種の通過儀礼として女形の蝶衣(ティエイー)へとなることだ。女形となった蝶衣(ティエイー)に与えられた由緒ある刀こそは，暴行の媒体であると同時に，彼自身の失われた無垢の男性性の象徴でもある。この刀が最後までこの物語につきまとい，ついに蝶衣(ティエイー)自身の命さえ断つことになる。「サンザシの砂糖漬」を腹一杯食べたいがために京劇の訓練所を小豆(シャオトオ)とともに逃げ出し，戻ってきてから処罰を恐れて自殺したひとりの少年小癩(シャオライ)のように，無垢の少年時代は暴力的に破壊されざるを得ない。

　こうして京劇界の名士となった小樓(シャオロオ)と蝶衣(ティエイー)とは，舞台上の演技によって，社会的性別であるジェンダーを超越する。蝶衣(ティエイー)が小樓(シャオロオ)に「一秒も離れていたくない」と言うように，実生活と演劇とが交錯するなかで，舞台が彼らの少年愛の永続化を許していく。遊郭という舞台から文字どおり小樓(シャオロオ)の腕のなかに「飛び降りて」正妻の地位を獲得した菊仙(チューシェン)の介入は，実生活の原理による演劇世界への侵入でもある。彼女の介入後，蝶衣(ティエイー)が袁四爺(ユアン)との男色的関係を受け入れるのは，蝶衣(ティエイー)自らの性的欲望のゆえというより，「両性具有の観音」として京劇の女形の価値を高め，かつ小樓(シャオロオ)に復讐する手段でもあった。演劇世界において，性的欲望を昇華され，純化されたセクシュアリティが，実生活における性交を伴うセクシュアリティと対抗する，この映画はそうした重なり合う性の世界を描くのだ。

4 ● 断たれた後継ぎ

> **STORY・4**　捨て子の物語
>
> 　戦争が終わり，蝶衣(ティエイー)は日本軍のために演じた罪で裁判にかけられるが，小樓(シャオロオ)たちの奔走で救われる。阿片におぼれ，生死の境をさまよう蝶衣(ティエイー)も，小樓(シャオロオ)と菊仙(チューシェン)の看護によって，ふたたび舞台に立てるまでに回復する。
> 　蝶衣(ティエイー)たちがかつて拾って育ててきた捨て子の小四(シャオスー)が成長して，やはり女形としての訓練を受けるが，彼は新興の中華人民共和国の思想を体現して，蝶衣(ティエイー)たちの演技を古い因習の悪い見本として切り捨てる。蝶衣(ティエイー)のもとを去っ

た小四は，やがて虞姫として蝶衣を押しのけ，小楼の覇王のかたわらで演じるまでになる。

文化大革命の時代を迎え，京劇は旧支配階級の娯楽として糾弾され，蝶衣も小楼も菊仙も生き延びるためにたがいを非難しあい，すべてを失ってしまう。夫にも裏切られて絶望した菊仙は自ら縊死する。

POINT・4 セクシュアリティと家父長制

『さらば，わが愛　覇王別姫』では，セクシュアリティが嫡子に依存する家父長制に復讐を果たす。

この映画は子どもをめぐるものでありながら，しかし親と子との血のつながりを否定する映画でもある。母親に去勢された少年，流産する嫡子，母親が放棄した捨て子，育ての親を裏切る息子…。いずれもが正当な嫡子の存在を必要とする家父長制の破綻を語る。

たとえば小豆が暴行された日に，捨て子として拾われた小四は，その後成人した蝶衣が親代わりとなって女形に育てていくのだが，芸術的にも思想的にも反逆して世話になった親たちを裏切っていく。蝶衣は失敗する父親にしかなり得ないのであり，家父長制度から見ればこれは「男」になりきれなかった者の悲劇でしかない。菊仙も文化大革命に伴う京劇糾弾の嵐のなかで，ただひとり頼りにしていた夫の小楼にも裏切られ，妻としての位置に絶望して自殺する。歴史に翻弄された「女」の悲劇は，家父長制下のジェンダー差別の結果でもあるのだ。

ジェンダーを超越した「男」でも「女」でもない存在として生き続けること。蝶衣は阿片の禁断症状にうなされるなかで，幻の母への郷愁におそわれ，母への実現不可能な性的欲望を抱きつづける。彼を生かすのは，性的対象を持ち得ないセクシュアリティの欲動にほかならない。

阿片の毒にうなされる蝶衣を介護する菊仙。この場面が示唆するのは，舞台上の女形だけが自らの安定したセクシュアリティであった蝶衣にとって，兄役の小楼の妻にして男勝りの遊女である菊仙こそがまさに自分の母親代わりの存在であり，満たされない欲望の対象であるということだ。彼が暴行されたのちに捨て子の小四を拾うのも，母に対する憧憬

の表われだろう。蝶衣(ティエイー)は結局子どもを育てる「母」になりたかったのであり、それゆえ「父」としては失格なのである。

5 ● 自殺の意味

> **STORY・5** 兄弟の絆
>
> 文化大革命の嵐が去り、小樓(シャオロオ)と蝶衣(ティエイー)はようやく舞台に復帰、往年の覇王と虞姫のリハーサルに努めている。彼らの関係も元のようになるかと思われたのだが、練習中に蝶衣(ティエイー)は思い出の品である本物の刀で自刃(じじん)してしまう。

> **POINT・5**
> セクシュアリティと自刃
>
> 『さらば、わが愛 覇王別姫』は、セクシュアリティが自死への衝動でもあることを示す。

この映画では光やまなざしによる暴力、劇場のスポットや権力者の視線による人間の対象化が、実生活と演劇との確執を何度も思い起こさせる。文化大革命中の京劇に対する非難の圧力で、小樓(シャオロオ)は蝶衣(ティエイー)と菊仙(チューシェン)を裏切るのだが、それは圧倒的な大衆の権力的視線にさらされながら、蝶衣(ティエイー)を実際の「男色」という罪によって糾弾し、妻の菊仙(チューシェン)を現実の「売女」として切り捨てることによってだった。小樓(シャオロオ)は生存のために、演劇的虚構を捨て現実の権力関係に屈するのである。

菊仙(チューシェン)は絶望して自死してしまうが、映画は最後の場面で芝居の世界に再生した小樓(シャオロオ)と蝶衣(ティエイー)との復活した男同士の絆を描くように見える。役者の絆が夫婦の縁についに打ち克ち、演劇が現実を凌駕して、芝居のなかで男性的絆の永遠性が確認されるのだろうか？ それなのに蝶衣(ティエイー)はなぜ自刃してしまうのか、しかも彼の失われた無垢の男性性の象徴である、あの由緒ある刀で？

自殺の道具は、蝶衣(ティエイー)の去勢と暴行をもたらした男性性器である刀だ。彼のセクシュアリティは母親という到達不可能な対象をさがしあぐねて、

ついに自分へと向かう。「一秒でも離れていたくない」という蝶衣(ティエイー)の願いにもかかわらず,彼の性的欲望が小樓(シャオロオ)の実際の身体に向かうことはついになかった。兄弟の絆はついに同性愛としては実現しない。

　この映画は同性愛も異性愛も肯定することなく,演劇的幻想のなかで現実の身体に向かう性欲をついに消去してしまうことでカタルシスを実現する。蝶衣(ティエイー)は母親から受けた原初の去勢の暴力を自らの身体に再現することによって,自らの曖昧で矛盾したセクシュアリティに殉じるのではないだろうか？　彼／彼女は強制的異性愛を社会的規範とする男性と女性との弁別,異性愛と同性愛との差別をついに受け入れることなく,兄小樓(シャオロオ)の理解できない「演劇的現実」へとついに旅立ってしまったのである。

　舞台上の女形としてしか自らのセクシュアリティを発現できなかった蝶衣(ティエイー)にとって,小樓(シャオロオ)の結婚が破綻し,母代わりだった菊仙(チューシェン)が自殺したときから,このような結末は予測できたことだった。何故なら彼にとって,自らのアイデンティティを支えるものはもはや舞台の女形でしかなく,舞台で自刃することしか自らのセクシュアリティを実現する道はないからだ。幼少時に切断された母への欲望を,舞台上で昇華しつくすこと。おそらくそれは息子が母に寄せる欲望というより,「娘」による母への欲望に近かった。この映画が現実と演劇とのはざまで描きつくすセクシュアリティの様相は,まさにこの家父長制度にとってもっともタブーとされる母と娘との性欲的つながりに支えられているのではないだろうか？

QUESTIONS

1. 私たちが自分と他人のセクシュアリティを意識するのはどのようなときだろうか？
2. セクシュアリティとジェンダーはどのような関係にあるのだろうか？　具体的な場面を想定して分析してみよう。
3. セクシュアリティ,とくに同性愛を扱った演劇や映画をひとつ例にとって,この映画と比較してみよう。
4. 世界のさまざまな演劇形態において,男優だけが舞台に立つことを許されているものが多いのはなぜか,実例に即して考えよう。

5．唐突とも思えるような蝶衣(ティエイー)の自殺の原因をあなたはどう考えるか？ 「彼」のセクシュアリティとの関連で考えてみよう。

■ ＜セクシュアリティ＞にまつわるこんな映画も観てみよう

＊（　）内は監督，製作年

- ▶『噂の二人』（ウィリアム・ワイラー，1961）　寄宿制の私立学校を経営する2人の女性が生徒から「同性愛」というレッテルをはられる。セクシュアリティは社会の因習を打ち破ることができるのか？
- ▶『ベニスに死す』（ルキノ・ヴィスコンティ，1971）　ベニスに静養にきたドイツの老作曲家が，ギリシャ彫刻のように美しいポーランドの少年の容姿に，官能と精神の美の結合を見出す。マーラーの交響曲第5番のうねりがセクシュアリティの昂揚をなぞっていく。
- ▶『ハーヴェイ・ミルク』（ロバート・エプスタイン，1984）　1977年，ゲイであることを公言してサンフランシスコの市政委員となり，マイノリティの権利擁護のために戦い，殺された男の記録。セクシュアリティへの暴力に対抗するセクシュアリティの力を描く。
- ▶『トーチソング・トリロジー』（ポール・ボガート，1988）　女装してナイトクラブで働くゲイの男性が，一夜の関係より一緒に暮らせるパートナーを探して苦悩する。当時の映画ではまだ珍しかったゲイの自己主張が静かに描かれている。
- ▶『M．バタフライ』（デヴィッド・クローネンバーグ，1993年）　文化大革命前夜の北京で出会ったフランス外交官と京劇の「女優」。東洋と西洋，男と女との境界をセクシュアリティが侵していく。
- ▶『苺とチョコレート』（トマス・グティエレス，1994）　ゲイであるために国を追われる青年と，共産主義に傾倒する学生との友情と愛情。同性愛者への偏見を正面から見据える。
- ▶『ブエノスアイレス』（ウォン・カーウァイ，1997）　香港からアルゼンチンにやってきた男の恋人同士が，愛し合いながらも傷つけあう姿。別れと和解の繰り返しが，南米の風景をバックに切ない。
- ▶『ボーイズ・ドント・クライ』（キンバリー・ピアース，1999）　1993年，アメリカのネブラスカ州で女性であることを拒絶し，男として生きようとした「性同一性障害者」とされた者の悲劇。人の心は他人の性別にではなく，人間そのものに惹かれるのではないだろうか？　トランスジェンダーの可能性を考えるために。

■チェン・カイコー監督の他の作品も観てみよう
- ▶『黄色い大地』(1984)　日中戦争下，八路軍の兵士へ寄せる貧農の娘の恋心を雄大な土地を背景に描きあげる。歌謡と映像の詩の饗宴だ。
- ▶『子供たちの王様』(1987)　文化大革命時に山村へ「下放」された若者教師の体験。文字の書写から自己表現へという学びの根本がここにある。
- ▶『北京ヴァイオリン』(2002)　苦難と成功，親子の愛情，華麗な演奏と3拍子そろった音楽映画の佳作。現代中国の発展が良いことづくめではないにしろ，やはりヴァイオリンの美しい音色に酔ってしまう。

■＜セクシュアリティ＞について，手始めに読んでみよう
- ▷キース・ヴィンセント，風間孝，河口和也『ゲイ・スタディーズ』(青土社，1997)
- ▷「ジェンダー／セクシュアリティ」(『思想』1998年4月号)
- ▷竹村和子『愛について――アイデンティティと欲望の政治学』(岩波書店，2002)
- ▷藤森かよこ編『クィア批評』(世織書房，2005)
- ▷ジョージ・L・モッセ『男のイメージ――男性性の創造と近代社会』(作品社，2005)
- ▷海野弘『ホモセクシャルの世界史』(文藝春秋，2005)
- ▷パット・カリフィアほか『セックス・チェンジズ――トランスジェンダーの政治学』(作品社，2005)
- ▷田中玲『トランスジェンダー・フェミニズム』(インパクト出版会，2006)

III

メディアと消費

第 7 章 ＜演劇＞

『恋におちたシェイクスピア』

〈**DATA**〉

監督　ジョン・マッデン
出演　グウィネス・パルトロー，ジョセフ・ファインズ，ジェフリー・ラッシュほか
　　　(1998年，アメリカ)

〈**KEYWORDS**〉

1．変装　　　4．プランテーション(植民)
2．言葉　　　5．独立
3．神秘(ミステリー)

1● 変装の産物

STORY・1　ヴァイオラからトマスへ

　舞台は16世紀末，エリザベス女王の治下の英国，ロンドン。大衆劇場での演劇興行が人気を集めていた。ライヴァルの劇場が，バーベッジが劇場主のカーテン座とヘンズローが劇場主のローズ座。それぞれ劇作家には人気絶頂のクリストファー・マーロウと将来を嘱望されるウィル・シェイクスピアがいた。
　ヘンズローは借金返済に迫られ，ウィル・シェイクスピアがまだ一行も書いていない喜劇を売り込むことに成功するが，ウィルは書く方もセックスの方も

不能状態で，いかがわしい精神分析医のお世話になる始末だ。彼に劇作のインスピレーションをもたらす詩神(ミューズ)ははたして現れるのか？

ヴァイオラはデ・レセップス家の一人娘。デ・レセップス家は，財産はあっても家柄が高貴でない成り上がり者なので，娘を由緒ある血筋だが金に困っているウェセックス伯に嫁がせる心算だ。ヴァイオラの情熱は現実の恋よりも舞台上の恋，つまり芝居へと向けられ，劇団がエリザベス女王に招かれて宮廷で公演するときには必ず見にいく。とくにシェイクスピア演劇の愛を語る詩に魅かれているヴァイオラは，その新作のオーディションが開かれると聞いて，両親が3週間田舎に出かけるすきに，胸にさらしを巻きつけ男装して，トマス・ケントの名でローズ座に出かけていき，見事に主役の座を獲得する。

POINT・1 演劇と嘘

『恋におちたシェイクスピア』は，演劇が変装によって嘘をつくメディアであることを確認する。

私たちにとってもっとも身近なメディアは，身体と言語だろう。私たちは身体と言語を媒体として，自分と他人のさまざまな可能性を見出し実現する。そして身体と言語が自己と他者の出会いのメディアとして駆使される演劇こそは，文化的・政治的にもっとも影響力のある媒介となり得る。

一般的に言って人間の自己表現の媒体であるメディアは，その人間が置かれた立場，すなわち特定の政治的立場・経済的地位・性的欲望などを代弁しているのであって，公正で中立で透明なメディアなどといったものは存在しようがない。いわばメディアとは「嘘」をつく媒体であって，演劇性と変装を本質的にはらんだ想像力による仲介物なのだ。

近代社会においてそのようなメディアを支える原理は，金銭のそれ，つまり市場原理である。この映画も，経済力が言語・身体・演劇を支配していることを明らかにしている。

しかし，そうした政治的・経済的力関係によって支配されながらも，演劇というメディアは，新たな人間的関係を築く可能性にあふれている。「天才」役者アレンが，さまざまな名前の英雄を演じることで「伝説を創造する」のも，変装したトマスの「手」を介してヴァイオラ自身にウィル

から愛のソネットが届けられるのも，そうした肉体と演劇との関わりによる新しい社会編成のありようを示すものとして興味深い。この映画では恋人たちをめぐって，ウィル，ヴァイオラ，トマス，エセル，ロザライン，ジュリエット，ロミオといった複数の名前が交錯するが，それらはどれも自分自身を生かす媒体として，新たな身体性と言語とを演劇を通じて発見していく道のりの里程標である。演劇が役者の変装と作家の創造によってつく嘘は，観客である私たち自身が自らの想像力をとおして，メディアによる自他の新しい関係を構築するために不可欠な虚構なのだ。

2● 言葉の力

STORY・2 ヴァイオラとウィルの交歓

　ウィルはトマス・ケントを追ってデ・レセップス家の舞踏会に忍びこむが，そこでヴァイオラと出会い，2人は一目で恋におちる。そのときからウィルの詩作の力が戻り，猛烈な勢いで新作を書き始める。ウィルは最初ヴァイオラの変装を見破れず，彼女を館の使用人トマスと思い込み，「彼」を通じて愛情あふれる手紙をヴァイオラに届けるが，正体がわかって2人は結ばれる。ヴァイオラとの恋におちることで，劇作もセックスもともに力を回復したウィルは，新作のためのインスピレーションを彼女から日々得ていく。2人にとって，昼は芝居のリハーサルを，夜はひそかにベッドを共にする幸福な日々が始まる。

POINT・2 演劇と詩　『恋におちたシェイクスピア』は，演劇が愛を語る詩によって身体の変容をもたらすことを証しする。

　この映画では，言語と身体というメディアを用いる演劇として2つの様態が対照されている。ひとつは言葉を必要とせず肉体の動きのおかしさだけで笑わせる「喜劇」であり，もうひとつは愛を語る「詩」である。ヴァイオラとウィルとの出会いは，後者に演劇として真の価値を見出すきっかけとなるのだが，それはヴァイオラがシェイクスピアの芝居を見ながら，

その台詞を自分の口で声を出さずにたどる場面によって予期されている。メディアとしての詩が口移しに他者の身体のなかに再生することによって，演劇の公共性が育つのだ。その延長線上に恋人たちの愛情，究極の沈黙のメディアとしての肉体による性の交歓も生まれるのである。

　事物や感情を表現する言葉は，その事物や感情そのものではあり得ない。「イヌ」と言い「カゼ」と呼び，「哀しい」とつぶやき「愛してる」と語っても，それはある特定の意味内容を特定の言語文化圏で持つ一連の音の固まりに過ぎないからだ。しかし同時にそうした代替物としての言葉なしでは（沈黙による表現も含め），私たちは一瞬たりとも自らの意志を他者に伝え，自分のアイデンティティを確認することができない。このように人間は言葉という嘘に縛られながら，言葉によって真実をつきつめる動物である。そしてそのような嘘と真実との不即不離の関係を利用して社会的な共同性の創造を目指すのが，演劇という営みなのである。

3 ● 神秘(ミステリー)の示すもの

STORY・3　ロミオとジュリエット

　『ロミオとジュリエット』のリハーサルが順調に進み，初日も近づく。ロミオの友人で途中で死んでしまうマキューシオの役を振りあてられた当代随一の悲劇俳優トマス・アレンも，最初は自分の出番が少ないことに不満を抱いていたが，しだいに芝居の出来に満足する。当時は女優が許されない時代だったので，ヴァイオラはウィル以外には女であることを知らせずロミオ役を練習していた。現実のウィルとヴァイオラとの恋と，舞台上のロミオとジュリエットの恋とがまるで重なり合うようにして，劇作も完成間近となる。

POINT・3　演劇と劇団

『恋におちたシェイクスピア』は，演劇が劇団員による共同製作の産物であることを描く。

　演劇は途中でなにかあっても，結局はうまくいくことの不思議を示すの

にヘンズローによって好んで使われ，最後にヴァイオラの口に引き継がれる単語が，'mystery'である。これは「神秘」を意味するが，同時にシェイクスピアを含む16世紀のイギリス・ルネサンス演劇がその遺産を受け継いだ中世のキリスト教聖典劇も「ミステリー」と呼ばれていた。それは神の「秘蹟」を意味すると同時に，劇を上演していた職人集団の「技術」をも表す単語だったのだ。ということはヘンズローがこの語を使うとき，そこには彼自身の「不可思議になんとかなる」という楽観主義だけでなく，長い年月によって培われた共同体の演劇的伝統が可能にするメディアの変容も示唆されているということではないだろうか？

この映画が興味深く描いているのは，シェイクスピア時代の演劇の共同製作の様子である。演劇とはウィルとヴァイオラが文字どおりベッドの上で恋人たちを演じるところから生まれる愛の詩から，役者たちがさまざまにアイデアを盛り込みながら作っていく情景や，現実と舞台を交錯する暴力のありさままで，ひとりの作家が孤独に書斎に坐りこみ頭のなかで考える作品ではなく，皆が語り合いながら，飲みながら，食べながら，殴り合いながら，セックスしながら作り上げるものだった。

演劇のミステリーとは，そのようなひとりではなし得ない，自己と他者関係の協同的変容の秘密を示唆する用語なのである。

4● プランテーションという営み

STORY・4　ウェセックスとの結婚

ウェセックスはヴァイオラとの結婚をエリザベス女王に認可してもらうため，グリニッジ宮殿にヴァイオラを伴うが，そこに変装したウィルもヴァイオラのお付き女中としてついていく。ウェセックスは変装したウィルからヴァイオラにつきまとっている男がクリストファー・マーロウだと聞かされ，その殺害をたくらむ。エリザベス女王はウェセックスがヴァイオラをめとることを認可するが，彼女が最近処女を失ったに違いないことを彼に告げる。

カーテン座のバーベッジらの妨害を見事撃退したローズ座のウィルたちの元

に，マーロウが死んだとの知らせが入る。ウィルは自分でなくマーロウの名をウェセックスに告げたためにマーロウが殺されたと考え，悔恨に襲われる。

　ヴァイオラのウィルへの愛情に変わりはないが，親と女王の意向には逆らえず，彼女はウェセックスと結婚する決心をする。ヴァイオラとの別離が迫るなか，ウィルの芝居は，いちじるしく悲劇的色彩を強めていくのだった。

POINT・4　演劇と植民　『恋におちたシェイクスピア』は，演劇と対極的位置にある資本主義が，詩と身体を抑圧する過程を描く。

　ウェセックスがヴァイオラを結婚相手に選ぶ理由は，金(かね)と種(たね)に尽きる。金持ちの親を持つ娘と結婚してヴァージニア植民地の開拓に必要な資金を得ると同時に，妻に子どもをはらませることで高貴な家系の存続を確かにすること。そのためにはヴァイオラがウィルの「お手つき」（ウェセックスは途中まで彼女の相手がマーロウだと信じていたのだが）であることは必ずしも障害ではない。ウェセックスにとってヴァイオラの女としての価値は財産と血筋を保証する腹＝出産能力でしかない。経済的・人種的繁殖だけを目的とした愛のない結婚にとって，詩や演劇は無価値な邪魔物にすぎない。ここに演劇を生む民主主義的協同と，植民地征服を支える資本主義的搾取との根本的な対立がある。愛情と金銭は両立しえないのだ。

　ウェセックスの資本主義的植民地主義は，ヴァージニア，つまり「処女の土地」のプランテーションを，種の植え付けと子孫繁栄の場所として位置づける。無産のメディアとしての詩や演劇，そして世継ぎの生産をめざさない性愛行為と，自らの名声と財力の維持だけに関心のある男性中心主義的家父長制度とは真っ向から対立する。女性を世継ぎ生産のための手段としてしか考えないジェンダー差別と，嫡子の生産によって支えられる家父長制との連動がもっとも露骨に発現する場がヴァージニア（＝処女地）におけるプランテーション（＝「種付け場，植民地」）なのである。

5 ● 独立と未来

STORY・5 ヴァイオラの旅立ち

　完成間近の『ロミオとジュリエット』だったが，ヴァイオラが女であることがわかってしまい，ローズ座は興行を禁止される。しかしライヴァル劇団のバーベッジが，支配権力から「河原乞食」とおとしめられてきた役者たちの連帯を重んじて政府の統制に抵抗しようと，カーテン座の貸し出しを申し出ることで芝居は初日を迎えることができる。

　シェイクスピアの新作に観客は引きも切らず押し寄せるが，次から次へと問題が起きる。舞台に立てなくなったヴァイオラの代わりはウィル自身がロミオを演じるとして，突然声変わりしてしまってジュリエット役が務められなくなったサムの代役がいない。幕が上がり芝居は進行していくが，絶望するウィルをよそに，ヘンズローはなんとかなると楽観している。

　奇しくも，『ロミオとジュリエット』の初日はヴァイオラとウェセックスの結婚式の日にあたっていた。結婚式の終わった後で初日公演の開催を告げるビラを見たヴァイオラは乳母とともに，ウェセックスをおいて劇場に駆けつける。ヘンズローからジュリエット役がいないことを知らされたヴァイオラは，自分がすべての台詞を知っているからと，女が舞台に立てない禁令を犯してジュリエットとして登場。『ロミオとジュリエット』の悲劇はウィルとヴァイオラの別離を象徴するかのように終わり，観客は感激の涙と大喝采を送る。そこへ女を舞台に乗せたことで役者たちを逮捕しに来た役人たち。あわや全員牢屋行きというところで，お忍びで来ていたエリザベス女王が登場，ヴァイオラをトマス・ケントと認定して，役者たちの罪は許す。しかし教会で結婚式を挙げてしまったヴァイオラとウェセックスの絆は女王でも断ち切ることはできないと，ヴァイオラにウィルと最後の別れをしてくるよう告げる。ヴァイオラはエリザベス女王からの伝言としてウィルに，次の作品はもう少し明るいものにと伝える。ヴァイオラとウィルとが 2 人で考えた新作『十二夜』——新大陸に向かう船が難破してひとり生き残った女性の力強い新生の足どりを描く芝居の主人公の名前は，もちろんヴァイオラだ。

**POINT・5
演劇と自立**

『恋におちたシェイクスピア』は，演劇が家父長制度下の資本主義的植民地主義に抵抗する可能性を示す。

　この映画の最後に描かれるのは，『ロミオとジュリエット』という恋愛悲劇の勝利と，ヴァージニア植民地に代表される現実の市場原理との確執である。ある意味でウェセックスに代弁された資本主義的家父長制は敗北し，エリザベス女王という究極の権威によって，演劇という無産のメディアの価値が認知される。そこではヴァイオラの「乳房」に集約される女性の身体美が詩の言葉によって賞賛され，身体と言語の変容だけが永遠の価値を持つ。このような言語と身体の演劇による再領有の過程は，たしかに政治的抑圧にあらがう性的欲望を再確認するだろう。恋におちた人間の悲劇と不可避な別離は，演劇による再生によって昇華されるのだ。

　しかし同時に，エリザベス女王が証人となった「演劇が愛の真実を証明することができるのか？」という賭けに『ロミオとジュリエット』の舞台によって勝ったウィルは，敗けたウェセックスから「ウェセックス伯夫人」となったヴァイオラの手を介して50ポンドの金銭を得る。その金でウィルは劇場の株主となり，ここに雇われた作家ではない，自主独立の劇作家「ウィリアム・シェイクスピア」が誕生する。恋人との別離の代償に得た金銭が，数々の傑作を生む基盤となる。資本主義的市場原理による演劇の支配はここでも貫徹している。この映画のリアリズムは，このような金銭と愛情との確執を演劇という場を通して最後まで描いている点にある。

　『ロミオとジュリエット』から『十二夜』へ——この映画が（創作順序をめぐる史実を曲げながらも）実現したヴァイオラとウィルの出会いと別れは，別離と死と変化を運命づけられた人間の生に，演劇というメディアによって，時間と空間を超越したまったく新しい展望を与えるのだ。

　映画の最後で，ひとり筆を執り『十二夜』を書き始めるウィルと，新大陸の海岸をどこまでも単独で歩いていくヴァイオラの力強い後ろ姿こそは，他者への愛に支えられた演劇という協同の「ミステリー」が私たちに個として自立することへの勇気をもたらし，植民地主義に抵抗する民主主義の未来の象徴でもあることを教えないだろうか？

QUESTIONS

1. 私たちが自分の身体と言語をメディアとして考えたとき，自らの肉体や言葉に対するどのような意識が新たに生まれるだろうか？
2. 演劇における舞台（役者）と現実（観客）とは，どのような関係にあるのだろうか？　演劇や映画作品を例にとって考察しよう。
3. シェイクスピア演劇がとくに，身体と言語の新しい可能性をもたらすとすれば，それはどのような要因によっているのだろうか？　シェイクスピアの他の演劇作品を取り上げて考えてみよう。
4. シェイクスピアのような「古典」文学が植民地主義と関係せざるを得ないのはなぜだろうか？　具体例を挙げて考えてみよう。
5. 女優が男役を，あるいは少年俳優が女役を演じることによって，どのようなジェンダーやセクシュアリティの変容がありうるだろうか？　映画や演劇から実例をあげて考察しよう。

■＜演劇＞にまつわるこんな映画も観てみよう

*（　）内は監督，製作年

- ▶『ライムライト』（チャールズ・チャップリン，1952）　キャリアの最後がせまる老舞台俳優と，失業中のバレリーナ。「勇気と想像力を持てば，人生は常にすばらしい」というメッセージを演劇は私たちに与えられるか？
- ▶『インドのシェイクスピア』（ジェームズ・アイヴォリー，1965）　シェイクスピア劇を演じながらインドを旅していく英国人劇団員たち。植民地とシェイクスピア演劇との深い関係が透けて見える。
- ▶『フェリーニの道化師』（フェデリコ・フェリーニ，1970）　サーカスの道化師たちが老いてゆき，その芸が滅びつつある現状のなかで，映画に道化芸術の粋を刻みつける試み。演劇の原点としての道化がここにある。
- ▶『ドレッサー』（ピーター・イエーツ，1983）　大戦下の劇場を舞台にシェイクスピア役者の座長と，その付き人との交歓とせめぎあい。演劇の舞台裏にある人間ドラマの傑作だ。
- ▶『風の丘を越えて　西便制＜ソピョンジェ＞』（イム・ゴォンテク，1993）　朝鮮の伝統芸能パンソリの旅芸人一家である父と娘と息子。演劇の修練と人生の旅路とが重なり，芸能の深みにふれる。
- ▶『クイズ・ショウ』（ロバート・レッドフォード，1994）　テレビのクイズ番

組のチャンピオンが作られていく過程を暴く実録もの。メディア・リテラシーの楽しい基礎訓練になる。
- ▶『コメディ・フランセーズ』(フレデリック・ワイズマン，1996)　1680年に創設されたフランスの国立劇団の現状を記録したドキュメンタリー。演劇が文化の中核にある社会は健全である。
- ▶『トゥルーマン・ショウ』(ピーター・ウィアー，1998)　離れ小島の町シーヘブンで生まれ育った男が，自分の人生がすべてテレビ放送のための演出であると知るようになる。メディアに囚われない人生を自分の力で主人公は切り開けるのか？
- ▶『マジェスティック』(フランク・ダラボン，2001)　1951年，赤狩りの嵐が吹き荒れるハリウッドで共産主義者と疑われた脚本家が事故で記憶を喪失，大戦で多くの若者を失った町に流れ着き，そこでつぶれた映画館の息子と間違われ，映画館を再建することになる。映画が共同体の絆となる時代はふたたび来るのだろうか？

■ジョン・マッデン監督の他の作品も観てみよう
- ▶『Queen Victoria　至上の恋』(1997)　19世紀英国のヴィクトリア女王と従僕ジョン・ブラウンとの秘められた関係を詩情ゆたかに描く。『恋に落ちたシェイクスピア』と同じく，ここでもジュディ・デンチが人間味あふれる女王として君臨。
- ▶『コレリ大尉のマンドリン』(2001)　第二次大戦下，占領軍のイタリア兵とギリシャの島の娘の出会い。「定番」である戦争と恋の悲劇だが，自然の美しさと素朴な人情がたくみに描きこまれている。

■＜演劇＞について，手始めに読んでみよう
- ▷鈴木忠志『演劇とは何か』(岩波新書，1988)
- ▷平田オリザ『演劇入門』(講談社現代新書，1998)
- ▷本橋哲也『本当はこわいシェイクスピア―＜性＞と＜植民地＞の渦中へ』(講談社選書メチエ，2004)
- ▷高橋雄一郎『身体化される知―パフォーマンス研究』(せりか書房，2005)
- ▷兵藤裕己『演じられた近代―＜国民＞の身体とパフォーマンス』(岩波書店，2005)
- ▷太田省吾『なにもかもなくしてみる』(五柳書院，2005)

第 8 章 ＜スポーツ＞

『ミリオンダラー・ベイビー』

〈**DATA**〉

監督　クリント・イーストウッド
出演　クリント・イーストウッド，ヒラリー・スワンク，モーガン・フリーマンほか
（2004年，アメリカ）

〈**KEYWORDS**〉

1．肉体
2．夢
3．父と娘
4．成功
5．尊厳死

1● 肉体の可能性

STORY・1　血止めの天才

　舞台は現代のアメリカ合州国ロサンジェルス。下町のあまり繁盛していないボクシングジムに，今日も貧しい少年たちがトレーニングに通ってくる。ジムを支えているのは経営者のフランキーと，元ボクサーだが今はジムの雑用係をしているスクラップだ。2 人は若いころからのつき合いで，フランキーはスクラップの付き添いトレーナーだった。フランキーはリング上で怪我をしたボクサーの血止めが天才的に上手だったが，ある試合で怪我をおしてスクラップが

ファイトを続けたため，スクラップは片目を失明して引退する結果となった。フランキーはその責任を感じて，以来，自分が面倒を見るボクサーに危険なことを避けるよう教え続けている。スクラップから見ればそんなフランキーは，選手の安全を気にかけるあまり，彼らの可能性を摘み取る習性に染まった弱気の経営者だ。ジムのなかで有望なある黒人ボクサーも，フランキーが危険な試合に自分を出してくれないので，フランキーの優しさは理解しながらも，成功を求めて他のマネージャーに移っていく。フランキーは落ち込むが，そんな彼のジムに熱心に通ってくるひとりのアマチュア女性ボクサーがいた。

POINT・1 スポーツと人生

『ミリオンダラー・ベイビー』は，スポーツが自らの肉体をかけた危険との勝負であることを明かす。

あらゆるスポーツには危険がつきものだ。それは必ずしも肉体の損傷をもたらすような危険ではないかもしれないが，それでも何らかの危険，そしてそれゆえの新しい具体的・精神的可能性を伴わないスポーツには魅力がない，というよりそれはスポーツの名に値しない。だからよくスポーツは人生にたとえられる。いや人生がスポーツの比喩なのかもしれない。

高速で向かってくるボールを打ち返そうとするとき，自分を倒す意志だけに貫かれた肉体に直面するとき，一秒の何分の一かでも速くゴールに到達しようとするとき，未踏の海や山岳に歩を記すとき…人は自らの肉体だけを頼りにして，未知の体験の領域へと踏み出す。もしスポーツの結果がすべて最初からわかっていたら誰もそれに魅力を感じないだろう。何が起こるかわからない，そのことへの怖れと望みが，スポーツをスポーツたらしめている。人生も同じだ。人生の結果がすべてわかっており，すでにゴールがあるのなら，人生の楽しみや感動はなくなってしまうだろう。

この映画の主人公，うらぶれた下町のボクシングジム経営者フランキーに，まだ人生のゴールは見えていないかもしれないが，彼にはすでに勝負をあきらめたところがある。彼は怪我の応急処置が格段にうまい，まさにその特技によって，ひとりの男の人生を台無しにしたという自責の念があり，そのために新しい勝負に出られない。その当事者であるスクラップは

そんなフランキーが歯がゆくて仕方がないが，彼の優しい性格を知り抜いているだけに責めることができない。このままでは一度の失敗で人生が終わってしまう，そんな焦りを感じていたときに現れたのが，マギーだ。

　フランキーとスクラップとマギーの3人には，言いようのない孤独の影がある。彼女たちには月並みな慰めを受けつけぬ過去の重荷と，未来へのかすかな希望がほの見える。そんな3人の出会いの場として，ほかのジム生が去った深夜のボクシングジムほどふさわしい場所はない。そこにあるのは肉体と，その限界と可能性を試すトレーニング器具だけだから。

　ボクシングがもっとも危険なスポーツなのは，それが肉体の損傷をもたらす殴り合いであるからというだけではない。ボクシングこそは，人間が孤独な人生をひとりで生き抜かなくてはいけない過酷さを，練習のあいだも試合中も徹底して意識化する営みだからである。スクラップの親友を救いたいという思いと，フランキーの卓抜した血止めの技術と，マギーのひたむきな生きざまが重なる，そのとき，ボクシングという限界にまで自らの肉体をかけたスポーツだけに可能な奇跡が起こるのだ。

2 ● 夢の強さ

STORY・2　人生のやり直し

　ボクシングだけが情熱であるマギーは，フランキーに自分を教えてくれるよう頼むが，最初フランキーは彼女をまったく相手にしない。たしかに彼女は熱心だが，なんといっても女だし，若そうに見えるが年齢を聞いてみれば実はもう31歳だという。他のボクシングジムに行った方がいいと薦めるのだが，しかしスクラップはどうも彼女のことが気に入っているらしく，しかもジムの会費を前納している。昼間はウェイトレスの仕事に励みながら，客の食べ残した栄養ある食べ物をひそかに食べ，これまで貯めたお金で13歳のころから夢見たボクシングに人生をかけるというのだ。彼女にとって自分のみじめな人生から抜け出す唯一の希望がボクシングである。そんな彼女に少しずつ魅かれていくフランキーは，コーチとして彼女の面倒を見ることを決心する。

POINT・2
スポーツと訓練

『ミリオンダラー・ベイビー』は，スポーツが孤独のなかでの自己の人生の鍛え直しであると主張する。

　この映画を見る私たちの視点は，最初はおそらくフランキーやスクラップとともにある。彼らの視点で，人生の盛りを過ぎた中年男の視点でボクシングに励む少年たちを見つめ，人生に失敗した者の視点から，成功をめざして去っていくボクサーを見送り，女を男より能力の劣ったものとして見る男性的視点から，同情するにしろ蔑むにしろマギーを見る。

　マギーがなぜフランキーやスクラップだけでなく，私たち観客の共感を呼ぶようになるのだろうか？　彼女は自分の人生以外にまったく関心のない究極的に孤独なエゴイストである。彼女には他人の意向を慮（おもんぱか）る余裕などない。フランキーに31歳でボクシングの道をめざすなんて，常軌を逸していると言われても，そんなことは彼女が一番よくわかっている。それでもここまでからだを鍛えてきて，金も貯め，やっと人生がやり直せる，それにはボクシングしかない，その信念の強さがマギーを深夜のジムに通わせる。フランキーにあきらめるように言われてもマギーには他に生きる道がない，その不退転の強さに私たちも心を打たれざるを得ないのだ。

　マギーにとっては，男性中心主義的なスポーツの世界に反抗するとか，世の中の不公平に不満を抱くとか，そのような段階はとうに過ぎている。ただボクシングだけが，これまでどうすることもできなかったこの世界と人生を変えてくれるかもしれない。この無謀とも言えるほど強い信念の力が，スクラップを，フランキーを，そして私たちを根底から揺りうごかしていく。人生をやり直せるかもしれない，自分の肉体の力だけで新しい未来を開くことができるはずだ。この映画はこうして私たちの心を奮い立たせ，奇跡が起きることを確信させる。あらゆる予想を覆して人生の逆転が起きる，それこそがスポーツの究極の力なのだから。

3 ● 父と娘の絆

STORY・3 家なき娘

　マギーには父親がおらず，故郷には母親がいる。自分で稼いだ金で，母親のために家を買ってあげたマギーは，母が喜んでくれるものと信じて，フランキーを伴って彼女を訪れる。それはこれまで自分を心から愛してくれたことのない母親に対して家を贈ることで，自分の価値を認めてもらいたいという必死の主張だった。しかし母親はマギーの金銭的成功には興味を示すが，マギーの思いにはまったく応えようとしない。落ち込むマギーを言葉少なに慰めるフランキー——血のつながりのない2人は，むしろそれゆえにボクシングを通して，誰にも追随できない強い絆を築いていくのだった。

　ほかに何の希望もない人生に生きる価値を与えるただひとつのものとしてのスポーツ——マギーはフランキーの教えを守りながら必死にトレーニングに励む。まさにすべてをボクシングに打ち込もうとするマギーを，フランキーは父親のような愛情で包みながら育てていく。それに応えて日に日に強くなっていくマギー。フランキーはマギーが危険なことにならないようにと恐れながら，マギーを少しずつ実戦の舞台へと導いていく。リング上のマギーは連戦連勝，まさに破竹の勢いで勝ち進む。思わぬ相手の強打に鼻を骨折しても，即座にフランキーが応急処置を施して，その後，逆転ノックアウト。次第に自信を深めるマギーのフランキーに対する信頼は増すばかり。彼女にとっては勝利によって得られる栄誉や金銭より，さらに強くなることが目標なのだ。フランキーとマギーにはいよいよ世界チャンピオンへの夢が膨らみ始める。

POINT・3　スポーツと連帯　『ミリオンダラー・ベイビー』は，スポーツが血の絆を越えた人間同士の連帯を生むことを描く。

　この映画が描くボクシングジムは，ひとつの擬似的な家庭である。そこに集うのはおしなべて，不幸な家庭生活を送り，社会的にも冷遇された少年・青年たちだ。しかしここに来れば，自分の肉体だけを頼りにして，ともに励み，争い，学び，鍛えあう仲間がいる。マギーにも家庭があった

が，それは明らかに幸福とは無縁の集団だった。彼女は自ら稼いだ金銭によって，血の絆を回復しようと図るが，見事にその幻想を打ち破られる。

　こうしてふたたび孤独になったマギーは，むしろそのことでますます強くなる。リングサイドに父親にしてトレーナー，そして自分の孤独を誰よりも理解するフランキーがおり，彼の血止めの技術があればマギーには恐れるものがない。ボクサーとしてのマギーの強さは，後に退く場所がないという孤絶と，それゆえに絶対的信頼の絆で結ばれたフランキーの存在があるからだ。マギーにとってフランキーは父母の代わりであるばかりか，はじめて自分を独立した人格として扱ってくれた人間なのである。

　多くのボクシング映画は，ボクサーを支える暖かい愛情に満ち溢れた家庭や夫を支える妻の献身を描く。しかしこの映画は逆に，家庭の愛ではなく，その欠如ゆえに血縁を超えた強い紐帯で結ばれたボクサーとトレーナーとの関係を描いていく。その絆の象徴が，マギーの試合でいつもリングサイドに詰めているフランキーが，休憩のゴングが鳴るたびに差し出す小さな丸椅子だ。わずかな休憩時間のあいだに交わされるフランキーとマギーとの会話。それはあらゆる夫婦や親子の対話を超越して，家庭や社会の暴力に打ちひしがれた者たちの希望を映し出す連帯の証しなのである。

4 ● 成功の代償

STORY・4　世界への道

　マギーにいよいよ世界タイトル挑戦の道が開ける。フランキーはそれを一方で望みながら，他方で恐れてもいた。勝ち続ければ続けるほど，相手も強者となり，それだけマギーの危険も増す。しかも世界タイトル保持者は，あらゆる汚い手を使って相手を叩きのめすことで悪評高いチャンピオンだ。フランキーは迷いながらもマギーの強運に賭けることにする。タイトル戦は一進一退するが，マギーは激しい打ち合いの末，ついに相手をマットに沈める。しかし勝利が確定した瞬間，逆上した敗者が背後からマギーの後頭部に強烈なパンチを浴びせ，無防備だった彼女はコーナーの椅子に激しく頭から倒れこむ。

| POINT・4 スポーツと頂点 | 『ミリオンダラー・ベイビー』は，スポーツにおける成功が必ずその代償を伴うという仮説を検証する。 |

　この映画を見る私たちはマギーの成功を疑わない。彼女の孤独ゆえの強さとフランキーの支えがあれば，軌跡は希望となり，希望は確信へと変わる。しかしスポーツが自分の肉体への果てなき挑戦であるかぎり，勝利や栄達や経済的利益といった成功の証しは，代償を伴わずにはおかない。

　私たちはマギーの成功を一方で願いながら，しかしどこかで挫折と不幸の予感にさいなまされる。マギーが世界チャンピオンとなって，幸福な家庭を築き，功なり名遂げて引退する…そんな結末はけっして想像できないだろう。フランキーやスクラップやマギーを包む暗い孤絶の影は，そのような中産階級的幻想とは無縁であることを，私たちもすでに理解しているからだ。成功は代償を伴う，しかしいったいどんな代償なのか？

　この映画がマギーの成功の頂点で用意する私たちの想像を絶した出来事は，ほとんどギリシャ悲劇の主人公に訪れる運命の一瞬のように私たちに降臨する。しかも比類のない残酷さで——マギーとフランキーとのリング上でのかけがえのない，世界でもっとも貴重な絆であったボクサーが休憩のときに座るあの小さな丸椅子，このおよそ家庭や社会や体制とは無縁の無機質な道具，しかし同時に血のつながりのない父と娘との連帯の証しであったリング上で唯一の安全な場所へと向かって，マギーの肉体がゆっくりと静かに倒れていくとき，私たちのなかでも何かが終わるのだ。スポーツだけが実現した夢と奇跡と，やり直された人生の可能性が。

5 ● 生の尊厳

| STORY・5 | 永遠の別離 |

　思いもかけないときにまったく無防備の体勢で攻撃されたため，マギーの頭部は金属製の椅子に全体重をかけながら激突，意識不明の重態で病院に運ばれる。フランキーとスクラップの必死の看護と願いによって一命は取り留めたも

のの，マギーは意識はあっても体の自由がまったく利かない状態となる。その病床にただ座り込んで看病を続けるフランキー——スクラップは彼の責任ではないと言うが，マギーを危険な試合に追い込んだのはあくまで自分なのだ。それなのに今は，彼女のかたわらで本を読んでいることしかできないのか…。マギーの母親たちが彼女の財産を狙ってやってくるが，マギーは断固として書類へのサインを拒否する。もうこの世の中で信じられる絆は，フランキーとのそれしかない。マギーは不自由な口で，フランキーにこのまま不自由な体で生き続けたくはない，と告げる。フランキーが苦悩の末に同意すると，マギーの頬に静かに一筋の涙が流れる。その夜，看護婦が眼を離したすきに，フランキーはマギーのチューブに薬品を注射し，その死を確認して，静かにどこへともなく去っていく。その後，フランキーの姿を見た者はいないという。

POINT・5　スポーツと死　『ミリオンダラー・ベイビー』は，スポーツが究極的な死の選択であることを示唆する。

　マギーの運命的な事故によって，この映画はスポーツ映画のジャンルをはるかに超える深みを獲得すると同時に，スポーツだけに可能な肉体の死と精神について省察する劇となる。ここにいたって私たちは，なぜフランキーがボクシングジムの経営者でありながら，熱心なキリスト教の信者であったかを悟るのだ。フランキーの必死の祈りに神は応えることがない。これまでもそうだったし，マギーの事故というフランキーにとって人生最後の挫折に際してもけっして神は応えてくれないだろう。そのことをむしろ確認するためにこそ，フランキーは祈り続けるように見える。

　神が応えないのならば，マギーが最終的に選択した死への道をととのえてやるのは，マギーをこの世界でもっとも愛する自分をおいて他にないではないか，それをマギーも望んでいるのだから。マギーは自分の肉体の力だけで，自らのみじめな人生を抜け出し，新たな生命を生き切った。スポーツが究極的には肉体の孤独な燃焼であるならば，自らの選択によって尊厳を持って死を選ぶことこそが，スポーツに賭けた人生の終焉にふさわしい。

ボクシングというもっとも純粋な自分の肉体との闘いの果てに，その肉体の機能をすべて奪われたマギーの病床での姿は，たしかに痛々しい。しかしそこには同時に，彼女が自分の意志でこの人生を選び，自分の意志でこの人生を終わらせるのだという固い決意と，自らの肉体と人生に責任を持つことへの強い誇りが感じられないだろうか？

　スポーツは生のエネルギーの燃焼である。そしてこの映画は，この驚くべき静謐で尊厳と厳粛さに満ちたクライマックスへと向かって，私たち自身の人生の活力をかきたててきた。いまやそれが終わりを迎えるにあたって，スポーツだけが可能にしてきた生の高揚感を，私たちはなつかしむと同時に，主人公の死とともに自分には何が残されたのか問うのだ。スポーツの興奮の終了，それはいつも限りなく哀しく空しい。しかしその哀しさと空しさに耐えることが人生ならば，私たちはそれを教えてくれたスポーツの素晴らしさにやはり感謝せずにはいられない。

QUESTIONS

1．スポーツには一般に，見るスポーツと，するスポーツとの区別があるように思えるが，その最大の差はどこにあるだろうか？
2．スポーツが集団的興奮をもたらし，それゆえ政治的力学との関係が深いことを，スポーツイベントを例にとって考察しよう。
3．この映画以外のボクシング映画をひとつ取り上げ，その社会的背景や選手の描き方などを比較してみよう。
4．女性を主人公とするスポーツ映画には他にどのようなものがあるだろうか，ジェンダーを考察の鍵としながら比較してみよう。
5．尊厳死は医学の発達した現代の大きな倫理的問題のひとつだが，あなたはそれについてどう考えるだろうか？

■＜スポーツ＞にまつわるこんな映画も観てみよう

＊（　）内は監督，製作年

▶『民族の祭典（オリンピア第一部）』『美の祭典（オリンピア第二部）』（レニ・リーフェンシュタール，1938）　ヒトラーのナチスが主催した1936年のベルリン・オリンピックの記録映画。選手の表情や心理が克明にとらえられ，スポーツと記録映画の密接な関係を考えさせられる。

▶『長距離ランナーの孤独』（トニー・リチャードソン，1962）　感化院送りになったひとりの少年の過去が，クロスカントリーを走る彼に脳裏に蘇っていく。スポーツが反抗することと同義であることの証し。

▶『クール・ランニング』（ジョン・タートルトーブ，1993）　不運から夏季オリンピック出場の夢を絶たれたジャマイカの陸上選手3人と，手押し車のチャンピオンが，冬季オリンピックのボブスレーに挑戦。「参加することに意義がある」とのモットーを地で行く笑いと涙のコメディー。

▶『モハメド・アリ　かけがえのない日々』（レオン・ギャスト，1996）　1974年，ザイールのキンシャサにおけるモハメド・アリとジョージ・フォアマンの世界ヘビー級タイトルマッチを，政治・社会的背景を含めて描く記録映画。アリという不世出のキャラクターとその時代を覚えておくために。

▶『少林サッカー』（チャウ・シンチー，2001）　少林寺拳法を体得した青年たちがその脚力と精神力を武器にサッカーチームを結成，香港サッカー界の悪逆非道な首領が所有するデビルチームに立ち向かう。弱者が強者に，正義が悪に勝てるのもスポーツならではだ。

■クリント・イーストウッド監督の他の作品も観てみよう

▶『バード』（1988）　ジャズを完璧な芸術にしたサックス奏者チャーリー・パーカーの人生を描く伝記映画。ジャズの革命性に目覚めよう。

▶『許されざる者』（1992）　イーストウッド自身が「最後の西部劇」と言ったように，この映画以降「ウェスタン」は不要のジャンルとなった。暴力という人間の本性を抉り出す恐るべき傑作だ。

▶『ミスティック・リバー』（2003）　すべてを包み込んで流れ続ける河にかかる霧のように，記憶の向こうにかすかに見えてくる光景がある。3人の男の人生が重なり離れ，そして私たちの心に刻まれる。

▶『父親たちの星条旗』『硫黄島からの手紙』（2006）　すぐれた戦争映画であるこの2部作は，同じ人間であり国家政策の犠牲者でもある「敵」の姿を描きだす。また戦争を正当化する国家支配層の欺瞞をも暴いている。

■＜スポーツ＞について，手始めに読んでみよう
　▷松岡完『ワールドカップの国際政治学』（朝日選書，1994）
　▷稲垣正浩『伝承文学のなかにスポーツ文化を読む』（叢文社，2005）
　▷有元健・小笠原博毅編『サッカーの詩学と政治学』（人文書院，2005）
　▷杉本厚夫『映画に学ぶスポーツ社会学』（世界思想社，2005）
　▷井上章一・小田亮ほか『プロレスファンという装置』（青弓社，2005）

第 9 章 ＜音楽＞

『耳に残るは君の歌声』

〈DATA〉

監督　サリー・ポッター

出演　クリスティーナ・リッチ，ジョニー・デップ，
　　　ケイト・ブランシェット，ジョン・タトゥーロ
　　　ほか
　　　（2000年，イギリス／フランス）

〈KEYWORDS〉

1．ユダヤ　　　　4．ナチス
2．英語　　　　　5．ミュージカル
3．ジプシー

1● ユダヤという民族

STORY・1　ロシアのユダヤ人家族

　映画は1927年，雪に覆われたロシアの森林地帯から始まる。貧しいユダヤ人の村に，母を亡くした少女フィゲレ（イディッシュ語で「小鳥」の意味）が父親と祖母とともに暮らしている。父親は美しい声の持ち主で，教会で讃美歌を独唱しているが，フィゲレをベッドで寝かしつけながら子守り歌「おめめを閉じて（クローズ・ユア・アイズ）」をイディッシュで歌って聞かせていた。

そんな父親がフィゲレにとっては人生のすべてだったが，村にもポグロム（ユダヤ人迫害）の嵐が迫り，父親はアメリカ合州国に渡ることを決意する。いずれは財産を築き，娘を呼び寄せる約束をして，父親は村を去っていく。その後，村は暴徒に襲われ，祖母はアメリカに行こうとしていた青年たちにフィゲレを託し，父親の元に送り届けてくれるように言う。しかしフィゲレは青年たちと離れ離れになり，イギリス行きの船に乗せられてしまう。

POINT・1　音楽と民族

『耳に残るは君の歌声』は，音楽のひとつの原点が虐げられた民族の子守り歌にあることを示す。

　フィゲレが幼いころ父親から聞かされた子守り歌。それがこの映画の原点にして，終着点だ。しかもここでは，音楽が単に父親と娘との絆を象徴するだけでなく，ロシアとアメリカ，ユダヤ人とアーリア人，定住者と放浪者，資本と労働，宗主国と植民地といった，近代を特徴づける対立項を貫き，結びあわせるグローバルな媒介として機能している。

　針葉樹林に囲まれたロシアの森林のなかで生まれ育った少女フィゲレにとって，そこだけが安全な場所であるかのような父の傍のベッドの中で聞いた子守り歌。彼女がそれをイディッシュ語によって，すなわちヨーロッパ内部の他者として迫害され周縁化されてきたユダヤ民族の魂の声として，自己の身体に再獲得するには多くの時間を要するだろう。フィゲレのそうした回復への思いが，娘と故郷を捨てた父親を許し，その放浪の人生を慰め，彼にユダヤ民族としてのアイデンティティを取り戻してやる彼女自身の旅路となるのである。

　それだけではない，フィゲレはその後の人生において否定され続けていくユダヤの出自を，他の虐げられた他者——女性，貧しい人々，ジプシー——との出会いによって自ら取り戻していく。つまり少女フィゲレが父親から受け継いだ「クローズ・ユア・アイズ」という子守り歌は，自分と他者のアイデンティティを肯定するだけではない。それは圧制に抵抗するためのよすがであるとともに，虐げられている者を同胞として認知し，民族的アイデンティティを閉鎖的なものから他者に開かれたものにする契機と

なるのだ。

　ユダヤ人に限らず，近代の歴史は民族離散と迫害の事例に満ちている。生まれた国，育った場所から追われ続けた彼ら彼女らにとって，祖国とは境界線に囲まれた地理的領域でも，血や伝統が保証する幻想の共同体でもない。それは人々が自分たちの言葉で語り合い，技芸を磨き，安心して物語を引き継いでいける場所のことだ。そこでは家族の絆を破壊し，親子が引き裂かれるような悲劇が起こってはならない。そして，そうした離別の悲しみをいやというほど味あわされてきた文化的弱者にとって，親から子へと口移しに伝えられてきた子守り歌こそは，いつかそのような「祖国」が，たとえ父親と娘のあいだだけでも復興することへの願いをこめた音楽なのである。

2● 英語による支配

STORY・2　英語の習得

　ロンドンに到着したフィゲレは移民局に引き渡され，スーザンという名前を与えられて，キリスト教徒の家庭に預けられる。きびしい旅の果てにたどりついた土地も，心の平安は与えてはくれない。自分の過去と決別するようにと命じられ，スージーと呼ばれるようになった少女は，自分の支えであった最愛の父の写真と，祖母がお守りにくれた金貨まで取り上げられてしまう。
　学校ではイディッシュが通じず，英語が理解できないスージーは，沈黙のうちに心を閉ざしたままだ。そんなある日のこと，学校のそばをジプシーの一団が通り過ぎる。それを見てスージーの口から，父がいつも歌ってくれていた子守歌であるイディッシュの歌声がもれだす。彼女がついに自分の声を回復した瞬間だ。この情景を見たひとりの男性教師が，スージーに英語の讃美歌を一言ずつ発音を繰り返しながら教える。やがてスージーは，ヘンリー・パーセルのオペラ『ディドとエネアス』のなかの「私を忘れないで」という歌を覚える。スージーがこの歌を皆の前で歌うと，これまでスージーを「ジプシーの子」と言っていじめていた子どもたちが静かに耳を傾けるのだった。

POINT・2
音楽と翻訳

『耳に残るは君の歌声』は，音楽が移民の国際的移動に伴う翻訳によって，国境を越えるさまを描く。

　国境や共同体の枠を超えた近現代の移民には，大きく分けて2つの形態がある。ひとつは大人たちが自らの経済的事情を改善しようとして移動するか，あるいは暴力的に強制されて拉致され，他の場所での労働力として移入される場合。歴史上くりかえされてきた，より高い賃金を求めての世界的な労働力の移動，さまざまな奴隷制度，強制連行などがこの場合に当たる。もうひとつは民族的迫害や戦乱の影響で，子どものうちに生まれ育った土地から引き離され，より「安全で文明的」と見なされた土地に連れてこられた場合。この対象となったのは先住民や被迫害民族の子どもがほとんどで，彼ら彼女らは，幼少時から出生地とはまったく異なる環境に連れてこられ，身寄りのない文化的孤児として，多くの場合民族的アイデンティティを喪失していく。しかし同時にその過程で，外見や言葉の違いなどからさまざまな偏見や苦難にさらされる。

　ロンドンに連れてこられた少女フィゲレもそうだ。自分では制御できない運命と政治的力に翻弄されて，それまで見たことも聞いたこともない国と文化のなかに放り込まれる。言葉も習慣もわからず，名前さえ一方的に変えられてしまう。父の写真や祖母の金貨を奪われるとともに，文字どおり文化的アイデンティティを根こそぎ剝奪されてしまったのである。

　イギリスのような近代において植民地帝国を築いた国家には，多くの移民共同体が存在する。植民地主義や帝国主義は，単に一方的に他国を侵略し，軍事的・政治的・経済的に他の領土を搾取するだけでなく，逆方向の移動，征服された側からの物や人々の移動をも盛んにしてきたからだ。こうしてたとえばロンドンのような国際都市では，さまざまな民族的出自の人々がそれぞれに固まって生活するようになる。アイルランド，西インド諸島，アフリカ，東インド，パキスタン，中東，中国，ユダヤ…。

　しかしフィゲレのようなロシアからのユダヤ人少女の場合は，彼女の民族的出自が尊重されない環境だったため，おそらく多くの「フィゲレ」が「スーザン」となって，イギリス社会に溶け込まされてしまったのではな

いだろうか？　それがイギリス社会の混交的な活力を生み出す一方で，アイデンティティの喪失に悩む個人の悲劇を数多く生み出しながら。

　日本のような，ある特定の民族が圧倒的に優勢な国に住みながら，しかも日本人マジョリティとしての自らの既得権益に鈍感なまま過ごしていると，近代世界が実はこのような民族移動とそれに伴う悲惨な体験に満ちていることを知らないですんでしまう。植民地支配や帝国主義的搾取が常態であった近代世界においては，ある場所に定住し続け，民族的・文化的アイデンティティの葛藤に悩まない方がもしかしたら例外的なのではないか，という問いにも襲われずに。

　フィゲレという名さえ忘れかけていた少女スーザンが，偶然に通りかかったジプシーの一団に触発されて自らの声を取り戻すことは，そのような私たちの鈍感さと，移動と離散に彩られた近代史に対する無知に向けられた問いかけだ。今でもヨーロッパの国々では，どこでもジプシー，あるいはロマ民族の人々と出会う。彼ら彼女らの放浪の生活は，国境を持たないもうひとつのヨーロッパ史の証しでもある。

　スージーはその声の回復を，イディッシュから英語へという翻訳作業を通し，これまで抑圧者でしかなかった他者にも通じる文化的回路を通じて実現する。スージーに英語での讃美歌を教えた男性教師は，こう言う──「英語を覚えなさい。私もウェールズ語が母語だったが，英語を覚えたんだ。英語を覚えて周囲と溶け込みなさい」と。この教師はそれまで一言も発しようとしなかったスージーが，ジプシーとの出会いによって唄を歌うのを見て，唄をきっかけにすれば彼女に声を取り戻せると考えたのだ。

　スージーによるこのような英語の習得過程はまた，この映画を見ている観客のわたしたち多くにとっても，反省と蘇生の瞬間なのではないか？　なぜなら私たちの多くが民族的弱者の言語であるイディッシュ語を知らず，支配的言語である英語を通して，この映画を無意識の翻訳作業のうちに理解しているからだ。つまりフィゲレが「スージー」として英語で「私を忘れないで」を歌ってくれないかぎり，私たちはその感動を共有できない。私たち自身の知的・文化的限界を，この場面は気づかせてくれる。

スージーの歌によって呼び起こされるのは，意識下で文化的他者を排斥しようとする学校の子どもたちの無知であるとともに，支配者であるがゆえに自らの文化的欠陥に無意識でいられた私たち自身の傲慢さなのである。

3● ジプシーの音楽

STORY・3　白馬にまたがるジプシー

　10年後，成長したスージーは父の写真と金貨をとりかえし，父を捜す旅路に出る。まず旅費を稼ぐために彼女はコーラスガールのオーディションに「私を忘れないで」を歌うことによって合格し，パリの劇場で働くことになる。1930年代末のパリには，野心にあふれた芸術家の卵がたくさん住んでいた。スージーはそのひとりでブロンドのロシア人ダンサー，ローラと親しくなる。ローラはいつの日か，ハリウッドに行き，ミュージカル映画に出演する夢を抱いていた。野心家で饒舌なローラと無口なスージーは不思議と気が合って，彼女たちは同居生活をはじめる。

　2人は生まれの貧しいイタリア人で，天性の美声の持ち主ダンテと知り合う。彼はオペラのアリアの名歌手として舞台の花だが，人間的には俗物で，しかもファシストに知り合いを密告するような男だ。ローラはダンテを誘惑することに成功，スージーとともにダンテが出演するオペラ劇場での仕事を得る。

　この舞台には，白馬に乗って登場するひとりの「ジプシー」（ロマ民族）の若者チェーザーもいた。チェーザーとスージーは，たがいの沈黙のなかにアウトサイダー同士の運命的な結びつきを感じ，強く惹かれあっていく。

　パリにも戦争の足音が近づき，ダンテは自らもファシストとなって，ジプシーやユダヤ人に対する差別をあらわにしはじめる。チェーザーはジプシーの家族の元にスージーを連れて行き，情熱と哀しみに満ちた音楽を聴かせる。忘れていた家族の温かさを思い出すスージー。彼女も応えて，「私を忘れないで」と彼らの前で歌うのだった。

POINT・3
音楽と放浪

『耳に残るは君の歌声』は，音楽が定住と放浪のはざまに発生する自己表現であることを示す。

　この映画が対立する2つの音楽として提示するのが，オペラに代表される西洋的ブルジョア娯楽音楽（ミュージカルの音楽がその到達点としてある）と，ジプシーたちの音楽に表現されるような階級的にも民族的にも反主流の営みだ。映画が意図する関心と同情のありかが後者にあることは明らかだが，優れた音楽映画のこわさと力は，この両者のどちらもが圧倒的な魅惑と美しさでもって画面を席巻してしまうことだろう。

　ダンテはたしかに俗物で，しかもファシストに友人を売るような卑劣な人間だが，彼は「神から与えられた」天性の美声に恵まれている。彼がテノールで朗々と歌い上げる名曲の数々，ビゼーの『真珠採り』から「耳に残るは君の歌声」，ヴェルディの『トロヴァトーレ』から「見よ，恐ろしい炎を」，プッチーニの『トスカ』から「星は光りぬ」。サウンドトラックで実際に歌っているのは新星テノールと騒がれたサルヴァトーレ・リチートラだが，オペラファンにはこたえられない選曲だろう。オペラが少数の特権階級のブルジョア的娯楽であると知りながらも，映画の観客がこれらのアリアの魅力に抗することはむずかしい。

　しかしだからこそ，チェーザーの家族であるジプシーたちの音楽がさらなる輝きを放つのだ。この映画で家族役として出演しているのは，ルーマニアの「ジプシー・バンド」として世界的名声を得ているタラフ・ドゥ・ハイドゥークスだが，彼らの生と性への欲望と歓喜にあふれた音楽は，スージーの血をよびさまし，定住と安楽に慣れた私たちの魂をも揺りうごかす。アコーディオン，ヴァイオリン，笛，そして踊り…音楽創造に必須のこうした要素があれば，大掛かりな音響装置も劇場もいらない。人々が輪になれる空間と，なにより生活の息吹があればそこに成立する音楽。そこから開かれる個人のアイデンティティの再発見と変容の可能性。

　ジプシーたちの音楽が終わった後で，促されてスージーが静かにうたいはじめ，それに即興で呼応する人々の音の連なり。パーセルのオペラ『ディドとエネアス』からの「ディドの悲しみ～私を忘れないで」という

この歌が，観客の心をひとつにし，民族の境界を越える。オペラという上流階級の消費の対象が，ユダヤの歌声とジプシーの楽器によって創造的に翻訳される瞬間に私たちは立ちあう。そのときこの音楽は，放浪と定住のはざまでわずかに成立した家族と男女の愛のひかえめだが力強い讃歌となるのだ。この映画の最大の魅力は，さまざまなジャンルの音楽を横断し，それぞれの美しさと魅力を十分に堪能させながら，しかも人と人とのつながりを再創造するという音楽の根本的役割に注目させる点にある。

　東欧の「ジプシー」の暮らしを描いたイザベル・フォンセーカは『立ったまま埋めてくれ』（くぼたのぞみ訳，青土社）で，次のように書く——「ジプシーの歌の核にあるのは昔も今も変わらぬノスタルジアだ。しかし，ノスタルジアと言っても，いったい何をなつかしむのだろう。「ノストス」というのはギリシャ語で「故郷に帰ること」だが，ジプシーの故郷などない。…ユートピアをなつかしむノスタルジア。どこにもない場所に帰ること」（14ページ）。この映画でも，ジプシーと呼ばれてきたロマ民族の音楽が，時と国境と文化をつなぐ見果てぬ旅の媒体となるのである。

　こうして他者の音楽に触れることで自己を取り戻していくスージーと対照されるのが，友人であるローラのアイデンティティだ。彼女もロシアからパリにやってきたマイノリティのひとりだが，自分の美貌の肉体を武器として，かえって自己を失っていく。ローラとスージーは同じ国の出身だが，ロシアにおける内部の他者であったユダヤ人のスージーとは，ローラの母語であるロシア語によるコミュニケーションが成立しない。ともに移動した土地で習得した言語によってしか交通できないふたりをつなぐのは，やはり翻訳の力なのだ。

　この映画では，同じ歌がさまざまな場所で，さまざまな声と言語によって翻訳されていく。フィゲレがイギリスでスージーという凡庸な名前を恣意的に与えられ，学校教育によってイディッシュ語をも失いながら，しかし声の美しさを見出だされて17世紀イギリスの作曲家ヘンリー・パーセルの唄を教えられる。スージーがパリでチェーザーと出会い，ロマの野営地をはじめて訪れたとき，彼らはペラパスケロ作の「革命のバラード」を歌ってスージーを歓迎するのだが，彼女も何か歌うように促されて体から

自然に出てきたのが，やや場違いとも思われる静かな無伴奏のこの英語の歌だ。しかしそれをじっと聞いていたロマたちは，やがてヴァイオリンで，さらにアコーディオンでと伴奏を始める。このとき「私を忘れないで」というこの歌詞は，ジプシーたちの即興的身振りによる領有と翻訳を通じて，漂着したトロイアの王子エネアスを慕うカルタゴの女王ディドの嘆きという元の文脈から遠く地政的に隔たった空間でよみがえる。失われていた歌の記憶が取り戻され，故郷を持たない共同体によって伝承されていくことの不思議。かつて「小鳥」を意味していたフィゲレの心に刻まれた父の記憶を抑圧していたはずのイギリス語の歌が，ロマ民族の伴奏を介してまったく新しい生命を与えられる。それは，温情主義的な支配者によって与えられたスージーという名前が，どこにもない場所へと永遠に旅を続ける人々の音楽によって，自らも放浪のジプシーとして新たなアイデンティティを獲得する瞬間でもあるのだ。

4 ● ナチスの脅威

STORY・4 戦争と離別

　1939年ナチスドイツがポーランドを侵略，イギリスとフランスがドイツに宣戦布告してヨーロッパ大戦が始まった。戦争の足音が近づくなか，パリではスージーとチェーザーとの情熱的な愛が育ってゆく。スージーにとってチェーザーは父親以外に心を許した最初の男性，彼女にとって体を許したはじめての男だった。ダンテがオペラ劇場からチェーザーを解雇しようとしたとき，スージーはダンテに敢然と立ち向かう。愛はスージーに，他人のために正義を主張する人間としての自立の力をも与えたのだ。
　スージーとローラは喧嘩別れし，ローラはダンテの元に行くが，ダンテは女を誘惑する移り気な性格を変えない。スージーとチェーザーは愛情を深めるが，戦争はやがてパリにも及び，ナチスの侵攻とともに，チェーザーの家族であるジプシーたちも脅威にさらされていく。チェーザーのかたわらで彼らと運命を共にするのか，それともパリを出てふたたび父を捜す旅に出るのか，選択に迫られたスージーはチェーザーと別れアメリカに渡る決意をする。

別れの夜，最後の愛を交わした2人。眠りにおちたスージーを抱きしめて静かに涙を流すチェーザー。翌朝眠っているチェーザーのかたわらにお守りの金貨を置き，スージーは去っていく。ローラもダンテと別れ，2人はニューヨーク行きの船に乗るが，ドイツ軍の爆撃により船が沈没，ローラは死に，スージーだけが助けられる。

POINT・4 音楽と政治

『耳に残るは君の歌声』は，音楽が性と政治をめぐる葛藤によって真価を試されることを示す。

　ナチスが音楽を政治的な主張の媒介として利用したことはよく知られている。ドイツ・アーリア系民族の優越を主張したナチスにとって，ドイツ古典音楽の伝統こそはその民族の優秀性の象徴であった。とくにナチスが「ドイツ民族の純潔性」を表現した音楽として喧伝したのが，リヒャルト・ワーグナーとリヒャルト・シュトラウスのオペラだった。

　しかしワーグナーやシュトラウスのオペラをひとつでも聞けば，そこにはナチスが政治的に利用しようとした「アーリア人の優秀性」といった単純なメッセージをはるかに超えた人間の愛憎の複雑さや，性的欲望の不可解さ，社会秩序の混乱，政治権力の腐敗などがくりかえし描かれていることに気がつくだろう。音楽は政治的意図を凌駕する人間の性や営みをめぐる複層的な様相を描くからこそ，人の心を魅きつけ，かき乱す。

　この映画でもダンテは政治的には明確にファシスト側に立つ人間だが，だからと言って彼が歌うアリアの美しさが色あせるわけではない。歌詞と音曲が伝える人間精神の自由への希求と圧制への抵抗の輝かしさに変わりはないのだ。たとえばダンテの歌うプッチーニの『トスカ』終幕におけるカバラドッシのアリア「星は光りぬ」は，ファシズムによる非業の死を前にした主人公が，愛による救済と魂の解放への希求を歌い上げた類まれな名曲である。とすれば，音楽がその真価を試されるのは，その音の美しさや歌詞の内容だけでなく，それが誰によって，どのような場所で，何の目的のために演奏され，誰が聞いてどのような反応を示したのか，という社会的な文脈が問われるときだろう。

ここでもスージーとジプシー音楽との出会いが重要となる。彼女にとってこの音楽との出会いは，他者の発見による自己の覚醒と切り離せない。「私を忘れないで」と歌うことは，スージーが自分で自己（＝フィゲレ）を思い出すという自立への第一歩なのだ。フィゲレの人生の出発点に父から口移しに与えられた子守り歌があったとするなら，スージーはジプシーという他者の集団の一員として迎えられることによって，本来の自分を再発見し，自らの意志で他の男との絆をきずく。スージーにとって音楽が結びつけたチェーザーとの連帯は，戦乱が迫りくる激動した世界で，ひとりの社会的存在として責任と権利を主張することでもあったのである。

5 ● ミュージカルという様式

STORY・5　ハリウッドの父

　ニューヨークに着いたスージーはふたたび孤独な境遇となった。父の唯一の形見である写真だけを手がかりに，スージーは亡命ユダヤ人を尋ねてまわるが，父の消息はようとして知れない。ミュージカルのプロデューサーとして成功したという噂を頼りに，スージーはローラのあこがれの場所だったハリウッドに行き，必死に父を捜しまわる。ついにロシア出身のユダヤ人で父親らしい人物がいると聞いたスージーは，病院を訪ねていくが，その男は病をわずらって瀕死の床にいた。彼が奇跡のように目を開き，一目見て娘だとわかる。「フィゲレ…」「パパ…」――スージーが長い間呼ばれたことのなかったフィゲレという名前。そのとき彼女の口から，幼少のころ父親が歌ってくれたイディッシュの子守り歌が流れだす。父親の目から静かに涙が溢れ出し，娘は知るのだ，幼いとき父からもらった人生の歌を，今その臨終のときに自分の声が返してあげていることを。

POINT・5
音楽と映画

『耳に残るは君の歌声』は，音楽と映画産業との関係を考察する。

　子守り歌と，ジプシー音楽，それにイタリアオペラのアリアがこの映画を華やかに彩るとすれば，もうひとつの重要な問いとして潜在するのが映画音楽の典型とも言うべきミュージカルに関する問いだ。大西洋を渡る船路のあいだに死んでしまったローラの生涯の夢は，ミュージカル映画の主役となることだった。フィゲレの父親がアメリカ合州国で成功した原因となった映画音楽。ミュージカルはヨーロッパ音楽の延長線上にありながら，帝国主義と資本主義の歴史が産み出した鬼っ子であり，映像と音楽とダンスの絶妙な結合によって受動的な消費に特化される大衆娯楽の頂点をきわめた様式でもある。そのような映画音楽への冷静な考察が，この映画にはある。フィゲレの父親は結果として最愛の娘を捨てて，アメリカ合州国に渡り，ミュージカル映画のプロデューサーとなることで成功を収めたのだが，映画はその苦労や栄光については多くを語らず，瀕死の床に横たわる男を描くのみだ。

　この映画の原題は"The Man Who Cried"，つまり『泣き叫んだ男』だが，ここには監督のサリー・ポッターが，泣くことと歌い叫ぶことを重ね合わせた意図が示されている。ここで「泣き叫んだ男」とは3人，出稼ぎとしてロシアからアメリカに移住し娘のフィゲレと別れた父，スージーがパリで出会ったテノールのダンテ・ドミニオ，そしてスージーの恋人でジプシーのチェーザーということになろう。主人公の旅路を彩るこの3人の男たちは，人種・経済的格差・エスニシティ・政治的信条の違いにもかかわらず，いずれも周縁的なアイデンティティを刻印されている。ロシアの寒村における迫害の犠牲者や，パリの外縁で誇り高い共同生活を営むロマ民族は言うまでもなく，貧しい出身ながら美声によって階級を昇ったオペラ歌手も，イタリア人としてムッソリーニのナショナリズムに同調することでしか自らの存在の不安を糊塗できなかった。ユダヤ，ロマ，イタリアと，いずれも外地から宗主国の都会へと漂流し続ける声を作品の中核に据えることで，この映画は周縁化されたマイノリティの音楽創造に光を当て

るのだ。

　泣いた男というタイトルが，とくに映し出すのは，最後のイディッシュによる子守り歌を介した父親と娘との出会いの場面である。それが邦題では，ビゼーのアリアの題名をそのまま写したものとなってしまったところに，日本に暮らしてこの映画を受け取る私たち自身に向けられた問いを考えてもよい。たしかにフィゲレがスージーとして，ロンドン，パリ，ニューヨーク，ハリウッドと世界の大都市を遍歴し，そのなかで英語，イタリアオペラ，ミュージカルといった近代資本主義ブルジョア芸術の粋を通り抜けないことには，恋人や友人や父親との出会いもなかっただろう。しかしこの映画は，そのような音楽と人生とのからみあいを，もう一度子守り歌という声の原点に戻すことによって，私たちにとって音楽が持つ意味を考えるよう促す。子守り歌を今度は死にゆく父親に歌ってやることによって，彼のユダヤ人としての出自が確認されると同時に，スージーはフィゲレというアイデンティティを取り戻すのだ。

　しかしこの最後の場面はかなり手が込んでいて，歌と言語との関係を考えさせてくれる。まず病室に入ってきたフィゲレを見た父親が「フィゲレ…」と呼ぶと，彼女は「ターテ（イディッシュ語のパパ）…」と答える。それに対してもう一度父親が「フィゲレ…my little bird…」と英語で応じると，その後でフィゲレがイディッシュ語で例の「クローズ・ユア・アイズ」という，この映画のために作られたオリジナルの子守り歌を歌うのだ。ここには良くも悪くも映画というメディアが（この映画自体を含めて）英語という媒体の支配から無縁ではあり得ないこと，しかしそれにもまして，フィゲレのイディッシュの子守り歌へのこだわりが強く刻印されている。

　演劇やスポーツもそうだが，音楽にとって，消費と生産の楽しみは切り離せない。もしハリウッド・ミュージカルが，音楽にとって消費の側面を極点にまで押しすすめた完成度の高い芸術様式であるとするなら，この映画が最後に描くハリウッド・プロデューサーの死と，それを慰めてあまりある娘の子守り歌こそは，あまりに音楽を消費することだけに慣れてしまった私たちの貧しい日常をも問い返してこないだろうか？

最後に，この映画が遺作となった撮影監督サッシャ・ヴィエルニーの映像美について付記しておこう。頻出する無言の映像と，音楽が身体にもたらす衝撃を伝える画面——『トスカ』の絶唱「星は光りぬ」から葉先をなでていく風のそよぎ，ロマの手拍子から深夜の舗道を駆ける白馬のひづめの響きまで，その映像は歌や音が耳や指先のような身体の表面から心の奥底まで届く時間をかたちにする。この映画はそのような音と絵が絶妙に結合した映像を通じて，声の旅路をたどることが社会の周縁に生きるマイノリティにとっていかに重要かを探る。それゆえにまた音楽とは，マジョリティの人間にとっても寄りそうべき貴重な契機となり得ることを，この映画は雄弁に告げているのである。

QUESTIONS

1. ロシアにおけるユダヤ人迫害の歴史について調べてみよう。
2. あなたは英語が「国際語」としての価値を持つと考えるだろうか，とすればそれはなぜか？
3. 現代社会におけるジプシーの共同体はどのような状況にあるだろうか，さまざまな地域の実例に即して考察してみよう。
4. ナチスドイツは音楽に対してどのような政策を取ったのか，著名な作曲家や指揮者・演奏家との関係において調べてみよう。
5. ミュージカル映画が20世紀のエンターテインメントとして隆盛を極めた原因は何だろうか？　実例をあげて考えてみよう。

■＜音楽＞にまつわるこんな映画も観てみよう

＊（　）内は監督，製作年

▶『カサブランカ』（マイケル・カーティス，1942）　1940年，フランス領モロッコのカサブランカで酒場を経営するアメリカ人リックのもとに，かつての恋人とその夫が偶然やってきた。黒人ピアノ弾きサムの歌う "As Time Goes By" がかつての記憶を蘇らせる。

▶『その男ゾルバ』（マイケル・カコヤニス，1964）　亡父の遺産である鉱山を採掘しようとする男が，現場監督としてギリシア人のゾルバを雇う。ゾルバの豪放な人柄と，ギリシア音楽とが絶妙なアンサンブルを奏でる。

- 『サウンド・オブ・ミュージック』（ロバート・ワイズ，1965）　ひとりの女性が，見習い修道尼から7人の子どもたちの母となって，ナチスの暴虐から逃げ出す幸せな家族の理想形。とにかくスクリーン一杯に広がる音楽の力に圧倒されるのみ。
- 『シャイン』（スコット・ヒックス，1995）　オーストラリア出身の実在のピアニスト，デビッド・ヘルフゴットの伝記物。精神病に冒されながら再起することを可能にした音楽の潜在力を知る。
- 『ブラス！』（マーク・ハーマン，1996）　イギリスの炭鉱夫が結成したブラスバンドが石炭産業の斜陽のなかで，さまざまな苦難を乗り越えていく。やはり音楽は共同体の絆となりうる。
- 『戦場のピアニスト』（ロマン・ポランスキー，2002）　家族のなかで唯一ナチスの強制収容所行きを逃れたポーランドのピアニスト。潜伏するうちナチスの将校に見つかってしまうが，彼のピアノ演奏によって将校は彼を見逃してやろうとする。音楽と政治権力とはいつもねじれた関係にある。
- 『アマンドラ！　希望の歌』（リー・ハーシュ，2002）　南アフリカで半世紀近く続いた人種隔離政策アパルトヘイトに歌を武器に抵抗した人々の声と肉体。文字通り音楽による革命の記録だ。
- 『ベルリン・フィルと子どもたち』（トマス・グルベ，2004）　ベルリン・フィルの芸術監督サイモン・ラトルが主導したダンス・プロジェクトの記録。250名の問題を抱えた子どもたちが集められてダンスを学び，ベルリン・フィルの演奏によるバレエ曲で踊るまでをたどる。音楽にあわせて踊る子どもたちの身体が美しい。
- 『風の前奏曲』（イッティスーントーン・ウィチャイラック，2004）　タイの伝統楽器「心を癒す」という意味のラナートの演奏家ソーン・シラパバンレーンの伝記に想を得て，急速な近代化のなかでラナートの音色を守り抜いた男の半生をたどる。音楽演奏の超絶テクニックに心が躍る。
- 『愛より強い旅』（トニー・ガトリフ，2004）　パリから祖国アルジェリアを目指して，恋人と無賃乗車と野宿による旅をする男。ロマの民俗音楽やトランス・テクノ音楽が満載されたロードムービー。
- 『歓びを歌にのせて』（ケイ・ポラック，2004）　冬のスウェーデンを舞台に，心身ともに疲弊した指揮者が故郷の小学校に移住し，そこで田舎の合唱隊の指導を通して新しい人生を見出す。一緒に歌いたくなる佳作。

■サリー・ポッター監督の他の作品も観てみよう
- ▶『オルランド』(1992)　16世紀から現代まで男から女へと越境しながら生きた青年貴族オルランドの生涯。性の自由とは生の解放でもある。
- ▶『タンゴ・レッスン』(1997)　監督自身をはじめとしてほとんどの出演者が自分を演じる教育と成長の「レッスン」映画。人生と映画への愛がタンゴの名曲に乗る流麗さ。
- ▶『愛をつづる詩』(2004)　北アイルランドのベルファスト生まれの彼女と，レバノンのベイルート生まれの彼とのロンドンからハバナまでの恋物語。9．11以降，西洋と東洋の溝は越えられるか？

■＜音楽＞について，手始めに読んでみよう
- ▷ DeMusik Inter. 編『音の力』シリーズ（インパクト出版会）『音の力』(1996)，『沖縄―コザ沸騰編』(1998)，『沖縄―奄美／八重山／逆流編』(1998)，『ストリートをとりもどせ』(2002)，『＜ストリート＞復興編』(2004)，『＜ストリート＞占拠編』(2005)，『沖縄アジア臨海編』(2006)
- ▷ 姜信子『日韓音楽ノート―＜越境＞する旅人の歌を追って』（岩波新書，1998）
- ▷ 平井玄『破壊的音楽』（インパクト出版会，1994）
- ▷ 大熊ワタル『ラフミュージック宣言』（インパクト出版会，2001）
- ▷ 野田努『ブラック・マシン・ミュージック』（河出書房新社，2001）
- ▷ 渡辺裕・増田聡『クラシック音楽の政治学』（青弓社，2005）

IV

移動と定着

第10章 ＜ディアスポラ＞

『エレニの旅』

〈DATA〉

監督　テオ・アンゲロプロス
出演　アレクサンドラ・アイディニ，ニコス・プルサディニス，ヴァシリス・コロヴォスほか
　　　（2004年，フランス／ギリシャ／イタリア）

〈KEYWORDS〉

1. 彷徨
2. 近親相姦
3. 壁
4. 水
5. 戦場

1● 彷徨の問うもの

STORY・1　ロシアからギリシャへの二重の難民

　1919年の冬，ギリシャのテサロニキ地方の岸辺に，厚い霧の向こうから東をめざして歩いてきた一群の人々が登場する。かつてギリシャからロシアのオデッサに移民しながら，ロシア革命が勃発したためふたたびギリシャへと逃れてきた，いわば二重に難民となった人々だ。先頭にいるのが一行の長である40歳台のスピロスと病弱な妻ダナエ。2人のあいだには5歳の息子アレクシスと，その手をしっかり握った少女エレニがいた。ギリシャの正式な国名を表す名前をつけられたこの娘は，オデッサでスピロスに拾われた孤児だった。

> **POINT・1**
> ディアスポラと国境
>
> 『エレニの旅』は，ディアスポラがどこの土地においても旅をし続ける者であることを示す。

　この映画の原題は英語で"Weeping Meadow"，すなわち「涙がしたたる草原」。この言葉は，アレクシスが若き日にエレニと結んだ愛の誓い――「いつか２人で河の始まりを探しに行こう」という約束を，後にエレニと別れて戦場に行った彼が夢のなかで実現したことを告げる彼の手紙のなかに出てくる。これは映画の内実を象徴的に表したとても美しいタイトルだが，私たちの関心からすれば，「エレニの旅」という日本での公開題名もわかりやすいだけでなく，問題の本質を突いている。なぜならこの映画は，正式国名を「エレニキ・デモクラティア」という現代ギリシャを舞台とし，孤児にして二重の難民，つまり祖国からも移民先からも追われた難民である「エレニ」と名づけられた女性を主人公として，故郷を失いながら移動し居場所を求め続ける家族を扱いながら，彼女たちがディアスポラゆえにいつも流浪と彷徨を余儀なくされるさまを描くからだ。

　アンゲロプロス映画の登場人物の多くがそうであるように，この映画の主人公たちもつねに旅をしている。神話と歴史との絶妙な混合を思わせる映画の最初の情景がそのことを見事に示唆する。霧にかすんだ草原の向こうから，黒づくめの集団がこちらの方にゆっくりと進んでくる。それほど貧しそうには見えないが，彼らの衣服は一様に埃にまみれ，手には大きな行李やかばんを持っている。一見して遠方から徒歩で旅してきたことがわかる集団だ。彼らの旅は単なる地理的移動ではなく，時空間を越え，文化を横断し，国境をまたぎ，そして記憶の向こうから私たち自身のまなざしのなかに入ってくる道程である。彼ら彼女らが住むところを得て一定の権利を獲得し，ある程度安定した生活を営み始めてしまえば，こうした人々がディアスポラであることのしるしは見えにくくなっていく。この場面はしかし，ディアスポラの出自が旅そのものであることを私たち，すなわちディアスポラでもなく，社会的マイノリティでもなく，国籍と国民文化と国語との三位一体を疑うことなく安穏に過ごせる観客に思い起こさせる。

　この一団が河の岸辺で足を止めると，対岸から誰何の声が響く――「お

まえたちは何者だ？ どこから来た？」この場面における「対岸」とは言うまでもなく，観客である私たちのいる側である。つまりこの問いは，アイデンティティの定かでない人々へと向けた私たち自身からの疑念の表明であり，出自を明らかにせよとの命令なのだ。このように移動する者は定住者に対して，マイノリティはマジョリティに対してつねに説明責任を負わされる，好むと好まざるとに関わらず——「足を踏まれて痛いなら早くそう言えばいいじゃないか」，「そんなにこの国がいやなら自分の国に帰ればいい」…。

　私たちからの問いに応えて，5人の男女，スピロスとダナエの夫妻，2人の子ども，スピロスの姉カッサンドラが進み出て言う——「ギリシャ人です。オデッサから来た…東に進めと言われている。古代の柱と河が見えたら，そこがおまえたちの土地だと」。この発言にディアスポラのディアスポラたるゆえんが集約されている。彼ら彼女らはディアスポラだからと言って，故郷や国籍や国民性を自ら否定し，逃げてきたわけではない。戦争や経済的貧窮，権力的強制によって生まれた土地から引き剝がされ，望むと望まざるとにかかわらず，離散と彷徨をくりかえしてきた。よって彼ら彼女らにも「…人」として自己主張する権利は当然あるし，そのような主張がさまざまな矛盾と葛藤をはらみながらも，故郷を失った者たちの尊厳と存続を支えてもきた。そしていま彼らは「古代」文明のなごりである「柱」と，永劫に流れ続ける「河」とを新しい居住地のしるしとして獲得しようと旅している。この発言によって，ディアスポラが人類の歴史と同じくらい古くから生み出されてきたこと，ディアスポラの存在によって，離散や彷徨をしなくてすんでいる「国民」や「共同体」が逆に定義されてきたことが示されるのだ。

　この場面は，この映画全体の主調をなす情景をかたちづくる河の水面に一家5人の姿が映り，それがおりからの風で立つさざなみに揺れる映像で閉じられる。まるで彼ら彼女らの不安定なる流浪の運命を刻みつけるがごとく。そして幼いアレクシスが誰にともなく「名前は？」と問うと，女の子が答える「エレニ」と。このように冒頭の場面は，故郷を離れて旅をし続けるディアスポラによって支えられてきた国家や共同体の歴史と，それ

にあらがいながら自らのアイデンティティを主張しようとするひとりの女の子の声を記録する。そのことによってこの映画は,「ギリシャ＝エレニ」という存在自体が旅するディアスポラなのではないのか,という思いを私たちに抱かせるのである。

2● 近親相姦と血の絆

STORY・2　兄と妹, 父と娘

　二重の難民としてテサロニキ近くの河畔にやって来た彼らは新たな共同体「ニューオデッサ」を築き,スピロス家を中心に牧畜と農業で生活を立てる。10年が経って,ニューオデッサは家々が立ち並び,学校も教会もある立派な村になった。ある日,村に一艘の小舟でまだうら若きエレニが戻ってくる。実は彼女は妊娠して,ひそかにテサロニキへと送られ,そこで双子を出産,彼らを富裕な商人の養子として預け,村に帰ってきたところなのだ。こうしたすべての計らいをつけたのは,スピロスの妻ダナエで,彼女はスピロスにはもちろん内緒で,その姉カッサンドラにさえ一言も意見させず,自らの一存でことを運んだのだった。その理由は双子の父親がエレニの義理の兄,アレクシスだからだ。もしスピロスにことの次第が知れたら,スピロスはエレニもアレクシスも殺しかねない。

　エレニが帰ってきた夜,スピロスは弟たちとオデッサでの日々を懐しんで杯を交わし,唄を歌う。そのすきにアレクシスが庭の暗闇からエレニの部屋の窓に声をかけて,永遠の愛を誓う――「いつか必ず2人だけで,この河の始まりを探しに行こう」と。

　数年後スピロスの妻ダナエが亡くなり,スピロスはいまや成長して美しい娘となったエレニをめとろうとする。姉のカッサンドラや弟たちは猛反対するが,スピロスは結婚式を強行する。しかしエレニは花嫁衣裳を着たまま逃げ出し,アレクシスとともに村を離れる。

　行く当てのない2人を救ったのは,小さな旅楽団の長でヴァイオリン奏者のニコス。彼は村でアレクシスのアコーディオンを聞き,その腕を買っていたのだ。ニコスは駆け落ちした2人をテサロニキの市民劇場に連れてくる。そこに

は1922年のスミルナにおけるギリシャ人虐殺から逃れて難民となった人々が，桟敷席ひとつひとつを占領し住処としていた。2人もこうしてようやく住むところを得るが，ここテサロニキには，数年前に別れた双子の息子たちが住んでいる。エレニは音楽院でピアノを連弾している2人の息子，ヤニスとヨルゴスを陰からのぞき見て悲しみにくれるのだった。

POINT・2　ディアスポラと血族

『エレニの旅』は，ディアスポラにとって血の絆が大きな意味を持つことを示唆する。

　ディアスポラがどこの社会においてもマイノリティであることを強制される存在であるとすれば，彼ら彼女らは当然マジョリティが自分たちに向けてくる言葉や行動による暴力に対して自衛せざるを得ない。そのひとつの手段が同族間の血の絆を守りぬくことだ。安定した生活とアイデンティティを当然のこととして疑わないマジョリティは，しばしば自分たちの社会内に暮らすマイノリティにたいして，「閉鎖的でうちとけない」とか，「民族主義に凝り固まっている」とか，「封建的で前時代的」などといった非難をいとも簡単に口にする。まるでマイノリティを生んできた歴史的責任や，現在の彼ら彼女らに対する差別が，自分とはまったく関係のないものであるかのように。

　しかし故郷を持たない者たちにとって，血によって結ばれた親族だけが最終的に信頼でき依存し得ることを彼ら彼女らは経験によって知っている。近親間での結婚や子孫の保存はたしかに生物学的には問題があるのかもしれないが，ディアスポラにとってそれは存続のための選択ともなり得る。近親相姦はディアスポラにとっては倫理的・科学的・性的問題である以上に，自分たちのアイデンティティを保つ社会的営為なのだ。

　この映画でのエレニをめぐる男たちの関係は，そのような近親同士の密着した身体的関係をなぞり続ける。アレクシスとエレニとのあいだに生物学的な血のつながりはないけれども，兄と妹として育ってきた2人が性的に結ばれることは，共同体の掟に反する行ないであると同時に，共同体の存続の原点に戻る行為である。妻のダナエが亡くなった後に，娘として育

てきたエレニをめとろうとして，その欲望ゆえに自らの社会的・肉体的死を招くスピロスも，同様に自らの性的欲望だけでなく，ディアスポラ共同体の精神に殉じたのだ。さらにエレニとアレクシスとのあいだに生まれた双子の兄弟ヤニスとヨルゴスをめぐる親子4人の関係は，ある意味で，妻にして母親であり，孤児であることによってディアスポラの運命を体現したひとりの女性をめぐる男たち3人の近親相姦劇でもある。そこでは父と息子とが，兄と弟とが交換可能な同一的存在として意識される。彼らは後になってエレニを中心としながら，ギリシャとアメリカ合州国を隔てる大洋をはさみ，あるいは政府軍と反乱軍を分かつ土手を境に対峙し，たがいに交感するのだ。

　この映画はディアスポラとジェンダーとの関係を掘り下げる。エレニがアレクシス，スピロス，ヤニス，ヨルゴスという4人の男たちと避けがたくかたちづくってゆく性的・身体的・精神的絆は，ディアスポラ的アイデンティティを支える血の問題である。ディアスポラという体験によって，人々はかえって強固な家父長制的紐帯を作らざるを得ない。孤児としてスピロスを養父にもったエレニ，アレクシスによってその父との結婚から逃亡したエレニ，夫と2人の息子たちの運命に翻弄され続けるエレニ——彼女の悲劇はディアスポラによって強化された家族制度に縛られた者の悲劇でもある。

3 ● 壁が隔てるもの

STORY・3　白布の丘

　港町テサロニキには，難民集団の集落があって，その広場は洗った白いシーツが無数に風にはためく様子から「白布の丘」と呼ばれていた。そこにはさまざまなバンドマンが集まる「音楽のたまり場」があり，アレクシスもアコーディオン弾きとしてバンドに誘われる。

　ある夜，アレクシスとエレニが泊まっている劇場に2人の居場所を突き止めたスピロスが，酒に酔い花婿姿で闖入してくる，「花嫁に逃げられた恥をどう

してくれるのだ」とわめきながら。ニコスは2人を白布の丘に逃がし，2人はシーツの広がる広場を見下ろす部屋に住みつく。ニコスはアレクシスを誘ってバンドを組み，巡業に出るが，目的地の田舎町の酒場は閉店している。時代は自由に音楽活動を続けることさえも左翼分子として糾弾されるほど，政治的に逼迫しつつあった。

クラリネット吹きのジシスは，アレクシスが安酒場でのバンド演奏に嫌気がさしているのを見抜き，アメリカ合州国での演奏旅行を計画している興行界の大物マルコスに引き合わせる。マルコスの前でアコーディオンを披露するアレクシス。マルコスはこんな美しい音色を聞くのは久しぶりだと言って，アレクシスにアメリカ行きの希望を抱かせる。

一方，エレニはアレクシスが自分を置き去りにしてアメリカに行ってしまうとの幻想に襲われ，ひとりで花嫁衣裳を着て港に行き，来ない船を待ち続ける。男たちがそんなエレニをダンスに誘う，心配したアレクシスがようやく迎えに来てくれるまで。

POINT・3 ディアスポラが見る壁

『エレニの旅』は，ディアスポラが壁によって分け隔てられた存在であることを表す。

この映画には多くの壁が出てきて，そのたびに私たちの眼を撃ち，思考を誘発する。それは最初の情景を包む霧や，行く手をさえぎる河，内戦で敵味方に分かれたヤニスとヨルゴスが出会う丘の土手のような自然の壁であったり，アレクシスとエレニが夜語り合う家の窓や，テサロニキの港やあばら屋，あるいは市民劇場の桟敷席や音楽家たちのたまり場，そしてエレニが囚えられた刑務所の壁のような人工のものであったりする。あるいはまた，河辺に残されたエレニのウェディングヴェールや，双子が去った家の戸口にかけられたウェディングドレス，白布の丘の無数のシーツ，スピロスの葬列に掲げられた多くの黒旗，アレクシスとエレニが見た父親スピロスの幻影をかき消す汽車の列，村人たちが殺して木にぶら下げたスピロスの羊たち，ヤニスとヨルゴスが休戦のしるしに掲げる白旗，そうしたさまざまに象徴的な壁であったりする。

そのような障壁の最たるものがディアスポラを故郷喪失者・離散者としている国境なのだが，そのような壁ゆえに，それをまたぎ越え，向こうを瞥見し，あちら側とつながろうとする人々の営みが私たちの心を打つのだ。ディアスポラたちは，握った手によって，音楽や踊りによって，手紙によって，小舟やいかだによって，無言で抱き合う身体のぬくもりによって，そしてやがては解(ほど)けて切れていく一本の赤い毛糸によって必死に結びつこうとする。

　国家が保証する権益によって守られたマジョリティは，通常，壁の存在を意識しないですんでいる。しかしつねに歴史と社会の重圧を受けて暮らさざるを得ないマイノリティであるディアスポラにとって，壁はいつもそこにあり，ときに自分たちを外敵から守り，ときに自分たちの思いや行動を束縛する。彼ら彼女らにとって，壁を越える境界侵犯とは学問的流行語でも観念の遊びでもなく，自らの日常を規定する営みなのだ。そしてこの映画が比類のない芸術的な完成度で私たちの目に提示するのも，そうした壁を私たち自身が意識することなしに，ディアスポラの歴史も現実も見えてはこないという冷厳な事実なのである。

4 ● 水がつなぐもの

STORY・4 　洪水に沈む村

　エレニとアレクシスはようやく2人の子どもたちと対面するが，ヤニスもヨルゴスもなかなかうちとけてくれない。だがある雨の日，音楽のたまり場で，ついに子どもたちがエレニのことをママと呼んでくれる。こうしてやがて2人の息子たちは養父母のもとを離れ，エレニら本当の両親のもとに帰ることになる。

　工場労働者たちがゼネストを決議したことで弾圧を受けた夜，ニコスたちは祭りを開こうと呼びかけ，人々が酒場に集まって歌い踊る。そこに突然スピロスが現れ，アレクシスのアコーディオン伴奏でエレニと最後のダンスを踊ったのち，帰ろうとして倒れ，こときれる。

スピロスの葬式は，河をゆっくりと滑るように進むいかだの葬列だ。村人たちはしかし，近親相姦によって共同体の掟を破った一家に対する見せしめとして，スピロス家の羊を残らず屠って家の前の大木に吊るす。そんな村を大雨と洪水が襲い，村は水没，エレニとアレクシス，ヤニスとヨルゴスはおぼれる寸前に村人たちの船で救われる。

　白布の丘に戻った一家4人だが，そこには右翼ファランギストの勢力が及び，ニコスも殺害される。アレクシスはマルコスとともにアメリカに渡ることを決意，家族3人を置いて船に乗る。エレニがアレクシスに渡した赤いマフラー，出発までに編めなかったというその赤い糸の片方がエレニの手に握られ，船が遠ざかるにつれて静かに，そして急速にほどけていく。

POINT・4　ディアスポラを運ぶ水

　『エレニの旅』は，ディアスポラと海・河川・湖の親近性を描く。

　壁とともに，この映画を圧倒的に覆うもうひとつの形象が水だ。霧，雨，川，湖，海，血と汗，インク，そして涙。画面にひとつひとつのイメージが忘れがたい重厚さで迫りながら，しかもあふれる洪水のように私たちの視覚を一気に押し流していく。その感覚は，特定の文化や文明によって発見される以前の「自然」にたいする原初的な畏怖に近い。

　この映画が描くディアスポラの人生は，すべてが水の流れのように，その上を静かに滑っていくいかだに率いられた葬列のように，静謐に滞ることなく，しかし残酷に不可避に破局へと向かって進んでいくように見える。しかし水は上から下へと，過去から現在へと流れると同時に，遡行をも許すものではないだろうか？

　この映画の原題を触発したアレクシスのエレニとの約束，「いつか2人で河の始まりを探しに行こう」が，愛する者同士のロマンチックな駆け落ちの旅といった意味をはるかに超えて，ディアスポラの根源へとさかのぼる旅路を示唆するのも，それが不幸を抱えた男女の運命だけでなく，これまで連綿と続いてきたディアスポラを生み出す暴力の歴史に隠された，そうではないありえたかもしれない歴史への想像力を鼓舞するからである。

不可避に下流へと，過去から未来へと向かうように見える歴史と自然の力を逆にたどって，別の選択肢としての自己のアイデンティティを獲得すること。壁がディアスポラの運命を示唆する形象であるとするなら，水はディアスポラを超えた新たな創造的歴史への胎動の象徴だ。

　エレニのまわりにはいつも水がある。それは彼女の包容力や生殖のしるしであるだけでなく，自らは旅するよりも止まりながら待つ存在，寄りそってともに嘆く存在，不安定だがそこにしかアイデンティティを見出せない人々にとって永遠に無名の故郷を保証する存在としての，彼女の包容力の源泉なのである。

5 ● 戦場という場所

STORY・5　ギリシャとオキナワ

　白布の丘でアレクシスに手紙を書いているエレニが，左翼活動家ニコスをかくまったかどで連行される，眠っている2人の子どもたちを置き去りにしたまま。刑務所から刑務所へと転々と送られたエレニが，子どもたちの消息を知ったのはずっと後になってからで，2人はギリシャを襲った内戦で敵と味方に分かれて戦っていたのだった。

　ようやく釈放されたエレニに，刑務所の責任者から手渡された手紙は，4年前に太平洋戦線で戦死した米兵の遺体のなかから見つかったものだという。それは1945年3月31日，沖縄慶良間諸島からの手紙で画面には「オキナワは地獄だ」というアレクシスの声が流れる。

　息子たちの運命も同様に悲惨だ。エレニは「名誉の戦場」へと息子を失った他の母親たちとともに連れていかれ，そこに横たわるヤニスの遺体にすがりつく。そしてギリシャ内戦の政府軍と反乱軍とに別々に属し，敵味方に分かれて戦うヤニスとヨルゴスが土手を越えた向こうで語り合う幻影を目撃したエレニが，最後に故郷の水没した村の家のバルコニーの先端に横たわるヨルゴスの死体にたどりつく。エレニの号泣が水面と空とに響き渡る。

**POINT・5
ディアスポラ
と動員**　『エレニの旅』は，ディアスポラが誰のために，どこを祖国として戦ったのかを問う。

　この映画は全体を通して「実人生」と「幻想」との境がはっきりしておらず，特定の安定した視点から確かな実在が描かれるというより，希薄な存在同士が曖昧に共存するさまが強調される。私たちはときに，ひょっとして登場人物がみな「亡霊」なのではないかとの思いにさえ駆られる。亡霊としてのディアスポラ。亡霊であるがゆえに，自分たちは本当に生きていると信じて疑わない私たちの現存在の「穴」として，その無知や矛盾や非道を暴き出すことができるのが，エレニたちディアスポラなのだ。

　映画の終末が近づくにつれて，いったい誰が生きており誰が死んだのか，何が現実で何が夢なのか，といったことの境界線は限りなく曖昧になってゆく。エレニが刑務所から釈放されたときに手渡された手紙は，本当にアレクシスのものなのか…彼はいったいいつどこで死んだのか…。「名誉の戦場」でヤニスは本当に死んだのか…。ヤニスとヨルゴスが内戦の丘で語る場面は，エレニの幻想なのか，現実なのか…。彼らが言う「ママが…死んだ」という台詞は事実の回想なのか…。最後に水没した家のバルコニーでヨルゴスの死体を抱きしめるエレニの情景は，現実なのか，そうではなく夢だとすれば，いったい誰の夢なのか…。

　こうしてこの映画は，壁と水という，物や人をさえぎりながら通し，向こうを見せながら隠し，運びながら邪魔をし，隔てながらつなぐという形象を多用することによって，人間にまつわる境界線なるものが不安定なものに過ぎないことを示していく。そしてこの不安に満ちて不確定な生きざまこそが，ディアスポラの人生なのだ。どこに居ても故郷と呼べるものを持たず，言語的・文化的・政治的にマイノリティであることを余儀なくされ，家族の絆を引き裂かれ，偶然の別離が必然と化してしまう過酷なディアスポラの行路。

　この映画はその過酷さや悲惨さを，第2次世界大戦とギリシャ現代史の内戦状況とを文脈として描き出す。巡業バンドのアコーディオン弾きとしてギリシャからアメリカに渡ったアレクシスがなぜ，米軍兵士として「沖

縄の地獄」に赴かなくてはならないのか？　双子の兄弟であるヤニスとヨルゴスが、なぜギリシャの内戦で政府軍と反乱軍に別れて戦わなくてはならないのか？　この映画が幻想的な寓意によって語るこのような悲劇は、現実以上の衝撃力を持って、ディアスポラが直面する現実を暴き出す。ディアスポラはどこの社会、どこの国においても弱者であるがゆえに、ときどきの状況によって、経済的理由から、強制によって、ときには「国民」として認めてもらうために、自分を抑圧する国家への忠誠を進んで示そうとして、あるいはまったくの偶然によって、戦場へと動員され、駒として使い捨てられるのだ。なぜならディアスポラは真正の国民でもなく、いつまたどこかへ難民として流出するかもしれないのだから、国民と同様の保護は必要としない、と多くの為政者が都合よく考えるからである。

　この映画の幕切れは、夫も2人の息子も失ったエレニの慟哭で終わる。私たちはそこにひとりの女性や母親の悲しみを見てとるだけでは不十分だろう。そこにはたしかに主人公の悲しみを彩る壮絶に美しい詩と映像がある。アレクシスの最後の手紙は次のように終わる──「昨夜、夢で君と2人で河の始まりを探した。老人が案内してくれた。のぼるにつれて河は細い流れに分かれた。雪をいただく山頂のあたりで、老人が青々としたひそやかな草原をさし示した。茂る草の葉から水がしたたって、柔らかな地に注いでいて、ここが河の始まりと老人が言った。君が手を伸ばして葉に触れ、水滴がしたたった。地に降る涙のように。」

　そして終幕、ついに小舟を降りてエレニがたどりついたバルコニーの先には、満々と水をたたえた湖面が地平線のかなたまで広がり、そこにヨルゴスの死体が横たわる。エレニは彼のからだに自らのそれを重ね合わせて、そのからだを双子の息子として、夫として、愛するものすべてとして抱きしめるのだ。しかし同時に私たちは、このような凄絶な美しさが、ディアスポラを使い捨ててやまない国家の非情さと権力的メカニズムと同居していることを忘れてはならないだろう。そこにこそ、監督アンゲロプロスがこの映画の主人公の女性の名前を、エレニ（＝ギリシャ）とした理由もあるのだから。

　エレニは男たちの死骸に寄りそって待ち続けなくてはならないだろう、

ディアスポラを生み出すマジョリティの側の権力構造が変わらないのなら。彼女の涙や慟哭をスクリーンのこちら側で,自分とは関係のないものとして私たちが消費し続けているかぎり,自らの社会で,自分たちの隣人として生きているディアスポラの姿は見えてこない。すべて「国民」の名の下に行なわれてきた差別や暴力を可視化すること,この映画が類まれな映像美によって実現するのは,そうした歴史と現状への告発なのだ。

QUESTIONS

1. 20世紀前半のギリシャの歴史は難民とディアスポラのそれであると言っても過言ではない。なぜそのようなことになったのか,ギリシャの近代史を概括しておこう。
2. 近親相姦は文学や芸術の重要なテーマである。文学や映画,美術などから任意に作品をひとつ選んで考察してみよう。
3. アンゲロプロスの映画における「水」の重要性について,他の作品を参照しながら考えてみよう。
4. 水と壁はまったく正反対の形象であるようでいて,近似性もあるのだが,その違いと類似について,この映画のイメージ連関を追いながら整理してみよう。
5. 戦争が国民の祖国への忠誠を動員するのなら,難民やディアスポラのように祖国を持たず,国への忠誠心も疑わしい人々にとって,国家間の戦争とはいったいどのような意味を持つのだろうか? 歴史上さまざまな地でディアスポラとされた人々の例をあげて考えてみよう。

■＜ディアスポラ＞にまつわるこんな映画も観てみよう

*( ) 内は監督,製作年

▶ 『マイ・ビューティフル・ランドレット』(スティーヴン・フリアーズ,1985) ロンドンでパキスタン出身の父親からコイン・ランドリーの経営を任された青年が幼馴染のイギリス人青年と,その店を飾り立てて繁盛させる。南アジアからのディアスポラの生き様を同性愛の問題をからめて描く。

- ▶『誰がビンセント・チンを殺したか？』(クリスティン・チョイ，1988)
  1982年，日本車の進出で不況にあえぐデトロイトで，中国人のビンセント・チンが，日本人と間違われてバットで撲殺された事件を追ったドキュメンタリー。人種問題とディアスポラの深いつながりが見えてくる。
- ▶『イル・ポスティーノ』(マイケル・ラドフォード，1995)　ナポリの小さな島にチリを国外追放になった詩人パブロ・ネルーダがやってくる。彼のもとに世界中から届く手紙を届けるため，島の郵便局にひとりの配達人が雇われ，2人の間に親密な関係と詩への愛情が育っていく。
- ▶『ブラックボード・背負う人』(サミラ・マフマルバフ，2000)　イラン・イラク戦争末期の1984年に起きたクルド人たちの悲劇を基にして，貧困，宗教，戦争，教育，女性差別といった問題をつづっていく。自分の生まれた土地でありながら，ディアスポラであるとはどういうことか？
- ▶『イブラヒムおじさんとコーランの花たち』(フランソワ・デュペイロン，2003)　娼婦たちが住むパリの裏町を舞台に，ひとりのユダヤ人少年とムスリムのトルコからの移民の老人との心の交流を描く。ディアスポラが必ずしも地理的移住だけを意味せず，誰でも多かれ少なかれディアスポラ的人生を生きていることが示唆される。

■テオ・アンゲロプロス監督の他の作品も観てみよう

- ▶『旅芸人の記録』(1975)　1939年から52年までのギリシャ内戦時代を全土を巡業する古典劇の役者たちの目を通して描く叙事詩。歴史と演劇との境はどこにあるのか？
- ▶『こうのとり，たちずさんで』(1991)　北ギリシャの国境にある難民たちの町。そこに住むひとりの男の物語から壮大な歴史が浮かんでは消えていく。旅とは，越境とは，いったい何なのか？
- ▶『永遠と一日』(1998)　死期のせまったギリシャの詩人がアルバニア難民の少年を国境に送り届けるため最後の旅に出る。歴史の「永遠」と個人の「一日」が交錯する希望の叙情詩。

■＜ディアスポラ＞について，手始めに読んでみよう

- ▷ E・ルナンほか『国民とは何か』(インスクリプト，1997)
- ▷ リサ・ゴウ，鄭暎恵『私という旅――ジェンダーとレイシズムを越えて』(青土社，1997)
- ▷ 西谷修『離脱と移動――バタイユ・ブランショ・デュラス』(せりか書房，

1997)
▷レイ・チョウ『ディアスポラの知識人』(青土社，1998)
▷李静和『つぶやきの政治思想——求められるまなざし・かなしみへの，そして秘められたものへの』(青土社，1998)
▷上野俊哉『ディアスポラの思想』(筑摩書房，1999)
▷姜尚中，吉見俊哉『グローバル化の遠近法——新しい公共空間を求めて』(岩波書店，2001)
▷徐京植『ディアスポラ紀行』(岩波新書，2005)

第11章 ＜在日＞

『パッチギ！』

〈DATA〉

監督　井筒和幸

出演　塩谷瞬，沢尻エリカ，高岡蒼佑，楊原京子ほか
　　　（2004年，日本）

〈KEYWORDS〉

1．1968年
2．イムジン河
3．頭突き
4．強制労働
5．自由

1● 1968年という時代

STORY・1　1968年の京都

　映画の舞台は1968年の京都。歌っているうちに失神するパフォーマンスで，10代の少女たちの圧倒的な人気を集めるグループサウンズ，オックスの真似をして，女の子たちの関心を集めようと髪型まで変えた松山康介と親友の吉田紀男は，典型的なノンポリの京都府立東高校の2年生だ。ある日，康介たちは長崎から来た修学旅行生たちが銀閣寺の近くで，地元の朝鮮学校の女生徒にいたずらをしたせいで，朝鮮高校の学生たちに報復される現場に居合わせてしまう。長崎の高校生たちは乗っていたバスごと，朝鮮高校の生徒たちにひっくり返され，康介たちも巻き添えを食う破目になったのだ。

翌日，東高校の教室では担任の布川先生が，信奉する毛沢東を引き合いに出して，「戦争を終わらせるための革命戦争」を唱え，少なくとも京都では異なる民族の若者たちが仲良くすべきだとして，東高校と朝鮮高校との親善サッカー試合を提案，その申し込みの使節として康介と紀男を指名する。

　2人は親善試合の申込書を持ってこわごわ朝鮮高校を訪れるが，見るもの聞くものはじめてのことばかりだ。朝鮮高校では番長の3年生リ・アンソンが親友のモトキと弟分の2年生チェドキとともに，トイレ掃除をしながら，アンソンの「祖国北朝鮮」への帰国について話している。アンソンの友達のチョン・ガンジャにいいようにあしらわれた康介たちは，学校内をさまよううちに，美しい旋律を耳にする。康介が音に誘われて音楽室に行ってみると，そこではリ・キョンジャたち朝高のオーケストラが合奏していた。康介はフルートを吹いていたキョンジャに一目で心を奪われてしまうのだった。しかしそのキョンジャは，なんと番長アンソンの妹だという。

POINT・1　在日と第3世界　『パッチギ！』は，在日と日本社会の関係が，1960年代の学生運動・社会運動高揚期に変化したことを示唆する。

　1968年というとすでに40年近くも前だから，まだ生まれていなかった読者も多いことだろう。だから体験していない過去ということになるのだが，この映画は世界の認識の仕方，そして他者への対し方において，おそらくみなさんの多くにとってあまりなじみがないこと，からだで体験することがむずかしいこと，そうしたことが当たり前であった時代を描いている。それがケンカであったり，学生運動であったり，あるいは恋愛であったりするのだが，そこには明らかに時代の雰囲気というものがあって，好むと好まざるとに関わらず当時の若者たちを巻きこんでいたのだ。

　この映画の「日本人」側の主人公である康介と紀男は，政治や社会や歴史よりは，どうしたら女の子にモテるかに関心があるような，いつの時代にもいる普通の高校生だ。彼らはグループサウンズのパフォーマンスを真似ることを考え，性器にボカシの入る映画にくやしがり，ポルノ雑誌に見入る。しかし彼らもとくにすすんで関心を持とうとはしなくても，1960年

代に世界を席巻した毛沢東の思想や，ヴェトナム戦争，大学紛争やフリーセックスといった，これまでの既存の価値観を否定し，転覆しようとする革命と反抗と叛乱の空気を吸っていた。

　それに携帯電話もインターネットもないこの時代，彼らが他人に接する方法は，今よりもっと直接的だった。映画館で見る映画が世界についての貴重な情報源だったし，電話が唯一の直接的な遠距離コミュニケーションの手段だった（ボタンひとつ押せば相手に直接つながる携帯電話に慣れているみなさんには，街角の公衆電話から好きな女の子をはじめてデートに誘うときの緊張と高ぶりが想像できるだろうか？　もし彼女でなく親が電話に出てきたらどうしようか…。10円玉は十分に足りるだろうか…。何度もリハーサルしたとおりうまく言えるだろうか…）。そしてなによりケンカに代表されるように，口や言葉だけでなく，自分のからだで相手とぶつかることが求められる時代だったのだ。

　康介と紀男がはじめて訪れた朝鮮高校の門をくぐると，そこの教室には「ひとりはみんなのために，みんなはひとりのために」という標語がハングルで書いてある。康介たちにその意味はわかるすべもなく，そのことはまたハングルを読めない私たち観客も同じだ。しかし映画の日本語字幕でその意味を知る私たちは，はたして康介たちの時代からいくらかでも進歩したのだろうか，と自問せざるを得ない。この映画を見ている私たちの何人が，これまで実際に朝鮮学校を訪れ，そこでどのような教育が行なわれ，どんな生徒たちが暮らしているかを見聞したことがあるだろうか？

　そのような問いをいったん抱いてしまうと，私たちはこの映画をけっして1968年という昔の物語として単に懐かしがったり，自分とは関係のないものとして見ることができなくなる。なぜなら1968年の世界で問題にされていた西洋的な植民地主義からの脱出や解放という課題は，21世紀になった今，達成されているどころか，ますますその火急さを増しており，貧富の格差や民族差別，局地的な戦争はやむどころか規模を拡大しているのが，40年近くたった今の状況だからだ。なによりアンソンが帰ろうとしている北朝鮮と，南の韓国との民族分断状況は今でも継続し，在日朝鮮人は日本社会における市民としての権利を多方面でいまだに奪われたままであ

る。

　この映画は1968年当時の世界を懐かしく思い出し，日本の高校生と在日朝鮮人の高校生とがしょっちゅうケンカをしていた日本の都市空間を再現しようとするレトロな作品ではない。これは1968年に日本と在日の若者たちが抱えていた問題や悩みや闘いを現在に引き継ごうとする，まさに今を問う映画なのだ。

2● イムジン河が隔て，つなぐもの

STORY・2 　フォークで平和を訴える

　康介と紀男は女の子にモテるには自分もグループサウンズのようにギターを弾けるようになるのが早道と考え，楽器店を訪れる。エレキギターに興味を示す紀男に，楽器店の主人はこれからはフォークの時代だとフォークギターを奨める。たまたま店の奥には，坂崎という同志社大学の学生が来ており，康介たちが先日朝鮮高校で耳にした旋律は「イムジン河」という曲であることを教えられる。

　坂崎の実家である酒屋に連れて行ってもらった康介たちは，イムジン河やそれについての歌を歌っているザ・フォーク・クルセダーズというグループのこと，「イムジン河」のレコードが発売中止に追い込まれたこと，それに朝鮮半島の分断などについて聞かされる。

　康介はむずかしい政治や歴史のことはよくわからないが，とにかくキョンジャと仲良くなりたい一心で，フォークギターを手に入れ，「イムジン河」の歌い方を坂崎から教えてもらって，さらに朝鮮語の辞書まで買って朝鮮語でのあいさつを勉強するのだった。

　「自分はフリーセックスの国スウェーデンをこの目で見てくるので行けないから」と言う坂崎からザ・フォーク・クルセダーズのコンサートの切符をもらった康介は，キョンジャを誘おうと習いたての朝鮮語で電話をかける。キョンジョはその日には円山公園でこちらも「コンサート」があるからと断るが，もしよければ康介も来ていいと言う。康介は必ず行くと勇んで答えるのだった。

当日円山公園では，北朝鮮に行くアンソンの歓送会が行なわれており，一族郎党，友人たちが集まっている。その場にギターを持ってやってきた康介は，はじめ皆からいぶかしく思われるが，アンソンの母親の暖かい歓迎を受け，キョンジャのフルートとともに「イムジン河」を朝鮮語で熱唱し，人々の喝采を浴びる。はじめて飲む朝鮮のどぶろく，マッコリにすっかり酔っ払った康介。彼はその日からチェドキたち朝鮮高校の仲間ともすっかり仲良くなる。

POINT・2　在日と歌　『パッチギ！』は，在日朝鮮人が歌を民族のアイデンティティのしるしとして愛してきたゆえんを物語る。

　同じ場所で暮らしながら，対立する出自ゆえに壁があり，しかしそれでも愛し合おうとする男女とそれを囲む若者たちの物語。そう，この映画も場所と時代を変えた「ロミオとジュリエット」なのであり，「ウェストサイド・ストーリー」なのだ。

　ここでも愛し合う2人をつなぐのは音楽であり，歌だ。「イムジン河」。この唄は朴世永の歌詞，高宗漢の作曲で，イムジンガン（臨津江）という朝鮮半島を分断する38度線を北から南へと流れる川を象徴として，民族分断の悲劇を歌う。それを1968年に日本で松山猛が訳詞を書き，ザ・フォーク・クルセダーズが発売を予定していたが，直前になって作者名のクレジットがなく，訳詞も正確ではないとの理由でレコード会社が発売を中止した。ラジオやテレビも自主規制をしたために，この名曲が放送されることはほとんどなかった。しかしこの映画にも登場するように，なかにはこの曲を進んで放送するディレクターも存在したし，ザ・フォーク・クルセダーズだけでなく多くの歌手がコンサートではこの歌を歌ってきた。

　この映画で興味深いのは，それまで見知らぬ他者でしかなかった在日の人々との出会いを通して「イムジン河」が康介のものとなっていく過程が綿密に描かれていることである。この曲との最初の出会いは，康介がはじめて訪れた朝鮮高校だった。美しい音色に魅きつけられて音楽室に行くと，そこでキョンジャたちがこの曲を合奏していたのだ。その後，楽器店で偶然知り合った坂崎から，この曲の歴史背景を少しと，ザ・フォーク・

クルセダーズのことを知る。これを練習して歌えるようになった康介は，キョンジャに誘われた円山公園の「コンサート」ならぬアンソンの歓送会で，キョンジャのフルートにあわせて朝鮮語だけで歌ってみせる。それを聞いた在日の人々がともに合唱する。たまたまその近くにいて康介の歌を聴いたラジオ局のディレクターの勧めで，康介はラジオ番組のフォークソングコンテストに出演する。その後，友人となったチェドキが非業の死をとげ，その葬式の晩，在日の歴史を何も知らずにこの唄を歌っていたことを自覚した康介はいったんギターを捨てるが，自分にしかできない友人たちへの愛情表現として，もう一度この唄を歌う。その声がキョンジャを介しラジオを通して，「日本の何も知らないガキ」として康介を排除した在日の人々に聞かれることによって，新たな絆が結ばれていく。

このようにこの映画では，「イムジン河」という唄が，ハングルから日本語への翻訳を通して，朝鮮半島の分断を悲しむ唄から，日本における在日朝鮮人と日本人との分裂の現実と絆を再構築する希望のしるしへと変わっているのだ。その意味でこの映画は，音楽という言語を超えた言語をモチーフとして，在日朝鮮人たちの複数言語性（バイリンガリズム）と複数文化性を事実として提示する。日本人が朝鮮の歌や文化を学び，自分のものとすることの困難さと絶望を描くだけでなく，しかしその努力の結果，敵対する他者を友として結びつけることができたときの喜びをも伝えること。この映画には現実の暗さを見すえる視線と，未来に賭ける明るさが同居しているのだ。

3● 象徴としての頭突き

STORY・3 ケンカと祖国統一

一方でアンソンたちは東高校空手部の大西たちと争いが絶えない。ボーリング場でもキャバレーでも，朝鮮高校のアンソン，モトキ，チェドキと東高校空手部の面々が出会えば流血の大乱闘，「目が合っただけでケンカしとったら体がもたへんで」とアンソンも自分で言うほどのケンカばかりの毎日だ。

京都だけでなく世界でもヴェトナム戦争や反人種差別闘争が激化し，日本の三里塚闘争をはじめとする学生運動も盛んとなる。世の中全体が激動する暴力が身近な時代だったのだ。布川先生が企画した親善サッカー試合も空手部の介入とアンソンらの報復で結局乱闘となり，試合どころではなくなってしまう。

　アンソンには桃子という日本人の彼女がいて，甲子園近くの動物園，阪神パークにレオポン（雌ライオンと雄ヒョウの混血による珍獣）を見に連れて行ってくれとせがまれていた。生理が止まり産婦人科を訪れた桃子は妊娠を告げられるが，北朝鮮に帰るというアンソンに言い出せず，ひとりで悩む。

　アンソンに想いを寄せているもうひとりの女性がガンジャだ。ガンジャには多くの弟妹がおり，生活も苦しく，彼女は朝鮮高校を中退して病院で看護婦として働きはじめる。ある日，電車の停留所で泣いている桃子に出会ったガンジャは，彼女に「悪いこと言わへん，あんたアンソンに合ってへんよ」と言ってしまう。しかし自分の勤める病院に大きなおなかで診察に来た桃子に会い，彼女の妊娠を知ったガンジャはアンソンの家にやってきて，突然彼に平手打ちをくわせ，「今すぐ桃子に電話しぃ」と言う。

　そんななかでも康介とキョンジャは親しくなっていく。ある夜，康介が鴨川沿いに自転車を走らせていると，対岸でキョンジャがフルートを練習している。康介は突然川を渡り始め，はらはらするキョンジャのところまでずぶぬれになりながら到着，「つき合ってくれへんか」と告白する。康介に好意を抱きながらもキョンジャはこう聞くのだ，「もしも将来，康ちゃんと私が結婚することになったら，康ちゃんは朝鮮人になれる？」と。康介はこの唐突な問いに何も答えられない。

POINT・3　在日と痛み

『パッチギ！』は，在日が日本社会で排除の対象となってきた痛みを伝える。

　いま私たちのあいだで朝鮮高校の学生が話題になるとしたら，それは彼女たちの制服であるチマチョゴリが電車の中で切られたとか，女子学生が通学途中に暴言を投げかけられたとか，朝鮮学校に嫌がらせ電話がかかるとか，そういったきわめて陰湿な出来事を通してではないだろうか？　そのような日本人の恥ずべき行為のきっかけは何であれ──「拉致」事件で

あれ，テポドンミサイルであれ，核開発であれ，金正日国家主席にまつわるワイドショー的な噂であれ——「朝鮮」が日本人にとって弱い者いじめをするための格好の標的であるような社会構造や心理は，20世紀を通して，そして21世紀になってもまったく変わっていないのではないだろうか？

しかしこの映画が描く日本人学生と朝鮮人学生たちのケンカはそれに比べればむしろ爽快だ。たしかにそれはむき出しの暴力であり，わけのわからぬ憎しみであり，流血の争いだろう。だが少なくとも彼らは必死にたがいを殴り合うことで，お互いの存在を認知し，それなりの尊敬を築いてきたのではないか？　自分のこぶしで撲るのは，自分も痛いし，相手も痛い。その痛みを知ることは，とても大事なことではないのか？

撲られたり撲ったりすることにはまだ交流と情愛と和解の可能性がある。いきなり包丁や短刀で突き刺したり，無言電話で嫌がらせをしたり，ストーカー行為をしたり，満員電車の中でひそかにチマチョゴリを切ったりすることは，ケンカとは全く異なる，他者の痛みを無視したひとりよがりな行為だ。この映画ではケンカでたくさんの血が流されるけれども，不慮の事故でひとりが亡くなる以外，誰も殺されない。もちろん在日の歴史は映画ほど甘くない。在日朝鮮人の歴史は，戦争や植民地支配による虐殺と，絶望と怒りのはての自殺に満ちているからだ。

しかしこの映画が『パッチギ（頭突き）！』と名づけられている理由は，頭突きはたしかに双方が痛いけれども，そうやってはじめてわかり合えるものもあるということではないだろうか？　「パッチギ」にはまた境界を越えるという意味もある。川を渡るように向こうへ行くことは苦難や危険を伴う。それに向こう側には言葉も習慣も異なる他者が待っているかもしれない。だから越境はこわい。しかし自己が成長するためには，他者を知るためには，やはりパッチギして，向こう側の人間と頭と頭を一度は突きあわせてみなればならないのだ。話し合いも民主主義も，和解も友情もそこからしか生まれない。

足を踏まれている者の痛みは，足を踏んでいる者にはわからない。在日がいくら痛いと叫び続け，その足をどけてくれと言っていても，マジョリティ日本人にはその声が聞こえない。それならばまず，頭でも手でも，か

らだで実際に打れたときの痛みを知るのも，マイノリティの苦しみを知るために通らなくてはならない体験なのではないか？　『パッチギ！』はケンカを通して自己と他者の痛みを知ることで，日本の脱植民地化の可能性と民主主義の成熟を問う映画なのである。

4 ● 強制労働の現実

STORY・4　隠された歴史

　朝高と東高空手部との血で血を洗う抗争は大阪の愚連隊「ホープ会」をも巻きこんで激化，京都の町中どこで出会ってもケンカに次ぐケンカだ。チェドキは康介に，もうこんな生活から足を洗って自分もフォークバンドをやりたいからギターを教えてほしいと言う。そんな矢先，けんか相手から逃げようとしたチェドキは急停車したトラックから飛び出した鉄パイプで顔面を直撃され，命を落としてしまう。

　チェドキの葬式に親戚一同，友人たちが集まる。しかし家の戸口が狭すぎて棺桶が入らない。アンソンとモトキが泣きながら，戸口を叩き壊す。なぜ在日朝鮮人は自分の息子のために満足な葬式ひとつあげられないのか？

　日本人としてひとり葬式の席にいた康介は，チェドキの叔父たちから「帰れ」と言われる，「おまえら日本のガキは何知っとる。いま知らんかったら，これから先ずっと知らんやろ」と。日本における朝鮮人の苦難の歴史を何ひとつ知らないまま，「イムジン河」を歌っていたことに気がついた康介はその場を去り，泣きながらギターを壊して川に投げ捨てるのだった。

POINT・4
在日と日本人

『パッチギ！』は，在日の苦闘の歴史に対する日本人マジョリティの無知を衝く。

　この映画において，康介が私たち「日本人」の代表である理由は，主に2つある。ひとつは，画一化された学校教育の仕組みによって政治や社会の力学に無関心であった彼が，学校以外の身近な他者との出会いを通して

世界への目を開かれていくこと。もうひとつは，たとえ日常的に在日とつきあってはいても，マジョリティの特質として，その痛みを本当には理解し得ず，分かち合ってもいないこと。以上2つのことを主人公が気がついていく過程で重要な役割を果たすのが，関西における在日朝鮮人のコミュニティの存在である。それは戦前も戦後も，日本における在日朝鮮人社会の要として，朝鮮人ディアスポラの文化と尊厳を保持してきた。

　チェドキの葬式において，堰を切ったように康介に向けて噴出する在日朝鮮人たちの怒り。「淀川のシジミ食ったことあるか！」「日本人の食べ残した豚のえさ，食ってたこと知っとるか！」「生駒トンネル，誰が掘ったか知ってるか！」「国会議事堂の大理石，どっから持ってきて，誰が積み上げたか知ってるか！」

　もちろんこうした言葉を康介にぶつけるのは理不尽だ。そんなことは彼らもよく知っている。しかしこの怒りがなければ，在日朝鮮人共同体の存続はなかった。そしてこの怒りに直面しなければ，康介の成長もない。彼は「イムジン河」を本物の唄として歌えない。そして映画の観客である私たちも，自分たちだってひとりの康介であることがわからない。何も知らないこと，いま知らなければ将来も何も知らずにすませてしまうこと，そのこと自体に気がつかない。そして何より私たちマジョリティ日本人は在日の歴史を知らなすぎるのではないだろうか？

　知らないということを知らないこと，無知に無知であることほど恐ろしいことはない。それはマジョリティがマイノリティを差別する構造を永続化する。まず知らないことを知らないとはっきりと認識し，正直に告白すること。マジョリティが自分の無知を悟ったとき，はじめてマジョリティの怠慢から抜け出る道が開かれるのだ。康介が壊して鴨川に投げ捨てたギターとギターケース。それはひとりの「日本人」の若者と，私たち自身が温存してきた，身近な他者である在日朝鮮人への無知と無関心を告発する怒りのなごりであり，反省のきざしなのだ。

5● 自由を作り出すもの

STORY・5　自由な未来の可能性

　チェドキの復讐とばかりに，アンソンたち朝鮮高校の面々は鴨川を隔てた決闘の場所に出かける。対するは東高校空手部にホープ会を加えた顔ぶれ。両者が川を渡り，夜の中洲で壮絶な果たし合いが始まる。

　ギターを捨てた康介は，手ぶらでラジオ局にやってくる。康介はすっかり忘れていたが，偶然にも今日はフォークソング勝ち抜きコンテストの優勝決定戦の日なのだ。ディレクターの大友は，「イムジン河」は放送禁止曲だと言って邪魔だてする上司を殴りたおしてまで，康介に歌わせようとする。康介は，チェドキ，キョンジャ，アンソン，モトキ，そして「自分が何も知らない」在日朝鮮人たちの顔を思い浮かべながら，涙で顔をくしゃくしゃにして必死に「イムジン河」を歌う。

　川辺でのケンカの最中，病院からガンジャが飛んでくる。ついでにアンソンをなぐっている相手に背後からドロップキック。ガンジャは尻をさすりながら，桃子の子どもがもうすぐ産まれるとアンソンに知らせに来る。相手に一発「パッチギ」を見舞ってから，病院に急行するアンソン。生まれた赤ん坊を抱いて，アンソンは「北朝鮮に帰るのはやめにした」と言う。そこへモトキが告げに来る，「今日の果たし合いは引き分けにした」と。

　キョンジャはラジオから流れる康介の声を葬式の席の朝鮮人たちに聞かせる。歌い終えて深夜のラジオ局から出てきた康介を待っていたキョンジャ。康介はチェドキが死ぬ前に本当の意味を偽って戯れに教えてくれた朝鮮語で，「2人で一緒にヤリたいです」とキョンジャに言う。それを最初はびっくりしながら笑って受け入れるキョンジャ，まるで2人に一緒になってほしいというチェドキの遺言が届いたかのように。

　アンソンは北朝鮮への帰国をやめ，桃子と結婚，子どもと家族3人連れだってレオポンを見に動物園へ。モトキは朝鮮大学校へ進学し，勉強に明け暮れる毎日。紀男は学生運動に邁進し，機動隊相手にゲバ棒を振るう。そして康介とキョンジャの未来は…。

**POINT・5
在日と解放**

『パッチギ！』は，在日が自由にならない限り，「朝鮮人」だけでなく「日本人」の解放もないことを主張する。

　いったんはギターを投げ捨てて，二度と「イムジン河」など歌わないと決めた康介が，どうしてラジオ局に行き，そこでふたたびギターを手にとって歌うことに決めたのか？

　これまで自分もその仲間になったと思いこんでいた在日朝鮮人について何も知らないことを知り，彼らから拒絶されたと思った康介は，自分でも意識せずにラジオ局へと向かう。最初，康介は寂しくて誰か少しでも自分を理解している人のぬくもりが欲しくなり，自分を買ってくれているディレクターの大友に会いに来たのだろう。そこで上司を殴ってでも自分に「イムジン河」を歌わせようとする大友の意気に影響され，成りゆきで歌い始めてしまう。しかし歌い始めると康介の胸にはさまざまな思いが湧きあがってくる。自分と在日とのつながりがこの唄にしかないことを彼のからだが知っているかのように。大友は仕事をくびになるのを覚悟で，自分にこの唄を歌わせようとしている。これは「禁止歌」で，「朝鮮総連のもの」で，「北朝鮮のプロパガンダ」で，といった放送局の上司の言葉を聞いた康介は，この唄がそんなものではないこと，そうした言い方こそがさきほど自分自身が非難された日本人の無知を象徴しているのだと思い，死んだチェドキの無念がはじめてよくわかるのだ。

　だから今こそ，自分が歌わなくてはならない。自分が歌わないで，誰が死んだチェドキを弔ってやれるのだ。故郷から引き剝がされて連行され，悲惨な生活を強いられ，日本人に殺されてきた無数の朝鮮人たちのことを誰が知ろうとすることができるのだ。そこには様々な思いがこめられているだろう——平和のメッセージも，南北分断の悲哀も，自分の無知へのくやしさや朝鮮人たちに拒まれた悲しみも。しかしそれにもまして私たちが受けとるのは，ひとりの日本人の若者が今この歌を必死に歌おうとする，そのけなげな姿勢ではないだろうか？

　映画ではこの場面だけ，「イムジン河」の3番が日本語歌詞で歌われる——「イムジン河空遠く　虹よかかっておくれ　河よ想いを　伝えておく

れ」と。自分の言葉で伝えるという康介の意志のゆえに，このけっしてうまく歌っているとは言えない叫びのような歌声が，鴨川をはさんで決闘する日朝の若者たちを文字どおり必死に出会わせ，ひとりの朝鮮人の男とひとりの日本人の女とのあいだに新しい命を産み，在日朝鮮人の共同体に康介をもう一度受け入れさせ，康介とキョンジャのあいだをつなぐのだ。

　ラジオ局から出てきた康介は迎えに来たキョンジャに，チェドキから恋人に告白するときは朝鮮語でこう言うのだと教えられたとおり「ハゴシポヨ（ヤリたいです）」と言ってしまう。間違いと知りながら卑猥な表現を受け入れるキャンジャの寛容さによって，男女の関係がより大きな民族の文脈において，「翻訳＝誤訳」を通して和解へと至り，新しい自他の関係を生むのである。

　この映画では，康介の声はたしかに在日朝鮮人たちに届いたかもしれない。しかし，ほんとうにこの河は想いを伝えてくれたのか？　日本人と朝鮮人を隔てる河を私たちははたして渡ったのか，渡る努力をしてきたのか？　そもそも日本人はこの河の存在に気づいていたのか？

　映画は未来の希望にあふれた明るいトーンで終わる。康介が運転する車がキョンジャのいるところで止まる。キョンジャが「どこへ行く？」と聞くと康介は「キョンジャの言うところならどこへでも」と答える。しかし2人が乗って出発しようとした車はエンストを起こして，動こうとしない。2人の未来は目的地にはほど遠い未知の領域だとでもいうように。

　キョンジャが康介に聞いた「結婚したら朝鮮人になれる？」という問いの答えは，映画のなかにはない。その質問に，私たちなら答えられるだろうか？　1968年の京都から40年近く経った今の私たちなら？　現在に生きる私たち日本人は川向こうの世界に行ったことがあるか？　ひょっとしていまだに河の存在にさえ無関心ではいないだろうか？

　「朝鮮人」でも「日本人」でもない，ひとりの女と男として愛し合い，共生できる社会。「在日」が差別の記号でもなく，抑圧ゆえの閉鎖的な自己顕示でも排除への恨みでもなく，苦難の歴史を生き残ってきた誇りと尊厳と自由の証しであるような「日本」はいつ到来するのか？　その実現はいまだに，この映画を見た私たち自身の手にゆだねられているのだ。

QUESTIONS

1. 1968年とは日本にとって，あるいは世界にとって，いったいどんな時代だったのか，この年の前後に起きた事件や，文化事象を挙げながら考えてみよう。
2. あなたは自分の素手で殴り合うケンカをしたことがあるか，それはあなたにとっていったいどんな体験だったか？またもしあなたが一度も素手で他人を撲ったりぶったりしたことがないならば，そのような体験をどのようなものとして想像しているだろうか？
3. 日本や他の国々で親しまれた1960年代以降のフォークソングをいくつか取り上げ，その歴史的背景や文化的意義を考えてみよう。
4. あなたはこの映画を見る前，＜在日＞の歴史について，どれだけのことを知っていたか，もしほとんど知らなかったとしたら，その無知の原因はどこにあるのだろうか？
5. 在日朝鮮人が現在の日本で置かれている状況，とくに教育や経済的環境，社会的義務と権利について，資料を元に調べたり，あるいは実際に在日朝鮮人の友人から聞いたり朝鮮学校を訪れるなりして体験を積もう。そのうえで，今後の在日朝鮮人の行く末について，どのようなことを日本の行政や市民社会，そして私たち自身が行なえるのかをあなたなりに考えてみよう。

■＜在日＞にまつわるこんな映画も観てみよう

＊（　）内は監督，製作年

▶『伽椰子のために』（小栗康平，1984）　日本人だが，在日朝鮮人の男と日本人の女の夫婦の養子となった伽椰子。彼女と在日男性との出会いと別れ。
▶『月はどっちに出ている』（崔洋一，1993）　在日朝鮮人のタクシー・ドライバーがフィリピン・パブのホステスと恋に落ちた。さまざまな出自の人々が混在する東京を舞台に多くの「在日」を描く。
▶『渡り川』（森康行，1994）　高知県四万十川流域の幡多地区に住む高校生たちが，戦時中多くの朝鮮人たちが地元の土木工事に従事していたことを知り，アジアの人々との共生の道を探るドキュメンタリー。「在日」の歴史を知ることは「日本」の現在を知ることだ。

- ►『ボンベイ』(マニラトナム，1995) 　イスラム教徒の女とヒンドゥー教徒の男との恋愛と結婚が宗教戦争の波乱に巻き込まれていく。ここにもひとつの「ロミオとジュリエット」がある。
- ►『在日　人物編・歴史編』(呉徳洙，1997) 　歴史と人物にわたって，日本の戦後50年のなかで在日朝鮮人が果たしてきた役割を検証する。私たち「日本人」が最低知っておくべき事実の重み。
- ►『ＧＯ！』(行定勲，2001) 　日本の高校に通う「韓国籍」の在日の青年がボクシングとケンカに明け暮れる毎日のなかで，日本人の少女を恋する。しかし朝鮮高校に通う親友が刺されて命を落とし…。

▰井筒和幸監督の他の作品も観てみよう

- ►『岸和田少年愚連隊』(1996) 　1970年代の大阪・岸和田を舞台にケンカに明け暮れる少年2人組を描いた青春映画。他人を自分のこぶしでなぐる痛みがこちらにも伝わるような映画だ。
- ►『のど自慢』(1998) 　群馬県桐生市に「ＮＨＫのど自慢」がやってきた。歌うことで人生は変わらないかもしれないが，この映画で歌う人たちの生き方は私たちにたしかに勇気を与えてくれる。
- ►『パッチギ！　ＬＯＶＥ ＆ ＰＥＡＣＥ』(2007) 　『パッチギ！』の続編。朝鮮戦争を背景に主人公たちのその後の生活を活写する。〈在日〉が突きつける問いは尖鋭かつ重く，私たち自身の生きざまに届いてくる。

▰＜在日＞について，手始めに読んでみよう

- ▷福岡安則『在日韓国・朝鮮人』(中公新書，1993)
- ▷田中宏『在日外国人　新版―法の壁，心の溝』(岩波新書，1995)
- ▷金石範『新編「在日」の思想』(講談社文芸文庫，2001)
- ▷金時鐘『「在日」のはざまで』(平凡社ライブラリー，2001)
- ▷ウリハッキョをつづる会『朝鮮学校ってどんなとこ？』(社会評論社，2001)
- ▷徐京植『半難民の位置から―戦後責任論争と在日朝鮮人』(影書房，2002)
- ▷辛淑玉『鬼哭啾啾』(解放出版社，2003)
- ▷柳美里『8月の果て』(新潮社，2004)
- ▷鄭甲寿(チョンカプス)『＜ワンコリア＞風雲録―在日コリアンたちの挑戦』(岩波ブックレット，2005)
- ▷李鳳宇・四方田犬彦『パッチギ！対談篇―喧嘩，映画，家族，そして韓国』(朝日選書，2005)

第12章 ＜労働＞

『息子のまなざし』

〈**DATA**〉

監督　ジャン＝ピエール・ダルデンヌ，リュック・ダルデンヌ

出演　オリヴィエ・グルメ，モルガン・マリンヌほか
　　　（2002年，ベルギー／フランス）

〈**KEYWORDS**〉

1．まなざし
2．制度
3．技術
4．距離
5．絆（ロープ）

1● まなざしの力

STORY・1　背中のカメラの目

　主人公オリヴィエはベルギーのある職業訓練所の木工クラスの指導員である。ある日フランシスという16歳の寡黙な少年が入所してくる。オリヴィエは彼の履歴書を見て，自分が指導している木工クラスを希望しているらしいフランシスを自分のクラスに入れることを拒否するが，どうにも彼のことが気になるらしくその動きを追いつづけている。そして溶接クラスに入れられてやる気をなくしている少年を見て，自分のクラスに引き取る決心をする。

POINT・1
労働と視線

『息子のまなざし』は，労働という肉体行為と，見るという知覚行為とのあいだに橋をかける。

　この映画の原題を日本語にすると「息子」だが，日本公開時には「息子のまなざし」というタイトルがついた。原題の意図を生かせないどころか，ただカタカナにしただけで芸のない邦題が多いなかで，これはこの映画の本質を突いた題名だと言えるだろう。「まなざし」——それは自己が他者を認識する手段であるだけでなく，単に漫然と見るのではなく集中して見る，つまり自己と他者との関係を意識して見ることによって，他者から自己へと返ってくる視線をも含めた身体的営みだからだ。

　この映画はいきなり大工仕事の騒音が聞こえる訓練所の風景から始まる。それもまるで素人がヴィデオカメラを持って職業訓練の風景を撮りにきたといった感じで，ときどきカメラがぶれるし，一見出来の悪いドキュメンタリー映像のようにも思われる。しかしだんだん慣れてくると，そのようなカメラの目が，実はひとりの男の視線をなぞっていることが私たち観客にもわかってくる。カメラはまるで彼の背中についた目のように，その肩越しに訓練所の情景を映し出していくのだ。

　そこにはおそらくどこの訓練所でも見られるような，統率され一定の規律に貫かれた労働の原形がある。自分の肉体を特定の職業に要求される水準にふさわしく改造すること。労働を純粋化した訓練所という世界には，ある自己完結した美しさがある。しかしオリヴィエの背中に張りついたカメラは，まるでその自分自身のなかで完結しようとする世界に闖入するかのように微妙な亀裂を生み出していく。その齟齬と不安。このとくに変哲もない中年男，オリヴィエのまなざしは，その息遣いや不可解な動きと相まって，私たちに一種異様な緊張と疑問を抱かせるのだ。

　この映画の文字通り揺れて不安定なまなざしは，私たちを落ち着かなくさせる。しかしこの映画はよくあるホラー映画やサスペンス物とは違う。これはウェル・メイドなハリウッド的娯楽映画とは意識して一線を画された映画である。私たちの肉体的・情緒的反応を自動的におびき出す音楽も映像効果もなく，カメラはただ淡々と対象を追っていく。しかしそのこと

が逆に私たちに言い知れない不安感とぎこちなさを感じさせるのだ。職業訓練所であるから，そこには木を削ったり鉄を溶接したりする騒音だけでなく，そのための道具が置かれている。カメラは，あるいは主人公オリヴィエの視線は，そうした道具の上に張りついたり，さまよったりする。そこに一種の「殺気」としか言いようのないものが漂う。このまなざしには他者への不安と憎悪だけでなく，殺意が秘められているのだ。私たちはその理由をだんだんと知らされるようになる。

　さらにこの映画のまなざしが，主人公オリヴィエのものだけではないことに注意しよう。たとえば映画のなかでオリヴィエはフランシスのまなざしを自分のものにしようとして，彼の部屋に行き，そのベッドの上で寝てみる。映画はこのように複数のまなざしの交錯や共有として描かれ，それはオリヴィエを介して，16歳の少年フランシスのまなざしとしても意識され，そして究極的には失われたオリヴィエの息子による不在のまなざしをも喚起するのだ。こうして私たち観客は，これら複数のまなざしの錯綜を通して，この映画の描こうとする世界に対する視線を自らのものとしても考えはじめるようになるのである。

　この映画が背景とする少年犯罪や家庭の崩壊，経済的貧困といった，どこの都市でも抱えている社会的問題が，私たち自身のそれでもあることを突きつけること——この映画のまなざしには，私たちに距離を置いて他人の悲劇を安楽椅子で鑑賞することを許さないような何かが秘められているのではないだろうか？

2● 制度を支えるもの

STORY・2　息子の死

　実はフランシスは5年前，オリヴィエのひとり息子を殺して少年院に入れられ，そこを出所して偶然にも自分が殺した少年の父親が指導員をしている職業訓練所に入れられてきたのだった。オリヴィエは息子を失ったのち妻とも別れ，家庭生活を破壊されていた。フランシスが入所してきた日に，別れた妻が

突然訪ねてきて，彼女から他の男の子どもを妊娠したので人生をやり直すつもりだと告げられる。新しい人生を歩もうとする妻に対し，オリヴィエは息子を殺したフランシスに職業訓練を施すことで，自分自身の息子へのこだわりを持ち続けようとするのだが…。

POINT・2　労働と家庭

『息子のまなざし』は，労働が作り出す制度と，家庭を支える制度との葛藤を描く。

　カメラの視線が作り出す不安な感覚は，オリヴィエという人間の不可解さと切り離せない。彼にはある種の緊張と鬼気と殺意さえも内に押しかくした，表面上はあくまで普通に見えるがゆえの不気味な恐さがある。仕事が終わって訓練所からアパートの自宅に帰ってきたオリヴィエは，床に寝転がって腹筋運動をしたり，質素な食事をひとりで準備したり…。そこにはおそらく家庭生活というものの安楽を失ったひとりの男の，それなりに規律正しい日常が映し出されている。しかしどうやらそれが今日，フランシスの介入によって崩れつつあるらしいのだ。

　食事の準備をしているオリヴィエのところに，しばらく音沙汰のなかった，別れた妻が訪ねてくる。他の男の子どもを宿したから人生をやり直したい，と言うのだ。しかし彼女の言葉には力がなく，そこには未来への希望よりは不安と倦怠がある。おそらくそのことをかつての夫に告げることで，彼からなんらかの反応を引き出し，それを梃子にして新しい人生を踏み出したいと願ったのかもしれない。あるいは，自分の息子が死んでしまったのに，新しい伴侶によって新たな「息子＝幸せ」を得ようとすることに対して罪の意識を感じ，元の夫に「許し」を求めにきたのだろうか？

　しかし背中を向けたまま彼女の言葉を聞くオリヴィエは，何の反応も示してくれない。あきらめて妻が帰ろうとすると，車のところまでオリヴィエが追ってきて，なぜ今日訪ねたかと聞く。彼女にはその質問の意図がわからず，ただ検査の結果が出て妊娠がわかったからと伝える。オリヴィエとしては，5年前に自分たちの息子を殺した少年が出所し，よりによって自分が働く訓練所に送られてきたことと，まさにその同じ日にかつての妻

が新しい子どもを宿したと告げに来たこととの一致を問題にしたかったのだ。ここにかつて息子を共有していた夫婦が現在抱えている溝の深さが暗示されている。

そのときオリヴィエは妻に「あいつが出所した」と告げる。まるで「おまえは新しい人生を歩み出したいと言うが，俺たちの息子のことをそんなに簡単に忘れていいのか，現に息子を殺した犯人がこうして生きているのに？」とでも言うかのように。妻になぜわざわざ息子の殺害者を自分で面倒みるのかと問われて，オリヴィエには答えられない。妻の言うようにそれは「狂気の沙汰」かもしれないが，すべてを失った父親にはそうすることでしか死んでしまった息子との絆を保つすべがないのだ。

息子を永遠に失った夫の，妻に対する非難。家父長制度の観点から見れば，いったん財産や家系や名誉や歴史を親から相続すべき子どもを失ってしまえば，新たに女性が子どもを産んでくれなければ，家庭制度は崩壊する。

この映画が労働の価値を描き，かつその背景となる現在のさまざまな社会的問題をあぶりだしながら，さらに追うのは，こうした家庭や社会的制度が労働によって日々新たに作り出される人間関係や物の価値と，どう共存できるかという問いだ。そして映画は，労働を通じたまったく新しい人間関係の構築が，はたしていったん傷ついてしまった個人の心や社会制度を修復することができるのかを問うていくのである。

3 ● 技術の教育

STORY・3 木工技術の指導

フランシスを自分のクラスに受け入れたオリヴィエは，彼に木工技術を教えていく。もともと教えることに情熱を持っていたオリヴィエは，地道に少しずつ技術を学んでいく少年に手取り足取り指導をしていくが，けっして心を許そうとはしない。ほかに頼るべき人がいないフランシスもオリヴィエの教えに従うことで，少しずつ自活の道を見つけようとする。フランシスはもちろん，オ

リヴィエがかつて誤りから自分が手にかけた子どもの父親であるとは露知らない。

POINT・3　労働と教育

『息子のまなざし』は，労働が言葉のない身振りの反復によって引き継がれる技芸の伝達であることを描く。

　この映画が労働を単なる抽象的な概念ではなく，木材を安全に運び，適当な長さに切断し，それを削り組み合わせて，実用品に仕上げていくプロセスをひとつひとつ具体的に丁寧に見せていくことで，労働の意味を考えようとすることは明らかだろう。この労働は職業というはっきりとした社会的目的と価値とに結びついており，それも情報産業やサービス産業などとは違って，手から手へ，身体（からだ）から身体へ伝えられていく特殊な物質的・肉体的技術の集積である。オリヴィエや彼が指導する少年たちの身振りや，彼らが扱う材料や工具の具象的な手ざわり，仕事の内容を通して，私たちも労働の困難さとその実りについて何がしかを学んでいく。しかもこの映画の舞台は政府によって支援された職業訓練所であるから，そこには労働の成果が金銭的報酬によって置きかえられるという外界の論理が介入してこない。この意味でもここでの労働は純化された姿を表わすのだ。

　しかし同時にこの労働は，父親とその一人息子を殺害した少年との出会いによって成り立っている。彼らの労働過程にはつねに齟齬と緊張が伴い，不慮の事故の可能性が暗示されていて，彼らが扱う木材や工具も，ひとつ間違えば怪我を招いたり，凶器となる危険性を秘める（オリヴィエが腹部に巻いているコルセットや，毎日の腹筋運動も，そうした事故が過去にあったことを示唆する）。労働とはつまり，このような危険と身体能力との絶えざるせめぎあいである。この映画は，労働をそうした，まさに社会的存在である人間的活動の重要な一部ととらえることで，それが人間同士の新しい関係に至る道筋を探るのだ。

　しかし家父長制度の支配する社会において，息子を殺された父親とその犯人ほど，敵対する関係があるだろうか？　この映画は，そうした極限的

な対立関係を提示しながら，しかしそれが労働による技術の伝授によって否応もなく変容していく過程を私たち自身にからだで感じさせる。そしてその技術の象徴が，次に見る距離を測るという営みである。

4● 距離の測定

> **STORY・4** 埋まらぬ溝
>
> 　木工技術の指導を通して，フランシスとオリヴィエとの関係は深まっていく。フランシスは余計なことはしゃべらないが，目測に職業的な才を見せるオリヴィエを尊敬し，自分の後見人になってくれるよう頼む。この少年も父親のいない家庭に育ち，身寄りがなく家族の情愛に飢えているのだ。しかし，自分がオリヴィエの息子を殺したとは知らないフランシスが距離を縮めようとすればするほど，オリヴィエは耐えがたい思いに駆られていく。

> **POINT・4** 労働と計測
>
> 『息子のまなざし』は，労働を支える技術のひとつの神髄が距離を図ることにあることを示す。

　この映画でもっとも印象に残る場面のひとつに，オリヴィエとフランシスが夜の路上でホットドッグとポテトを食べるシーンがある。別に示し合わせたわけでもないのに，2人は深夜のカフェで一緒になる。孤独なふたりは狭い町でどちらも他に行くところがないのだろう。フランシス自身，どうやらもともと長さを測ることに興味と熱意がある少年らしい。昼間，訓練所でオリヴィエから定規で測ることを教えられた彼は，几帳面に木材の寸法を測り，道具箱を製作する。そしてその定規をいつでも自分の身に携帯している。

　夜の路上でフランシスはまるでオリヴィエに挑戦するかのように，駐車してある車から道路の端までの距離はいくらかと尋ねる。オリヴィエが目測で即座に答えると，フランシスは自分の懐から定規を取り出して測ってみる。その距離は完璧に正確なのだが，フランシスはとくにそれに感嘆す

る様子も見せず，オリヴィエもそのことにこだわる風もない。

　しかし私たちはこのシーンで，もっとも不幸な関係にあるはずの2人が計測という行為によって，避けがたく結ばれていく様子を静かに納得していく。距離を測ること，それは労働のひとつの基本であり，また人間関係の本質でもある。自分と対象との差異を見きわめ，その関係の近さと遠さを調節することが，あらゆる人間社会の営みの根本にはある。それまで関係のなかった2点が，目測と定規によって測られ，関連づけられ，無縁に見えた2人のあいだに見えない線が引かれていく。こうした物を介した労働の具体性が，この映画を支えている文化的力学の変数なのである。

5 ● 絆(ロープ)が結ぶもの

> **STORY・5**　復讐か，和解か？
>
> 　フランシスが出所してから4日目，オリヴィエとフランシスは2人だけで材料となる材木を郊外へ取りに車で向かうことになる。その途中，車の中でフランシスは，自分の犯罪をオリヴィエに告白し，それが意図しない偶然のパニックから起きたことを伝えようとする。材木置き場に到着したオリヴィエはついにフランシスに，「おまえが殺したのは俺の息子だ」と告げる。フランシスはとっさに森の中に逃げるが，オリヴィエにつかまり，オリヴィエはフランシスに馬乗りになって首を絞める。しかしやがて手を放したオリヴィエは，車のところにひとりで帰り，荷台に木材を積みはじめる。すると彼の視線の向こうにフランシスが立ち，こちらを黙って見ている。オリヴィエが無視しているとフランシスは近づいてくる…。

> **POINT・5**　労働と結び目
>
> 『息子のまなざし』は，労働が生み出す人間同士のつながりを私たち自身へと投げ返す。

　息子の殺害を通して関係づけられた敵同士を結ぶ，計測という労働の基本的営みが生み出す見えない線分。フランシスが計るという行為によって

オリヴィエに親しみを感じていくとすれば，オリヴィエもフランシスのいない部屋で彼のベッドに寝てみることで，相手との距離をおしはかろうとする。このようにこの映画では，身体的距離感覚が人間同士のつながりの大小を提示するのだ。

2人の他人，いやそれどころか最悪の敵同士を結ぶ，計測という見えない線分。映画はその線が太くなるにつれて，ますます距離を意識せざるを得ない緊張感をはらみながらクライマックスへと進んでいく。その時間の進行は偶然と必然を感じさせながら，しかもたった4日間ですべての出来事が起きることの不思議と劇的運命とを私たちに味わわせる。

2人が材木を取りに郊外の材木集積所に向かう日の細かな描写が，この映画における労働とそれが生み出す人間の絆のすべてを集約している。なかでも重要な役割を果たしているのがロープだ。何かを結び束ねると同時に，人の命を奪う凶器にも容易に変質するロープ。それは人が母体から栄養を受け取る命綱としてのへその緒でもある。ロープやコードは労働にとって不可欠な道具であり，人間の生にとっての原点でもある。

オリヴィエとフランシスの最後の1日は，このロープをめぐって展開する。2人でロープを束ね，車のトランクに入れ…そして映画の最後の場面で，フランシスを殺しきれなかったオリヴィエがひとりで車のところに戻り，木材を積んでいると，フランシスが近寄り木材を手に取る。沈黙のにらみ合いがしばしあった後，オリヴィエが木材をシートで覆おうとすると，フランシスが手馴れたようにシートを手で抑え，オリヴィエがロープを手に取ったところで映像が途切れる，まったく何の前触れもなく。

あらゆる優れたドラマの秘訣は「オープンエンディング」にある。結末が開かれているドラマは私たちに余韻を残し，私たち自身が問題を熟考し，メッセージを受け取り咀嚼するきっかけとなる。それは必ずしも心地よい体験ではないが，そうした不安と説明不可能な状況からしか，私たち自身の一歩は踏み出せない。

オリヴィエとフランシスとの和解はありえるのか？　労働は血のつながりを越えることができるか？　釈明や許しが究極的に許されない関係のなかで，復讐は労働を介した身体的連帯によって溶けさるのだろうか？　突

然に断ち切られる映像は，そうした問いに答えようとはしない。

　2人が端と端をつかんだロープのように，切断されながらも分かちがたく結びつく「父」と「息子」。あとは私たち自身が，それぞれ様々な役割を担う個として生き労働し学び，自己と他者のまなざしが交錯するなかで新たな絆を結ぶことで，これらの問いを背負っていくほかない。映画によるカルチュラル・スタディーズとは，そのように不確かな未来へと向けた，私たち自身の船出への道しるべなのだ。

QUESTIONS

1. 私たちが身近に「労働」という単語で思い起こすのは，どのような営みだろうか？そこには自分たちの身の回りを規定するどんな歴史的・文化的条件が関わっているだろうか？
2. 「学ぶ」ことと「働く」ことのあいだにはどのような共通性と違いがあるだろうか，実例に即して考えてみよう。
3. ダルデンヌ兄弟の映画には，社会の中枢からこぼれおちた若者たちを描いた秀作が多い。この兄弟が監督した他の作品も見て，とくにそこでの労働の役割について考えてみよう。
4. 携帯電話やインターネットのような情報技術が過度に発達した現代日本社会において，人間と人間との距離が持つ意味を，恋愛や仕事や家族や犯罪といったさまざまな角度から考察してみよう。
5. 労働による人々の連帯を描いた映画をほかにもうひとつ取り上げて，『息子のまなざし』と比較してみよう。

■〈労働〉にまつわるこんな映画も観てみよう

＊（　）内は監督，製作年
- ▶『ロジャー＆ミー』（マイケル・ムーア，1989）　ミシガン州フリントで「体当たりジャーナリスト」ムーアがゼネラルモーターズの会長ロジャー・スミスを相手にゲリラ作戦を展開。失業で得をするのはいったい誰なのか？
- ▶『山の郵便配達』（フォ・ジェンチイ，1999）　1980年代の中国南部の山岳地帯で長年務めてきた郵便配達の仕事が父親から息子へと引き継がれる。労

働への献身が人と人，人と自然とのつながりを作るのだ。
- 『ヴァンダの部屋』(ペドロ・コスタ，2000)　リスボンのスラム街で社会から見捨てられ，麻薬に溺れて生きる女性。「再開発」の名の下に都市から人間の労働と生活が奪われていく。
- 『ナビゲーター・ある鉄道員の物語』(ケン・ローチ，2001)　1990年代，イギリスの鉄道民営化のあおりでリストラが進行するヨークシャー州の保線会社に勤務する男たち。労働者の信義とは何だろうか？
- 『至福のとき』(チャン・イーモウ，2002)　現代の中国，大連を舞台にして，継母に邪魔者あつかいされてきた盲目の少女と，職場を失った中年男との懸命な交流が描かれる。自分の体を使った労働による他人との触れ合いが，生の価値を増幅させてゆく。
- 『ザ・コーポレーション』(マーク・アクバー，ジェニファー・アボット，2004)　グローバルな巨大企業をひとりの人間と見なして精神分析を行ってみると，多国籍大企業はサイコパスの症状を示すという診断結果によって，実在する企業の「病歴」が語られていく。グローバリゼーションが席巻する現代を活写するドキュメンタリー。
- 『人らしく生きよう――国労冬物語』『人らしく生きよう　パート2――新たな出発』(松本明・佐々木有美，2001：2004)　国鉄民営化という名の私有化が，労働者の仕事と利用者の安全を脅かす。そんななかでも家族の絆と働く喜びは失われない。日本の戦後民主主義の結節点を描いたドキュメンタリー。
- 『世界』(ジャ・ジャンクー，2004)　北京郊外にある世界の大都市のミニチュア版である「世界公園」で働く女性ダンサーたちと，建設現場で働く男たちの日常。激しく変わりゆく中国の「今」がすくいとられている。
- 『スタンドアップ』(ニキ・カーロ，2005)　夫の暴力から逃れ，2人の子どもを連れて故郷ミネソタに帰ってきた女性が，鉱山労働者として人間の誇りを求めて立ち上がる。性的に虐げられた者による労働の意義の回復道程に胸が震える。
- 『三池　終わらない炭鉱の物語』(熊谷博子，2006)　福岡県の三池炭鉱の歴史は戦争と殖産に彩られた日本の近代史そのものであると同時に，労働することの尊厳を根底から照らし出す証言である。地底から産業を支えた無数の人びとの声が聞こえてくるドキュメンタリー映画の秀作。
- 『六ヶ所村ラプソディー』(鎌仲ひとみ，2006)　使用済み核燃料再処理工場のある青森県の六ヶ所村にも労働し暮らす人びとの当たり前の生活がある。

「核の平和利用」という神話を根底から疑うために。

■ リュック・ダルデンヌ，ジャン＝ピエール・ダルデンヌ監督の他の作品も観てみよう
- ▶ 『イゴールの約束』(1996) 移民労働者を食い物にする父親に反発し，亡くなった移民労働者の妻とともに逃亡を図る15歳の少年。映画の贅沢さをそぎ落とした禁欲的な演出が，人間の真実にせまる。
- ▶ 『ロゼッタ』(1999) トレーラーハウスで暮らす少女が，ただひとり自分に優しくしてくれた青年をも裏切って生きていく。言葉にならない心の絶叫を映す彼女の表情を，手持ちカメラが冷静に追っていく。
- ▶ 『ある子供』(2005) 金を得るために自分の子どもさえ売ってしまうような，根は善良だが，社会的自覚にかける，大人になりきれない青年。それは彼の罪だろうか，それとも労働や教育をかえりみない社会に責任があるのか？　不意打ちのようにして訪れる幕切れの場面が心を揺さぶらずにはおかない。

■ ＜労働＞について，手始めに読んでみよう
- ▷ 川北稔『砂糖の世界史』(岩波ジュニア新書，1996)
- ▷ マリア・ミース，ヴァンダナ・シヴァほか『食料と女性―フェミニズムの視点から』(アジア太平洋資料センターブックレット，1998)
- ▷ 小関智弘『仕事が人をつくる』(岩波新書，2001年)
- ▷ ジョゼ・ボヴェ，フランソワ・デュフール『地球は売り物じゃない！―ジャンク・フードと闘う農民たち』(紀伊國屋書店，2001)
- ▷ 神野直彦『人間回復の経済学』(岩波新書，2002)
- ▷ 渋谷望『魂の労働―ネオリベラリズムの権力論』(青土社，2003)
- ▷ 森岡孝二『働きすぎの時代』(岩波新書，2005)
- ▷ 平井玄『ミッキーマウスのプロレタリア宣言』(太田出版，2005)

V

暴力の現場

第13章 ＜ホロコースト＞

『シンドラーのリスト』

〈**DATA**〉

監督　スティーヴン・スピルバーグ
出演　リーアム・ニーソン，ベン・キングズレーほか
　　　（1993年，アメリカ）

〈**KEYWORDS**〉

1．ヨーロッパ
2．ジェノサイド（民族抹殺）
3．名簿(リスト)
4．再現
5．イスラエル

1● ヨーロッパ近代史の帰結

STORY・1　オスカー・シンドラーの工場

　オスカー・シンドラーはチェコ生まれだが，ドイツ・ナチス党員としてナチスの有力者に次々と取り入ることで縁故を得て，ポーランドのクラクフで金物工場を経営して成功する。ナチスによるユダヤ人排斥政策が実行されつつあった当時のクラクフには，ユダヤ人ゲットーが作られ，それまでポーランド市民として暮らしていたユダヤ人たちが劣悪な環境で暮らしていた。シンドラーはそうしたユダヤ人たちの闇商売ネットワークを利用し，仕事のないユダヤ人を工場労働者として雇用することで莫大な利益を得ていく。しかしナチスはアウシュヴィッツなどに強制収容所を建設，大量のユダヤ人をヨーロッパ全土から

移送して，そこで彼ら・彼女らを抹殺する計画を実施し始め，クラクフのユダヤ人ゲットーも強制的に解体される日がやってくる。

> **POINT・1**
> **ホロコーストと近代**
>
> 『シンドラーのリスト』は，ホロコーストがヨーロッパ的近代のひとつの帰結であることを示す。

　ユダヤ民族は古代に故郷のパレスチナの地から各地に離散した民族であると言われており，そうした流謫の運命がユダヤ人のアイデンティティの根幹をなしてきた。ヨーロッパが15世紀の終わりごろから「近代」を形成していくにあたり，さまざまな他者を識別し，自己とは異なる存在として差別したり排除したりすることで，ヨーロッパ的近代のアイデンティティも作られていくのだが，そのさいに「イスラム」「オスマン」「トルコ」などとともに他者のひとつとされたのが，「ユダヤ」であった。

　1492年にスペインから追放されたユダヤ人は，隣国ポルトガルやイタリアを始めとしてヨーロッパ各地に離散し，以後ヨーロッパ内部の他者として，経済的にも文化的にも重要な位置を占めていく（近代西洋の歴史における1492年の重要性については，第18章（p.265）参照）。そこにはヨーロッパ諸国のそのときどきの政権が，ユダヤ人の力を利用しながらつねに中枢に置くのではなく周縁化しておくことで，国家の危機には彼ら・彼女らをいつでも排除したり犠牲にしたりするという，ヨーロッパ的近代に特有の歴史的力学が存在していたのである（その事情をドラマ化したのが，シェイクスピアの『ヴェニスの商人』だ）。いわば，こうしたヨーロッパ的近代を形作った人種主義・資本主義・ナショナリズム・植民地主義の複合のなかで，もっとも身近な他者とされたのがユダヤ人であった。ということは，ある面で20世紀のナチスによるホロコースト＝ユダヤ人虐殺は，人種・民族・階級差別と労働力搾取，国民国家間の帝国主義戦争などを現象としたヨーロッパ的近代の不幸な帰結であったとも言えるだろう。

　さらにこの映画が象徴的に描いているように，ホロコーストはまた，ヨーロッパでもっとも進んだテクノロジー——とくに鉄道輸送と人員管理

と化学工業——を駆使した計画的集団殺人（ジェノサイド）でもあった。この映画は冒頭に，消えるロウソクの火と煙を映し，それがその後，何度か登場するユダヤ人移送列車の蒸気の煙や強制収容所で殺された人々を焼却する煙突の煙の映像と重なる。後でも考察するが，この映画のなかで最後にシンドラーの墓に生存者たちが花と小石を捧げる「現在の場面」を除けば，カラー映像なのは，殺されたユダヤ人少女の赤いコートと，はかなくとも燃え続けるユダヤ人の命を象徴するロウソクの炎だけだ。そこには圧倒的な暴力によって煙のように痕跡もなく消されてしまった人々が経験した白黒の，あるいは灰色の世界と対照されるように，人々の個有の歴史を残したいというスピルバーグたち映画製作者の思いが，わずかに彩色された少女の衣服とロウソクのあかりという物体として刻まれている。民族全体を文化と生の根底から抹殺しようとしたホロコーストによるジェノサイドに無力ながら精一杯抵抗しようとした人々の生，その営みの象徴がまさに真白な紙に黒い活字でタイプされていくユダヤ人たちの名前のリストなのである。

2 ● ジェノサイドの内実

STORY・2　物と化した人間たち

　クラクフのユダヤ人ゲットーの暴力的破壊を指揮したのは，人殺しに何の痛痒も感じない無慈悲なナチス将校，アーモン・ゲートだった。1943年3月31日のクラクフ・ユダヤ人ゲットー解体ののち，ゲートは多くのユダヤ人を強制労働収容所に押し込める。シンドラーはゲートとも親交を結び，賄賂とひきかえに便宜を図ってもらい，ユダヤ人労働者を使わせてもらうことで工場を維持する。しかしやがてアウシュヴィッツへの移送命令が下り，すべてのユダヤ人にほぼ確実な死の待つ旅が始まろうとするのだった。

POINT・2　ホロコーストと個人

『シンドラーのリスト』は，ホロコーストが個々人のアイデンティティの完全な抹殺であることを描く。

　ジェノサイド（民族抹殺）とは，民族の文化や歴史の総体を否定することであると同時に，その構成員である個々の人間の生きた痕跡さえも徹底的に抹殺しようとすることである——ナチスによるホロコーストほど，そのことを忠実に計画的に科学的に機能的に経済的に完璧なかたちで行なおうとした試みは，人類の歴史上かつてなかったし，その後もない。

　この映画で，ゲットーを追い出されて強制収容所に移送されるユダヤ人たちの荷物が仕分けされていく場面が，そのことを示唆する。そこではユダヤ人たちから没収した歯，かばん，貴金属，眼鏡，靴が，まるで工場の生産品のように整理され積み上げられていく一方で，個々人の歴史や体験がつまっているはずの写真は，商業的価値のないものとして無惨にうち捨てられる（このような価値判断の図式は後の場面で，シンドラーがユダヤ人の命を救うために自分のシガレットケースや宝石をナチスの人間に手渡すという，物と人との交換でも再現される）。ここできわめて能率的に機能しているのは，人間が物体視されてしまうだけでなく，人間とその所有物が利用者にとって価値ある物と価値のない物とに峻別されるシステムである。だからジェノサイドを単なる軍事的・身体的暴力による，ある特定の民族の殺戮と考えるだけでは十分ではない。それは，最新の科学的テクノロジーと官僚機構とビジネスマネージメントを活用した，支配者にとってもっとも効率のよい経済的収奪の仕組みでもあるのだ。

　この映画で非情なドイツ人将校の典型として描かれているアーモン・ゲートが興味深いのも，このようなジェノサイドのシステムと関わる。たしかにゲートはベッドでの女との性交に飽きると，まるで小便をするのと同じ気持ちで，バルコニーから眼下のユダヤ人を銃で殺すような人間だ。そこには残酷さとか野蛮さを越えた，他者の生に対する徹底的な軽蔑と無関心，ニヒリズムがある。映画はこうしたドイツ人の生とユダヤ人の死との絶対的な非対称性を描いていくのだが，興味深いのはそのゲートがシンドラーと親交を結び，彼から金銭的報酬を受けてアウシュヴィッツ送りに

なるユダヤ人の一部をシンドラーに売り渡すことで，彼ら彼女らの命を救う結果となることだ。もしゲートがユダヤ人抹殺政策の徹底した信奉者であったなら，これはありえなかったことだろう。もちろんゲートはユダヤ人に対する同情やヒューマニズムに駆られて彼ら・彼女らを助けるわけではない（それはシンドラーとても同様であって，彼は最初からユダヤ人を助けるという明確な目的を持っていた訳ではない）。あくまで自分の金銭欲や物欲や性欲が満たされれば，ユダヤ人個々の運命など彼にとってはどうでもいい。しかしここには，ジェノサイドという社会的・経済的システムの運動も，それに関わる個々の人間のなまぐさい動機や欲望によってしか動かないことが示唆されているのではないだろうか？

シンドラーが選ぶ，抹殺から救われるべきユダヤ人たちのリストはどのように決定されるのか？　それは無作為抽出でもなければ，能力や経験，年齢などで合理的理由をつけた選出でもない。それはたまたまシンドラーたちの近くにいたり，その家族や友人であったりしたという，いわばまったくの偶然による決定なのだ。映画ではたしかに彼ら彼女らは働き者の善人の集団であるかのように描かれているが，そのなかには様々な人間がいたはずだ。ホロコーストは人々のそのような多様性を一切考慮しないことに特徴があるが，この映画は名前の羅列でしかないリストに顔を与え，そのそれぞれが色々な特徴をもった生身の人間であることを見せていく。

ここで重要な暗黙の選出の基準となっているのが，家族と共同体の絆である。つまりシンドラーは，実際に血のつながりはなくても，なるべくひとつの大きな家族の延長としての「ユダヤ民族」を救おうとしたのだ。民族という大きな家族の絆の力によって，ジェノサイドに対抗しようとすること。かくしてシンドラーは現代のモーゼとなるのだ。

ジェノサイドがはらむ問題に光を当てるもうひとつの重要な存在が，すでに指摘した，この映画の白黒場面のなかでそこだけ色が浮き出て描かれる，赤いコートを着たひとりの少女の存在である。ゲットーから追われてさまよう彼女の姿を認めたこと，そして数日後に荷車で運ばれる彼女の死体を目撃したこと，この体験がシンドラーにとって自分の財産を犠牲にしてまで積極的に，なるべく多くのユダヤ人を救うことを決意する大きな転

機になっているかのように映画では描かれている。

　ホロコーストという未曾有の暴力に直面するとき，ひとりの人の命を救おうとすることでしか，人間の尊厳が保てないことを，この少女の存在が示しているとも言えるだろう。この映画は「数」にこだわった映画である。ひとりの少女，シンドラーが救った1100人のユダヤ人，ポーランドにホロコースト以前に住んでいた4千人のユダヤ人，シンドラーによって救われたユダヤ人の子孫たち6千人，ホロコーストの犠牲者6百万人…。数の非情な真実──それに対抗する究極の比喩が，シンドラーによって救われるユダヤ人たちの名前をタイプで打った名簿なのだ。

3 ● 名簿(リスト)の意義

> **STORY・3**　命の売買
>
> 　シンドラーはナチス将校のゲートにユダヤ人それぞれの代金として大金を支払って，合計1100人のユダヤ人の命を買い，自らの故郷であるチェコのブリンリッツの兵器工場で働かせる。彼ら彼女らの名前を記したリストには，工場労働に適した青年男性だけでなく，家族や恋人たち，老人，子ども，聖職者，知識人などが含まれていた。最初に男たちがブリンリッツに到着し，別の列車で来るはずの女たちを待つが，女たちの列車は手違いからアウシュヴィッツに送られてしまう。身ぐるみ剝がれ，髪の毛も切られた女たちがシャワー室に閉じこめられ，まさに毒ガスが注入されるかと思われた瞬間，実際に出てきたのはただの水であった。事情を知ってアウシュヴィッツに急行したシンドラーが収容所長に宝石を賄賂として渡し，女たちの解放に成功したのだ。彼女たちはふたたび列車に乗せられて家族たちの待つブリンリッツに無事到着する。

> **POINT・3**
> **ホロコーストと名前**
>
> 　『シンドラーのリスト』は，ホロコーストによる個の抹殺に，名前の回復によって抵抗しようとする。

　名簿(リスト)には，人の名前がタイプで打たれており，その名前にはそれぞれの

顔があり，声があり，人生がある——この映画が表現メディアとして成功しているのは，その人間たちの具体的なありようを私たちの目に見えるかたちで理解させるからだ。リストに記された名前が呼び上げられるたびに，私たちはその名前を持った人物の人となりを認知し，その人の生活を想像する。しかし同時に，このようにタイプで次々と打たれていく場面を見ながら，「もうそのページで終わりだ」と言うシンドラーの発言を聞く私たちは，この白い紙のなかに名前を書き込まれない人々，まさに文字どおり紙の「余白〔マージン〕」に追いやられたことで人生そのものを「周縁化〔マージナライズ〕」された人々の運命をも想像せざるを得ない。「リスト」とは，生の証拠であると同時に，死の宣言でもあるのだ。

　そのように個人として名前と顔と歴史を持った人間たちの記憶を，家族・親子・夫婦，そしてその延長線上にある民族共同体の記憶と結びつけること。それがまた「ユダヤ民族」の枠を超えて，この映画が私たちの普遍的な「人間主義的」感情に訴える理由でもあろう。

　偶然の事情によって，白い紙にタイプで打たれた名前が生と死を峻別し，個人を越えた民族と人類の悲劇と栄光を象徴する。この数枚の紙片には彼ら彼女らだけでなく，20世紀というジェノサイドの時代を生き抜いた人類全体の運命が凝縮されている。シンドラーのリストとは，名前を書き，その名を呼び，それに応えることが，個人のアイデンティティの貴重な証しであることを，静かにしかし執拗に訴える紙片なのである。

4● 再現される過去

STORY・4　過去と未来

　ブリンリッツの工場ではドイツ軍のための兵器を作るという名目で，実際には戦争に協力しないよう故意に粗悪品ばかりを製造していた。それを償うためにシンドラーは莫大な額の賄賂をナチスの高官たちに支払い続ける。さしものシンドラーの財産も底をつきかけたとき，ドイツの無条件降伏の知らせが入る。シンドラーのリストによって救われたユダヤ人たちに，ついに解放の日が

やってきたのだ。シンドラー自身は戦争犯罪人として連合国の追及を免れず，自分が救ったユダヤ人たちに送られながら工場を後にしていく。

POINT・4　ホロコーストと映画　『シンドラーのリスト』は，再現不可能な悲劇であるホロコーストを卓越した映像技術によって再現する。

　ホロコーストというナチスによるユダヤ人抹殺とは，人々を組織的・徹底的に物と化すことによって，ある民族全体の存在の痕跡を抹消する試みであった。強制収容所で死んでしまった人々の命はおろか，彼ら彼女らが生きた証しさえもが回復できない。そのような歴史の消去に対して，たしかに現在，映画ほど有効な抵抗手段はないだろう。

　この映画もまさに映像芸術というそれ自体の力を知り尽くして作られている。たとえば私たちは，映画のさまざまな場面で「見たことがある（デジャ・ヴュ）」感覚を何度も体験する。それはホロコーストに関して作られた本やニュース映像，写真などから私たちがなじんできた情景が，そのまま映画の一場面として再現されているからだ。いわばこの映画は，写真による記録を劇映画として撮りなおした，表象の再表象なのだ（英語では「表象＝再現」のことを"representation＝再び目の前に提示すること"という）。そうした身振りと戦略によって，この映画はホロコーストというとりかえしのつかない再現不可能な悲劇の痕跡を新たに創造しなおそうとするのである。

　そしてこの映画はそのことに見事に成功している。殺戮と生存の過去を表したモノクロ映像から，再生と感謝を示す現在を映したカラーへの転換。現実のシンドラーの墓に，現実に生きている生存者とその役を演じた俳優とが一緒に詣でる場面。たむけられた小石という無機質な存在と，墓に刻まれた名前という生きたアイデンティティの証明の対応。映画の最終場面でシンドラーの墓自体が，救われたユダヤ人たちとその子孫の名前を記した「白い紙(リスト)」となるのだ。再現芸術という，まさに「嘘」でしかない映画の弱点を最大の利点に転化させた戦略の粋がここにある。

5 ● イスラエルという国

> **STORY・5** 6千人以上の子孫
>
> 　生き残った1100人のユダヤ人たちにとって、この先行く場所はあるのか？彼ら彼女らが広い大地に踏み出す場面で、時代は一気に現代へと移行し、シンドラーが現実に救済したユダヤ人自身やその子孫たちが、丘を越えてやってきて、シンドラーの墓に花と小石を捧げる場面となる。「シンドラーの子どもたち」と呼ばれる人々は現在6千人以上にものぼると言われている。

> **POINT・5**
> **ホロコーストと中東問題**
>
> 　『シンドラーのリスト』は、ホロコーストというユダヤ人の悲劇を永遠化しながら、現在の問題を隠蔽する。

　たしかにこの映画は、リストに記された名前が個々人の人生と民族共同体と人類との絆の証しであると主張することによって、私たち自身もホロコーストという20世紀の暴力と悲劇と無関係・無関心でいることはできないことを示唆する。しかしそのような見事な映画芸術の成果こそが、実はこの映画の最大の問題点にも結びついてしまうのだ。

　そのことを如実に示すのが、すでに言及した最後の場面である。ドイツ帝国敗北の日、シンドラーとその妻が生き残ったユダヤ人たちに見送られて工場から去り、彼ら彼女らは門のかたわらで一夜を過ごす。そこへ翌朝、解放軍としてソ連の兵隊がひとり馬に乗ってやってきて、おまえたちは誰かと聞く。「シンドラーのユダヤ人」という答えを聞いたソヴィエト兵は、どこに行ったらいいかというユダヤ人たちの問いに答えて、「西も東もだめだろう、あなたたちを受け入れてくれる土地はないのだから」と言う。この言葉にユダヤ民族の離散という永遠の運命が象徴されている。

　結局ユダヤ人たちは近くの街まで行こうということになって、徒歩で丘を越えていく…その途中で映像が突然カラーに変わり、現在の場面になる。そこに現れる人物たちは今のイスラエルに生きる「シンドラーのユダヤ人」たちとその子孫なのだ。そして実在の彼ら彼女らひとりひとりの名

前が字幕で告げられ，映画で（あるいは映画内映画で）その役を演じていた俳優たちとともにシンドラーの墓に花と小石を置いていくのだ。

　どこにも行く場所がなかったユダヤ人たちが，ついに見つけた「約束の土地」としてのイスラエル。その礎石となった「シンドラーのユダヤ人」たちが，シンドラーという現代のモーゼに参詣する。映画という見事な表象芸術を作った生身の俳優たちと連れ立って。私たちはこの場面で，劇映画の魅力に酔う——「嘘」であり表象でしかないゆえに，映画だけが持つ「真実」の力に。

　しかし真実の歴史を知ろうとする者は，やはり映画が真実の一部しか写さず，嘘をつくメディアであることを見破らなくてはならない。ここにはイスラエルという国がどのような歴史的事情でできた国であり，現在どのように維持されているかが，いっさい示されていないからだ。イギリスやフランスなど旧植民地宗主国が引き起こした建国前後の政争も，アラブ諸国との戦争も，現在も継続するパレスチナ民衆への迫害と殺戮と搾取と差別，まさに植民地支配によるジェノサイドの実状も。そうした実態を知らずにこの映画だけを見れば，シンドラーというひとりの男が救ったユダヤ人たちが，現在の幸福で豊かで（映画に出てくる彼ら彼女らの裕福そうな格好を見よ）民族を超えて他者に感謝する善意あふれるユダヤ人による理想国家イスラエルを建設したという物語を信じてしまっても不思議ではない。

　もちろん現実はそれほど単純ではない。イスラエルは20世紀後半の軍事的植民地主義国家の典型として，アメリカ合州国の圧倒的な支持と庇護の下に21世紀の今も中東地域に君臨している。ホロコーストの被害者であったユダヤ人たちが，現在はパレスチナ民族に対する加害者であるという歴史の反転。この映画で描かれたユダヤ人移送列車の死から生への反転を思うなら，ディアスポラやジェノサイドやホロコーストが，いまや被害から加害の文脈へと変転してしまっている現実をも考えるべきなのだ。

　ホロコーストという表象不可能な現実を映画という現代テクノロジーを武器として再現することに成功したこの映画は，それ以降の歴史を抹殺することによって，パレスチナ人という現在も殺され続けている存在を完全

に黙殺する。それはヨーロッパ的近代の帰結としてのナチスのホロコーストを，思想的・技術的に反復する映像の暴力ではないのか？　『シンドラーのリスト』は，このような人間と民族のアイデンティティを回復する試みと歴史の変転に関わる，大きな落とし穴を秘めた映画なのである。

QUESTIONS

1. ヨーロッパ的近代の特徴を，明治期以降の日本における近代の特徴と比較するとき，どのような類似と相違があるだろうか？
2. ジェノサイドはナチスによるホロコーストに限った現象ではない。歴史上，他にはどのようなジェノサイドが行なわれてきたのか，様々な民族について調べてみよう。
3. 国民国家にとってもっとも有益な名簿は「戸籍」である。あなたにとって戸籍とはどんな意味を持っているだろうか？　世界に戸籍を設けている国はいったいどれくらいあるだろうか？
4. 再現芸術の名匠であるスティーヴン・スピルバーグのほかの映画をひとつ例にとって，評価できる点と批判すべき点とを検討してみよう。
5. イスラエルとパレスチナとの対立はどのような歴史的背景のもとに起き，現在どのような状況にあるのだろうか？

■＜ホロコースト＞にまつわるこんな映画も観てみよう

＊（　）内は監督，製作年

- ▶『夜と霧』(アラン・レネ，1955)　アウシュビッツ収容所でのナチスの行いを描いたドキュメンタリー映画。ほんの32分だがその事実の重みに押しつぶされそうになる。
- ▶『ブリキの太鼓』(フォルカー・シュレンドルフ，1978)　ポーランドのダンツィヒにおける1927年からの45年間を大人の世界を拒絶したオスカルの目を通して描く。ナチス政権下のポーランドの現実が蘇る。
- ▶『SHOAH＜ショア＞』(クロード・ランズマン，1985)　ホロコーストにかかわった人々の証言をひたすら現在形で記録した9時間半。被害者，加害者，傍観者…，彼らの語りから浮かび上がるのは，何百万という語れなかった

者たちの「証言」だ。
- 『さよなら子供たち』（ルイ・マル，1987）　1944年，ナチス占領下のフランスにおけるカトリックの寄宿学校でかくまわれていたユダヤ人の少年と，疎開してきた少年との友情と別離。ここにも暴力の現場がある。
- 『ガリレアの婚礼』（ミシェル・クレイフィ，1987）　イスラエル占領下のパレスチナ・ガリレアで伝統的なアラブの結婚式が挙げられるまでをドラマ化。ホロコーストの犠牲者が新たな「ホロコースト」を作り出している。
- 『アララトの聖母』（アトム・エゴヤン，2002）　トルコ国家によるアルメニア人虐殺の歴史を背景に，苦悩に満ちた現代を生きるアルメニア人たちの肖像を描く。ここにもひとつの「ホロコースト」がある。
- 『アウシュビッツ』（BBC；KCETハリウッド，ローレンス・リース，2005）　アウシュビッツ解放60周年を記念して作られた4時間のテレビ番組。当時の記録映像と俳優が演じるドラマとの融合が効果的だ。
- 『白バラの祈り――ゾフィー・ショル，最期の日々』（マルク・ローテムント，2005）　1943年，ナチ政権に抵抗した学生グループ「白バラ」の一員で，21歳で逮捕・処刑された女性の最期の5日間を，その尋問調書をもとに再現する。圧倒的な暴力に抵抗して信念を貫くとはどういうことか？

■スティーヴン・スピルバーグ監督の他の作品も観てみよう

- 『太陽の帝国』（1987）　上海の英国人一家が日本軍の侵攻によって離れ離れとなり，ひとり生きぬく少年。少年の孤独が抑制した演出で描かれる。
- 『プライベート・ライアン』（1998）　ノルマンディー上陸作戦に始まる過酷な戦闘という極限状況と，愛国心という究極的幻想とのせめぎあい。最後に翻る星条旗から，あなたはどのようなメッセージを受け取るか？
- 『ターミナル』（2004）　アメリカ入国直前に祖国が消滅，パスポートが無効となって空港で暮らす羽目になった男。彼が人々の人生を変える触媒としての他者から，自分自身の人生を生きる自己となる日は来るのか？
- 『ミュンヘン』（2005）　1972年，ミュンヘン・オリンピック時のパレスチナ・ゲリラとイスラエル特殊部隊との戦いを描く。スピルバーグは現代のイスラエルをどう見ているのか？

■＜ホロコースト＞について，手始めに読んでみよう

▷ ガッサン・カナファーニー『太陽の男たち／ハイファに戻って』（河出書房新社，1988）

▷ 広河隆一『中東共存への道―イスラエルとパレスチナ』（岩波新書，1994）
▷ 広河隆一『パレスチナ新版』（岩波新書，2002）
▷ アーディラ・ラーイディ『シャヒード，100の命―パレスチナで生きて死ぬこと』（インパクト出版会，2003）
▷ 芝生瑞和『パレスチナ』（文春新書，2004年）
▷ 柿本昭人『アウシュヴィッツの＜回教徒＞』（春秋社，2005）

第14章 ＜テロリズム＞

『アルジェの戦い』

〈DATA〉

監督　ジッロ・ポンテコルヴォ

出演　ブラヒム・ハジャック，ジャン・マルタン，ヤセフ・サーディ，トマリ・ネリほか

（1966年，イタリア／アルジェリア）

〈KEYWORDS〉

1. 検問
2. 時限爆弾
3. ヴェール
4. 拡声器
5. 蜂起

1● 検問による識別

STORY・1　カスバの監視網

　この映画は，アルジェリア独立から3年を経た1965年にイタリアで製作された。1950年代，フランスが北アフリカに「海外県」として保持していた植民地アルジェリアにおける独立戦争は，1954年11月1日のアルジェリア民族解放戦線（FLN）による武装蜂起から，1962年3月18日のエヴィアン協定締結による停戦まで続く。映画は，1957年1月から9月までのアルジェ市内における革命ゲリラの武力闘争，いわゆる「アルジェの戦い」を軸とし，1954年から1960年までのゲリラとフランス軍との戦いをドキュメンタリー形式で描いていく。

主人公はアルジェのゲリラの指導者として最後まで抵抗したアリ・ラ・ポワント。アリは少年のときから軽犯罪で少年院収容と入獄をくりかえしてきたが，牢獄で出会った独立運動の闘士たちや，そこで目撃した指導者たちの処刑によって，自身もゲリラ活動に関わっていく。民族解放戦線ゲリラの指導者カデールは，アリが「警察の犬」ではないことを確かめるために，警察官の殺害を命じる。しかし渡されたピストルには銃弾が故意に詰められておらず，アリは危うく捕えられそうになる。というのもアリが受けていた命令は，警官を背後から撃つというものだったにもかかわらず，復讐心に燃えるアリはわざわざ警官を前から撃とうとしてピストルの弾が出ずに逃げ出さざるを得なくなったのだ。こうしたところにもアリの，組織よりも個人を重視する直情径行的な性格が描かれている。

　1956年から解放戦線は組織を整序し攻勢に出て，警察官を標的としたテロ攻撃をくりかえす。それに対してフランス政府も大軍を投入して徹底的な弾圧に乗り出し，アルジェのアラブ人地区であるカスバの各所に検問所を設けて，カスバとヨーロッパ人居住地区との境界線を強化しようとする。

POINT・1　テロリズムと監視

『アルジェの戦い』は，テロリズムが監視のテクノロジーとの戦いであることを描く。

　今の日本で普通「テロリズム」といった場合，そこには「凶悪な過激派や原理主義者が行なう無実の市民に対する無差別な殺傷行為」といった意味合いが強いように思われる。しかし，もともとの辞書的定義によれば，政治上の主張を通すための暴力的行為であれば，個人による要人の暗殺であろうが，国家による民衆の虐殺であろうが，狂信者による無差別殺害であろうが，テロリズムと呼ばれてしかるべきだろう。つまり，必ずしもテロリズムやテロリストを「悪いもの」として一概に断じることはできず，そこにはテロを引き起こす政治的・社会的要因があることを考えなくてはならない。現在の世界のあちこちで起きている「テロの暴力」と「テロに対する戦争という暴力」とのあいだに線を引いて，どちらが善でどちらが悪と決めつけることができないのと同様である。

しかし、ここでの問題はテロを行なう主体とその犠牲者が誰であろうと、それは必ず無差別の殺戮行為を誘発し、「テロにはテロで」という報復的な暴力の連鎖を招くということだ。この映画が描くテロリズムも、まさにそのような政治的暴力の連鎖が実体となっている。

　映画はアリ・ラ・ポワントの回想というかたちを取り、彼と身近な数人が隠れ場所を見つけられて爆破される寸前の描写から始まり、数年前にさかのぼっていく構成を取っている。しかしカメラは必ずしもアリの視点と重なるわけではなく、アルジェリア独立運動にさまざまな観点から迫ろうとする。解放戦線ゲリラの英雄的な戦いを賛美して描くというよりは、闘争の成功と挫折がどのような条件の下で成し遂げられていったのかという政治的力学の考察と、そのなかで生きる人間たちの個性を浮かび上がらせることによって追求すると言ってもいいだろう。

　この映画に描かれているのは、日常的な人や物の交流を分断された圧倒的に非対称な植民地社会の様相だ。支配者側と被支配者側との人間的絆は、暴力の現場を除けばほとんど存在しない。アルジェにおけるヨーロッパ人居住地区と先住民の住むカスバ地区とは裁然と隔てられ、両者を検問所という軍隊と警察の管理する暴力装置が隔てている。そこでは監視する者とされる者、危険な者とそうでない者とが支配者によって一方的に識別され、検問を行う側がされる側の生殺与奪の権利を握っているのだ。

　テロリズムとはそのような監視の網を突破し、向こう側に立ち入ることで暴力を発現する行為である。よってゲリラの戦略も、監視網をかいくぐり彼我の二項対立の境界線を撹乱することに力が注がれる。そのためには女性や子どもが連絡員となってメモや武器の受け渡しを行なったり、暗号や秘密の隠し場所の使用、多数の群衆のなかに紛れることによる匿名性の確保などが重要な計略となる。

　アルジェ地区の解放戦線の指導者カデールが重視するのも、警察・軍側の監視網を打ち破る強固なゲリラ組織の構築だ。そこにはピラミッド型組織による中央集権的統率と、直近の3者以外にはお互いのアイデンティティがわからないような組織構造による秘密の保持とが貫かれていた。

　とすればこのようなゲリラ組織に対抗するフランス軍側の「テロに対す

る戦争」の戦略も，監視や検問から一歩進んで，大量検挙と拷問によるゲリラ組織構造の解明へといたらなくてはならない。ゲリラによる無差別の爆弾テロに対する，警察や軍による無差別の拷問テロ。このどちらもがテロリズムの典型なのだが，問題はどちらが合法性を標榜し，新聞などのマスメディアや国連のような国際社会の共感を得るかにある。テロリズムとは，アイデンティティの監視に関する戦いであると同時に，合法性をめぐる争いでもあるのだ。

2● 時限爆弾という象徴

> **STORY・2** 時間刻みの暴力
>
> 　解放戦線ゲリラによるテロ攻撃の標的は警察官から一般住民へと拡大し，対する警察側もカスバの民家にひそかに爆弾を仕掛けるテロ攻撃を行なう。こうして双方が無差別殺戮を目的としたテロリズムに訴える事態となっていく。頻発するテロに手を焼いたフランス政府は，ゲリラ組織弾圧の切り札として第二次大戦中のナチスに対するレジスタンスの英雄マシュー・フィリップ陸軍中佐率いる第10空挺師団を投入，これにより警察活動と軍事行動が完全に一体化することになる。
>
> 　マシュー中佐はゲリラを発見するためには，アルジェのなかで群集に紛れて行動する敵を孤立させ，組織を壊滅させるための戦略が必要だと説く。敵を見分けるには身分証明書など何の役にも立たず，検問もきわめて非効率だ。まずはピラミッド型の構造をしているゲリラ組織の地区ごとの指導者をランダムな検束と拷問を使った尋問で割り出し，ひとつひとつしらみつぶしに捕えていく必要があるというのだ。そのように次々と指導者を特定し，それをひとりひとり排除していくことではじめて，からだを殺しても頭が残っていれば無限に増殖し続けるサナダムシのようなゲリラ組織を破壊できる。
>
> 　カスバの住民たちは国連がアルジェリア問題を討議してくれるよう示威運動として1週間のゼネストを実行するが，フランス軍はその機に乗じて，ストに同調する者を無差別に一斉検挙し，徹底した拷問と尋問で少しずつゲリラ組織の陣容を解明していくのだった。

| **POINT・2** テロリズムとドキュメンタリー | 『アルジェの戦い』は，テロリズムが時間との闘争であり，その統率でもあることを示す。 |

　この映画は終始白黒の映像で撮られ，ニュースの画面を思わせるドキュメンタリータッチで作られている。時間の経過も正確な日付と時間をもって示され，つねに私たち観客の意識も映画の時間の流れを自覚するようにと仕向けられる。

　事件の進行は全体としてきわめてスピーディに，かつ切迫した緊張感とともに描かれていくのだが，それを断ち切り，区切るようにして効果的に使われるのが，ゲリラ闘争の最大の武器である時限爆弾である。

　時限爆弾が仕掛けられるとき，つねにそこには爆発までの時間が指定されている。私たち観客はそれまでの数秒や数分を，ときには爆弾を仕掛けた者たちと，ときには爆弾があるとも知らず談笑する被害者たちと共有することになる。その一方で，ゲリラ組織が次々と解明され，時間的にも空間的にも追いつめられていく抵抗運動のありさまも描かれていく。つまりこの映画が描くテロリズムは，その暴力の実現と効果がつねに時間と関わっており，それを実行する者もその犠牲となる者もある濃密な時間を共有して生きていることを示すのだ。

　ここでもテロリズムは相互的な様相をあらわにしている。同様の暴力が敵と味方，フランス軍とアルジェリア・ゲリラ双方によって用いられることで，その影響によって互いの生活も変わってゆく。時限爆弾が刻む時が加害者と被害者両方の生を克明に照らし出すように，テロリズムは結局どちらをも暴力の犠牲者にしてしまうのである。

3● ヴェールが隠し，現すもの

| **STORY・3** | ヴェールの着脱 |

　アルジェのゲリラ活動では女性たちの活躍が目覚しい。彼女たちはムスリムの衣服であるヴェールの下に銃や武器を隠し，テロ攻撃の準備に欠かせない存

在である。さらに解放戦線の爆弾闘争は，きびしくなった監視網を突破するために女性たちを登用し，ヴェールを脱いだ彼女たちはヨーロッパ人に変装して，やすやすと検問を通り抜け，カフェ，ダンスホール，空港とヨーロッパ人が集まる場所に，無差別の時限爆弾攻撃を仕掛けていく。こうしてテロはフランス軍と現地のアルジェリア民衆との総力戦の様相を呈していくのだった。

POINT・3 テロリズムと変装　『アルジェの戦い』は，テロリズムが変装によって境界を侵犯し，新たな身体性を発現する過程を描く。

　この映画が爆弾闘争の担い手である女性の身体的変化を通して衝撃的なかたちで提出するのが，ムスリムのアルジェリア女性の「ヴェール」と，その着脱による新たな身体性の獲得に関する問いだ。アルジェリア人女性がこれまで顔を覆っていたヴェールをはずし，化粧と洋装をしてヨーロッパ人女性に偽装する。それによってフランス軍の検問を通り抜け，カフェ，ダンスホール，空港といった支配者側の市民たちが多く集う場所に爆弾を仕掛ける。

　ムスリムの女性たちにとって，自分の顔や身体を覆うヴェールは自らのアイデンティティにとって不可欠の要素である。しかし彼女たちはいま民族独立戦争という火急のときにあって，その民族的アイデンティティの要であるヴェールを闘争のために利用する。彼女たちはその着脱を自らの意志によってコントロールすることによって革命の戦士となり，ときに武器をヴェールの下に隠して運び，ときにヴェールを脱いでヨーロッパ女性に変装する。革命闘争が要求するテロリズムは，これまで民族的因習にとらわれていた女性たちに新たな身体性を付与するのである。

　変装した女性たちによる爆弾闘争を描く映像が強調するのは，人々の顔をアップで映し出すことでとらえられる加害者および被害者それぞれの個性だ。それまで集団でしかなかった人々が，このときそれぞれの背景と生活を持った個人として私たち観客に意識され，テロリズムが必然的にもたらす人間の血という代償がいやおうなく認知される。

　つまり，ヴェールを脱いだことで革命闘争に参画した彼女たちは，同時

に加害者として自らの殺人行為を受け入れねばならない。彼女たちが自らの身体の変容を賭けて実行するテロリズムは，個人の体験や記憶と国家の歴史や暴力との結節点となるのである。

4● 拡声器というテクノロジー

STORY・4 拡声器と記者会見

　フランス軍は豊富な資金とテクノロジーを駆使して，解放戦線が民衆の味方などではなく，フランス政府こそがアルジェリアのためを考えているのだとの宣伝工作を展開する。軍隊も人々に食料を配るなどして懐柔工作を展開するかたわら，ゲリラの参謀本部という「サナダムシの頭」を少しずつ追いつめ，カデールとアリを含む4人のリーダーを特定することに成功する。

　解放戦線の知識的後ろ盾であった指導者のひとり，ベン・ミディが捕えられ，記者会見が行なわれる。そのなかで爆弾テロの卑劣さについて問われたベン・ミディはヴェトナムでの戦争に言及し，「ナパーム弾で何千倍もの民衆を殺す方がはるかに卑怯であり，われわれに爆撃機をくれるならこちらの爆弾も喜んで差し出そう」と言う。やがてベン・ミディが監獄で首吊り自殺をしたという警察発表が行なわれる。

POINT・4 テロリズムと声の交錯

『アルジェの戦い』は，テロリズムがさまざまな声の対抗的交錯でもあることを表現する。

　この映画のきわだった特徴として，さまざまな声の相剋が描かれていることが挙げられるだろう。一方に支配的メディアとしてフランス軍側の一斉放送や拡声器による宣伝，飛行機からの情宣，軍楽隊の音楽などがあり，それは一定の公共性を持ち，支配者側の教化訓育的(ペタゴジカル)な声として機能している。他方にはゲリラ側のひそかに手渡されるメモ，耳打ち，デモにおける喚声，民族の記憶を喚起するような民衆のなかから自発的に湧きあがる，より日常生活に密着した即興的で身体演技的(パフォーマティヴ)な声がある。

たとえば，それまで軍の情宣に使われていたマイクをひとりの少年が奪って，解放戦線をたたえ「アルジェリア万歳」の叫びが人々に口写しに広がってゆく場面。ゲリラ側によるこのような支配者側のテクノロジーの略奪と領有は，抑圧的な声とそれに抵抗する声のせめぎあいを描く実例である。

　また映画の最後で，支配者側には確かな理由もわからず蜂起したアルジェの民衆たち，とくに女性たちのなかから自然発生的に「アラララ」という喉を使ったザグルーダと呼ばれるアラブ独特の発声が湧きおこり，それが夜のアルジェの町に響き渡る印象的な場面がある。この声は支配者側にとっては意味不明な「不気味な叫び」としか聞こえないのだが，それは同時に限定された組織が主導していたゲリラのテロリズムが大規模で無定形な大衆蜂起運動へと引き継がれた瞬間を示してもいるのだ（私たちは似たような大衆による抗議行動をテレビのニュース映像で見なれているが，そのような時私たちのまなざしは無意識にそうした人々を「不気味で暴力的，非理性的な集団」とする支配者＝抑圧者側の視線に同化してはいないだろうか？）。

　すなわち，支配者の側が拡声器という膨張のテクノロジーに頼った戦略を展開するのに対し，被支配者側の声はさまざまな身体表現による多種多様さを特徴とする。しかしお互いの技術が模倣されるように，この２つの声の境界線は分明ではない。この映画で抵抗する被支配者は，支配者側のニュースや新聞報道，市内公共放送施設のメディア独占状況に対して，地下メディアを利用する。ゲリラたちは組織構成員どうしでさえもたがいの顔がほとんどわからないような網状組織の秘密機構を構築することで，支配者側のテクノロジーを混乱させていくのだ。映画の最後で自然発生的に女性たちの喉から発せられ，次第に市民たちの無秩序だが力強い合唱へと高まっていく抗議の声も，支配者が擁するテクノロジー的な優越を根底から攪乱する集合的な声であると同時に，民族独立を求める民衆たちの力が身体性のレベルで立ち上がってくる瞬間をとらえている。

5● 蜂起とその後

STORY・5　テロの根絶から大衆蜂起へ

　解放戦線の司令官カデールが「無意味な犠牲者を出せない」と投降し，参謀として残るのはアリひとりとなる。最後の爆弾攻撃を前にして，フランス軍にアジトを襲われたアリは，ほかの3人とともに隠れ場所のなかに潜み続け，人々が祈りながら見守るうち，家ごと爆破される。

　かくして組織という「サナダムシ」は死滅し，アルジェは以降2年間フランス軍の占領下で一見平穏な状況となる。しかし1960年12月の民衆蜂起が拡大，続く2年間の激しい闘争の後，ついに1962年アルジェリア独立が果たされたのだった。

POINT・5　テロリズムと民衆

『アルジェの戦い』は，テロリズムが民衆蜂起につながる可能性を考察する。

　この映画の随所に貫かれているのは，テロリズムの暴力の相互性とその悪循環，そしてテロの暴力以降を展望する視点である。たとえば映画のなかで解放戦線の知的指導者のひとりベン・ミディは，アリに次のように語る──「本当の困難は革命戦争の勝利の後にやってくる」。テロリズムだけでは本当の民族独立は果たせないこと，そして暴力闘争に仮に勝利したとしても，そこから国家建設の苦難が始まる，という現代に通じる問題が，映画が作られた1960年代のこの時点ですでに予言されているのではないだろうか？

　独立以降のアルジェリアの歴史を見ればそのことは明白だ。1962年にアルジェリアは独立し新しい国民国家となるが，その後，首相さらには大統領となったベン・ベラのクーデターによる失脚（1965年），1980年代の経済危機，1990年代のイスラーム救済戦線（FIS）の興隆とその弾圧に端を発した現在にいたる内戦状況など，独立後現在にいたるまで，アルジェリア民衆の苦闘は延々と続いている。

映画でも単なる残忍非道な弾圧者というよりは，現実主義者でありながら人間的に奥行きの深い人物として描かれていたゲリラ鎮圧の司令官マシュー・フィリップ中佐は，第2次世界大戦中は反ナチス活動家であり，その麾下の兵士たちの多くがかつてレジスタンスの闘士やナチス収容所の生存者であった。そのような「解放の戦士や英雄」たちがアルジェリア独立戦争のような「汚い戦争」においては，ゲリラを徹底的に殲滅する植民地暴力の先頭に立つという歴史の変転をも，この映画は示す。

　21世紀の現在，テロリズムは支配的な国家の側からも抵抗する民衆の側からも，軍事・経済・宗教など文化のあらゆる側面にわたって蔓延している。そのような世界に生きる私たちにとって，この映画が最後に突きつけてくる問いは，おそらく次のようなものだろう。独立戦争や解放闘争に必要であった軍事暴力を，革命軍の勝利後にどのように平和裡に解体していくのか？　アルジェリアを含めてこれまで多くの国家がこの企てに失敗し，独立後も泥沼の内戦状態に陥っているのはなぜなのか？　テロリズムを産み出し支え続けている軍事力をめぐるこうした問いを避けて通ることはできない。圧倒的な植民地主義的暴力に対抗して民族解放を成しとげるために，テロリズムの暴力は不可避なのだろうか？　この映画はその問いにかろうじてイエスで答えながら，しかし同時に，そうした抵抗の暴力によって達成された新しい民族国家が，いかにその暴力の連鎖を断ち切っていくことができるのかという，まさに現代において肝要な問いを提起しているのである。

QUESTIONS

1. 現代においてテロリズムの暴力が頻発している地域における「監視」の現状を調べてみよう。
2. フィクションでありながらドキュメンタリー風の演出をした映画を他にもひとつ取り上げて，この映画と比較してみよう。
3. ファシズム国家における「声」の独占は，統治の政策として重要だが，それが20世紀においてどのような発展を遂げてきたのか，実例に即して考察してみよう。

4．20世紀後半における植民地独立闘争の歴史を調べ，その結果成立した様々な国民国家が現在どのような状況にあるか概観しよう。
5．テロリズムの暴力をあなたは是認するかしないか，是認するとすればそれはいったいどのような場合か，あるいはいかなる場合も是認しないとすれば，それはなぜか？

■＜テロリズム＞にまつわるこんな映画も観てみよう

＊（　）内は監督，製作年

▶『地下水道』（アンジェイ・ワイダ，1957）　第二次大戦末期ナチス・ドイツに対して蜂起したワルシャワ市民のレジスタンス運動を，地下水道に追いつめられた人々の姿を通して冷徹に描く。テロとレジスタンスの違いは？

▶『わらの犬』（サム・ペキンパー，1971）　平和主義者の数学者が暴力の蔓延するアメリカ合州国を逃れてスコットランドに移住するが，そこで自己の暴力性に目覚める。個人の内面に潜む「テロリズム」に光を当てる。

▶『ゆきゆきて，神軍』（原一男，1987）　ニューギニア戦線を生き残り，天皇をパチンコ弾で撃ち，日本の戦争・戦後責任を自らの身命を賭して追求した世紀のテロリスト奥崎謙三の記録映画。体を張って国家と戦うとは？

▶『遠い夜明け』（リチャード・アッテンボロー，1987）　アパルトヘイト体制下の南アフリカでの，活動家スティーブン・ビコと新聞記者ドナルド・ウッズとの交流。人種差別は国家テロの温床だ。

▶『南京1937』（ウー・ツゥニュウ，1995）　日本軍が南京侵略時に引き起こした虐殺事件を，中国人医師と日本人の妻の目を通して描く。国家テロリズムの極致としての軍隊による一般市民大量虐殺の真相。

▶『マイケル・コリンズ』（ニール・ジョーダン，1996）　20世紀前半のアイルランド独立運動の闘士コリンズのカリスマにあふれた生涯を描く。革命闘争に必要なのはテロリズムか，無実の市民の無差別虐殺か？

▶『ペパーミント・キャンディー』（イ・チャンドン，1999）　自殺するひとりの男の人生を5年ごとに20年にわたって遡っていくことで明らかになる真相。韓国の国家テロリズムである1980年の光州事件が重要な背景となる。

▶『A』『A2』（森達也，1998；2002）　オウム真理教事件を起こした「教団」内部の人間と，それを囲む外部の人々や社会との関係を掘り下げたドキュメンタリー。テロリストたちの実像に迫る。

▶『独立少女紅蓮隊』（安里麻里，2004）　沖縄の少女たちが日本本土に仕か

けるテロ攻撃。植民地主義への痛快な問いかけ。
- ▶︎『Little Birds イラク 戦火の家族たち』(綿井健陽, 2005)　アメリカ合州国を中核とするイラク侵略がはじまった2003年3月からバグダッドにとどまり続けたビデオジャーナリストによる衝撃的な記録。多国籍軍に参加している日本の「自衛隊」も含めて,「テロリスト」はいったいどちらなのか？
- ▶︎『ジャーヘッド』(サム・メンデス, 2005)　世界最強のテロリスト部隊とも言うべきアメリカ海兵隊の内幕。他者恐怖と思考停止が暴力を誘発する。

■ジッロ・ポンテコルヴォ監督の他の作品も観てみよう
- ▶︎『ケマダの戦い』(1970)　カリブ海の島ケマダにおける大英帝国と先住民との戦いを描く。ここでもドキュメンタリー形式によって植民地問題が焦点化されている。

■＜テロリズム＞について，手始めに読んでみよう
- ▷ フランツ・ファノン『革命の社会学』(みすず書房, 1984)
- ▷ 船戸与一『国家と犯罪』(小学館, 1997)
- ▷ 『これは戦争か』(『現代思想』2001年10月臨時増刊号)
- ▷ 西谷修『「テロとの戦争」とは何か』(以文社, 2002)
- ▷ 板垣雄三編『「対テロ戦争」とイスラム世界』(岩波新書, 2002)
- ▷ 藤原帰一編『テロ後――世界はどう変わったか』(岩波新書, 2002)
- ▷ 酒井啓子『イラクとアメリカ』(岩波新書, 2002)
- ▷ アルンダティ・ロイ『帝国を壊すために―戦争と正義をめぐるエッセイ』(岩波新書, 2003)
- ▷ 酒井隆史『暴力の哲学』(河出書房新社, 2004)
- ▷ 酒井啓子『イラク　戦争と占領』(岩波新書, 2004)
- ▷ 徐勝編『東アジアの冷戦と国家テロリズム』(御茶の水書房, 2004)
- ▷ 森英樹『国際協力と平和を考える50話』(岩波ジュニア新書, 2004)
- ▷ 最上敏樹『いま平和とは　ＮＨＫ人間講座』(ＮＨＫ出版, 2004)
- ▷ 笠原十九司『南京難民区の百日―虐殺を見た外国人』(岩波現代文庫, 2005)
- ▷ 井筒和幸ほか『憲法を変えて戦争へ行こうという世の中にしないための18人の発言』(岩波ブックレット, 2005)
- ▷ ロザリー・バーテル『戦争はいかに地球を破壊するか』(緑風出版, 2005)

第15章 ＜民族分断＞

『JSA』

〈DATA〉

監督　パク・チャヌク

出演　ソン・ガンホ，イ・ビョンホン，イ・ヨンエ，キム・テウ，シン・ハギュンほか

（2000年，韓国）

〈KEYWORDS〉

1．軍事境界線
2．手
3．ヒョン（兄貴）
4．写真
5．手紙

1● 軍事境界線をはさんで

STORY・1　11発の銃声

　1950年6月25日に朝鮮戦争が勃発，1953年7月27日に板門店で休戦協定が結ばれ，南北朝鮮は「交戦」状態のまま，現在にいたるまで北緯38度線で軍事的対峙を続けている。その民族分断の象徴的空間が，板門店の共同警備区域（Joint Security Area）である。ここには全長248kmに及ぶ軍事境界線をはさんで南北2kmずつの非武装地帯が置かれ，「当事者による直接監視機構」である軍事停戦委員会と，「第3者による間接監視機構」である中立国監督委員会によって管理されている。軍事境界線上には，幅50cm，高さ5cmのコンクリート

の線が設置されており，いまだに南北朝鮮の警備兵が線をはさんでにらみ合っているのだ。

1999年10月28日午前2時16分，北朝鮮側の歩哨所で激しい銃声が響く。それは北朝鮮軍の兵士が2名犠牲になった殺人事件であった。南北両軍の兵士が関わった銃撃事件として，両国の合意によってその解明はスイスとスウェーデンからなる中立国監督委員会の手にゆだねられることになる。そして事件捜査の指揮官には，スイス人の母親と韓国人の父親を持つスイス軍女性将校ソフィー・チャンが任命された。

生き残った韓国兵士のイ・スヒョク兵長が陳述書に記した主張によれば，ある夜，野外で用をたしていたところ，いきなり軍事境界線を越えてきた北側兵士によって拉致・監禁されたが，自力で戦って脱出した。そのさい2名の北朝鮮軍兵士をやむなく射殺，その後韓国軍が逃げ帰るスヒョクを援護し，双方で橋をはさんで銃撃戦となったとして，北朝鮮の挑発行為を非難していた。対する北朝鮮側の主張は，右肩を撃たれて負傷したオ・ギョンピル中士が陳述書に記した内容に従えば，南側の兵士がひとりで境界線を越え，歩哨所に侵入，上尉と兵士を殺害した韓国軍の奇襲テロ攻撃を非難するものだった。

このようにまったく異なる両軍の主張に直面したソフィー・チャン中佐は，2つの事実に注目する。ひとつは殺された北朝鮮の兵士のひとりチョン・ウジンの死体には，正面から至近距離で8発もの銃弾が撃ちこまれており，強い怨恨か衝動的な動機が推察されるのに対し，もうひとりの上尉は2発の銃弾のみで冷静に射殺されていると判断されること。同じ殺害現場に残された死体なのに，この差はいったい何を物語るのだろうか？

もうひとつは，現場に残された弾丸の数についての謎だ。弾丸の痕は死体に残されたか通過したものが10発とギョンピル中士の肩を撃ったものの合計11発分ある。スヒョクは自分の銃に15発の弾丸を詰めていたはずだから，銃には4発の弾丸が残っているはずだが，実際にスヒョクの銃には5発の弾丸が残っている。それと現場ではたしかにスヒョクの銃から出たと思われる弾丸が10発発見されたが，もう一発の弾丸はどうしても見つからない。その一発の弾はいったいどこに行ってしまったのか？ ひょっとして誰かもうひとり別の人間が現場にいて，北側兵士に向けて発砲したのではないだろうか？ ソフィーは陳述書の内容とは違う隠された事実を探求しようと，スヒョクとギョンピルを取り調べるが，彼らはともに陳述書の内容以上のことは語ろうとしない。

POINT・1
民族分断と中立

『JSA』は，民族分断が1本の境界線によって仕切られた歴史の恣意的暴力であることを暴く。

あらゆる人と人との分断を問う映画と同様，この映画にイメージやモチーフとして頻出するのも，人間のあいだを分かつ無情な壁や線や境界と，それにあらがおうとする感情豊かな人間たちの身体と靴と声とのせめぎあいである。この映画の最初の画像である銃弾によって壁に開いた穴にしても，それは南と北，生者と死者，撃つものと撃たれるものという究極の境界のしるしであると同時に，向こう側につながろうとする意志や絆や視点を開示するものでもありうるだろう。

あらゆる対立は，争いや抑圧や暴力の源でもありながら，同時に，交情と和解と平安の泉でもあるということ。この映画が問うのは，朝鮮半島の民族分断というきわめて具体的な政治的・歴史的関係であるとともに，こうした人間同士の関係に関わる永遠の哲学的問題なのだ。

だからこそ，ソフィー・チャンというスイス国籍の「混血」の女性将校が「中立国監督委員会」の捜査官として，極限的な分断状況を象徴する銃撃殺人事件の真相究明にあたるという設定が深い意味を持ってくる。彼女は「完璧に中立である」という使命を帯びて仕事にあたらねばならない。しかし，ひとりの生身の人間が，「完璧に中立である」とはどういうことだろう？　人間は機械ではない，ましてや民族分断の地理的中間点に引かれた無機質の軍事境界線などではないのだ。

韓国の将校のひとりがソフィーに言う，「人間は2種類に別れる，アカか，アカの敵か，中立などない」と。このような敵か味方か，テロリストかテロと戦う側か，といった単純な二分法による対立の永続化でもなく，あるいはまた「中立」という対立の現状維持的な温存でもないような第3の道ははたしてあり得るのか？　「アカ」ではないにもかかわらず，「アカ」であることを積極的に引き受けること。あるいは「アカ」になることで「アカ」そのものを解体してしまうこと。そのような営みはいったいどのようにして可能なのだろうか？

この映画は3部構成となっており，それぞれが "Area", "Security",

"Joint"と名づけられて，時間的に遡行する形式が取られている。ソフィーを中心にしてこの映画を見たとき，これはひとりの人間の成長物語であるとも言える。すなわち，第1部で与えられた任務の「国際性」や「中立性」に何の疑いも持っていなかった彼女が，第2部で，男たちを結ぶ「中立」どころかきわめて偏向した，それゆえにかけがえのない価値を持つ友情の存在に気がつくにつれて変化し，第3部では「中立」であることを捨てた彼女が，個人の意志で南北どちらの側にも立ち入り，自らも交情する主体となろうとする過程が描かれているからだ。

原作小説と異なり，媒介者としてのスイス人将校を女性にしたことによって，軍隊という男同士の絆（ホモソーシャリティ）がきわめて強固な世界のもたらす悲劇の様相が明らかになる。ソフィーという女性の存在は，民族分断が男たちによっては結局克服し得ないのではないかという問いの要なのだ。

いわばソフィーは，朝鮮人であるがゆえに「大韓民国」か「朝鮮民主主義人民共和国」の軍人かの2者択一を迫られてしまった4人の男たちの闘いと苦しみと喜びと哀しみを身をもって知ることによって，スイス人であることから「朝鮮人」であることへと脱皮するのだ。そのときソフィーが自分で選択した朝鮮人とは，民族分断の境界線に隔てられた男たちが余儀なくされている民族性や国籍とは違う。むしろそれは，そのような歴史の暴力や国家体制の恣意的解釈を超越した，国境や民族の閉鎖性や独善性を越えるものの象徴的名称なのだ。戦争によって分断された者たち，ディアスポラ状況によってどんな土地でもマイノリティであることを強いられている者たち，難民として政治的・経済的暴力の被害者となっている者たち。彼ら彼女らには等しく自らの「朝鮮」や「パレスチナ」や「クルド」や「キプロス」や「チベット」や「チェチェン」や「アイヌ」や「イロコイ」や，その他多くの固有名詞にして普遍的名称（言葉の真の意味での"proper name"＝適正な自称）を主張する権利がある。

『JSA』とは，安全や警備（"Security"）の名によって分断された地帯や男性的身体（"Area"）が，ひとりの「中立」を放棄した女性の介入によって，つかの間だが，結び合わされる（"Joint"）映画なのである。

2● 手がつかむもの

STORY・2 銃を持つ手と握り合う手

　ソフィーが推測を重ねて事件の真相に迫ろうとする一方で，スヒョクはこの事件の発端ともなった男たちの出会いを回想する。事件からさかのぼること8ヶ月前，2月17日の夜のこと，警備行動に出ていたスヒョクの所属部隊は誤って38度線を越え，北側に入り込んでしまった。あわてて引き返す部隊から取り残されて連絡が取れなくなったスヒョクは，草が人の背ほども高く生い茂る非武装地帯で地雷を踏んでしまい，身動きが取れなくなる。

　絶望して動けずにいたスヒョクのところへ，自分の飼っていた小犬を茂みのなかに追ってきた北軍の兵士ウジンと上官のギョンピルが現れる。銃を構えて「近づくな，近づくと地雷を爆発させるぞ」と言うスヒョク。しかし2人が去ろうとすると，「見捨てるのか，助けてください」と泣きべそをかいてスヒョクは助けを求める。逃げ出そうとするウジンをよそに，ギョンピルは冷静に地雷の信管を抜き，それをお守りにするようにとスヒョクに渡す。

　2度目の偶然の出会いは，雪の降りしきる日に，南北の小隊同士が対峙したとき。同じ民族でありながら敵として引き裂かれ，言葉を交わすことさえ許されない両隊長がたばこの火をつけあう，軍人同士の沈黙の交歓。北側の隊長ギョンピルとウジンは，南側のスヒョクと無言の挨拶を交わすのだった。

　そして3度目は，板門店の警備についていた時。軍事境界線で隔てられた向こう側に，たがいの顔を認め，思わず笑みがこぼれてしまう男たち，境界線を越えて相手の軍靴に唾を飛ばしたりしながら。

　こうして重なった偶然の出会いは，JSA南西部にあり，南北境界線を隔ててかけられた「帰らざる橋」の両側に位置する韓国と北朝鮮それぞれの歩哨所に彼ら3人が勤務することになって，秘密の信頼関係へと育っていく。朝鮮戦争後の停戦協定により南北両兵士の送還が行なわれた橋，この橋で南北どちらかを選択すると二度と帰って来られないことからこの名のついた橋を越えて，何度も石をつけた手紙が投げられ，男たちの交信が続く。ある日の深夜，スヒョクは北側からの手紙の誘いに乗り，橋の真ん中にある38度線を越えて北の歩哨所を訪れる。まさか本当に訪ねてくるとは思わなかったギョンピルとウジンも驚きながら，スヒョクを暖かく迎え入れ，握手を交わすのだった。

POINT・2
民族分断と身体

『JSA』は，民族分断がたがいの手と手の結びつきによって超えられる可能性を探る。

　すでに示唆したように，この映画は分断と接続の緊張を間断なく描き続けた作品である。それゆえに身体の各部分や分泌物・付属物が境界線に触れてどのような反応を示すかが執拗に描かれている。地雷を踏んでしまった足の裏，信管を抜き取った唇，赤外線眼鏡を通した敵の姿，拳銃を抜く掌，ライフルを構える肩，降りしきる雪の幕の向こうに見える敵部隊，幅50cmの軍事境界線を越える歩哨の影，相手の靴に飛ばす唾，敵方の隊長のたばこに火をつける手，小石をつけた手紙を飛ばす腕，抱きよせられた体，腕相撲や片足での「鶏相撲」，アメリカ製のライターに映して唐辛子の粉のありかを確認する白い歯，韓国製のチョコパイをほおばる口，ポルノ雑誌を真剣に見入る目，飯盒の蓋で酌み交わす酒，追い払おうとしても橋を渡って戻ってきてしまう犬…私たちも映画の画面を通して，彼らの皮膚感覚を共有することで，民族分断の悲劇とそれを越える熱望を想像し理解することができるのだ。

　映画は4人の男たちのそのような身体感覚を執拗に描いてゆく。だからこそ，ウジンがスヒョクを歓迎して述べる「分断の半世紀，屈辱と苦難の歳月を越えて，よくぞ統一の扉を開けてくださいました」という公式的な民族統一の口上と，スヒョクが同じ部隊の弟分であるソンシクに言う「同じ民族がしりとり遊びをしたぐらいで何の罪になるんだ」という相手を慕う本音とが，単なる口先だけの言葉ではなく，分断を超える熱い思いとなって私たちの胸に迫るのだ。実際に戦争が起きれば，境界線上に配属された彼らは真っ先に，南北の境など関係なく数分で全滅してしまうだろう。それなのに境界線を日夜必死に警護し，同じ民族同士が銃を向け合っていることの理不尽さ。

　アメリカ製のジッポのライターはたしかに性能がいいだけでなく，鏡の役割も果たして，朝鮮民族のしるしである唐辛子の粉を歯のあいだから見つけるのに役立つ。ロッテのチョコパイは，軍隊生活のなかでひとときの平安を保証するお菓子だが，この日本企業の資本によって作られたお菓子

の溶けるような甘さは外国資本に侵食された韓国の経済事情をも悔しく思い起こさせるだろう。白人女性の裸が満載されたポルノ雑誌は，女性のいない軍隊生活を強制されている男たちの欲望をかきたてると同時に，故郷の恋人や家族への思いをも純化する。そして何より銃を握って相手を殺すことのできる手指は，相手の手をとって握手することだってできる大事な身体の一部分なのだ。

このようにこの映画は，境界線でつねに緊張を強いられている軍人たちの身体と感情をユーモアにあふれた暖かな視線と，センチメンタリズムを排したリアルな形象を通じて描くことによって，人間の手足が民族分断にあらがうさまを描き尽くしているのである。

3● ヒョン（兄貴）と呼ばれる者

STORY・3　ヒョンとトンム

スヒョクはギョンピルの人間的な器の大きさに惹かれ，ヒョン（兄貴）と呼んでいいかと尋ねる。こうして民族分断の境界線を越えて兄弟の絆が生まれる。さらにスヒョクは，同じ韓国軍の部隊に所属し自分が3ヶ月後に除隊することを寂しがっている弟分のナム・ソンシク一等兵に，「俺の親友を紹介しようか」と誘いをかける。

ソンシクはある夜，スヒョクに連れられて「帰らざる橋」を渡ろうとする。ソンシクは38度線の一歩手前で戸惑い，「統一の扉って…後で開けてはダメですか？」と聞くのだが，結局彼も境界線を越えて北の歩哨所を訪れ，ギョンピルとウジンの熱烈な歓迎を受けるのだった。

こうして男たち4人のあいだで，深夜の密会による友情が育っていく。

POINT・3　民族分断と兄弟

『JSA』は，民族分断にあらがう「兄弟」たちを描く青春映画である。

軍隊生活の基本は階級だ。この映画はとくに2つの点でその階級制度に

異議を唱えることで，階級差別が支える民族分断の不条理さを批判する。

　ひとつは，北朝鮮軍で軍人として抜群の経験を積んでおり，アフリカやアラブでも実戦経験が豊富と言われるギョンピル中士が，いまだに下級兵士の職務であるはずの前線の歩哨所で夜勤をしていること。そこにはギョンピルが昇進や名誉よりも人間的絆や自由な精神を尊ぶ人間であることが示唆されており，またそうした姿勢ゆえに共産主義政権の官僚制度によって，軍人としても人間としても自分より数等劣る上官に足蹴にされるような現状が告発されている（後で明らかになるように，ギョンピルはおそらくその自由を尊ぶ精神によって，かつて「反逆罪」の汚名を着せられ，そのおかげで昇進できないでいるのだった）。

　だがそうしてギョンピルがつねに最前線の兵士として存在しているからこそ，同じ軍隊のウジンだけでなく，韓国軍の兵士２人にも慕われることが可能になるのだ。このことが２番目のポイントだが，軍隊では世間での親しさを放棄して，階級制度に忠実となることが求められる。だからこの映画で，境界線を越えてきたスヒョクが，ギョンピルのことを軍隊で禁止されている「ヒョン（兄貴）」の名で呼んでいいかと聞く場面こそは，軍隊における階級差別に対する静かだが強力な抗議の声明となるのだ。

　スヒョクのその申し出に対してギョンピルはこう答える——「ヒョンなんて久しぶりだな。トンムよりヒョンと呼ばれる方がうれしいな」と。「トンム」はもともと「友達」を意味する朝鮮語だが，民族分断後は北朝鮮において青年たちがたがいを呼びあう一般的名称となった。つまりスヒョクとギョンピルのこのやりとりは，「友達」が「兄弟」になることで，分断されていた北と南の人間が「友でもあり肉親でもあり同志である」という民族の絆を確認する瞬間なのだ。

　南の兵士が北の兵士を「ヒョン」と呼ぶことで，軍隊という民族分断が当然の前提とされる空間のなかで，友情の絆が軍隊の暴力機構の根幹を支える差別構造を解体する。この映画が描く彼らの青春に芽生えた兄弟の絆には，それほどの射程と可能性がはらまれているのである。

4 ● 写真は何のために

STORY・4　4人の記念写真

　彼ら4人はときに持ちよった食べ物を分け合い，恋人や家族の写真を見せ合い，ゲームをし，子どものようにじゃれあって遊び，韓国の歌手の歌を聴いて酒を酌み交わす。しかしその友情関係も，いつか終わりが来るだろうし，スヒョクが除隊すれば4人は永久に会うこともないだろう。
　ある夜，韓国軍に非常呼集がかかり，スヒョクもソンシクも駆り出される。あらためて南北がいまだ交戦状態にあることを認識し，戦闘になれば北側の友人たちにも銃を向けなくてはならない現実に気がついたスヒョクたちは，最後の機会に，ウジンの誕生日に北側の歩哨所を訪れる。金日成と金正日の肖像写真をバックに記念写真を撮る男たち。ウジンはソンシクからもらった誕生日のプレゼントに涙ぐみ，男たちはこの最後の出会いに，いつまでも別れがたくそこを離れられない。外では激しい雨が降りしきる深夜，ウジンがおならをしたので空気を入れかえようと，ソンシクが歩哨所の戸を開けるとそこには…。
　ソフィーの捜査の手がかりは事件当夜，スヒョクとともに南側の歩哨所で勤務していたとされるソンシク一等兵の取り調べから得られ始める。嘘発見器にかけると言われたソンシクは，拳銃を自分の口に差し込み，取調室の窓から身を投げて自殺を図ろうとする。ソフィーは真相究明のために，生存者同士であるスヒョクとギョンピルを板門店の会議場で向かい合わせ，両軍幹部が見守るうち最終尋問を行なう。両者とも自分の陳述書を追認するのみで進展が見られないので，ソフィーは自殺を図ろうとしたソンシクのヴィデオ映像を2人に見せる。自分たちの隠された友情を守るために投身自殺しようとしたソンシクの姿を見て，スヒョクは激しく動揺し，ついに口を開き始めようとする。その様子を見たギョンピルが突然スヒョクに飛びかかり，「南の傀儡兵士め」と罵倒して，スヒョクの自白を未然に防ぐ。こうして南北の対立が表面化して，ソフィーが仕組んだ両者対面尋問による真相究明は失敗に終わった。

POINT・4
民族分断と肖像

『JSA』は，相反する運動を一枚の写真のなかに併存させることで，民族分断を問う。

　この映画において，民族分断の現実と，それに抵抗する若者たちの青春が描かれるのに際して，そのどちらの側面においても多用されるイメージとして，写真のそれがある。たしかにこの映画には銃撃や暴力もひんぱんに描かれてはいるのだが，私たち観客に圧倒的な印象を残すのが，静止画像における緊張と弛緩，対立と融和，戦争と平和との共存だ。

　たとえば映画のポスターにもなっている，そして映画では最後の映像となる有名な写真。スヒョク，ソンシク，ギョンピル，ウジンの4人がこちら側のカメラを見つめている。たしかに前景にいる2人は，いかにもアメリカ傀儡軍を思わせる韓国軍の制服に身を包み，サングラスをかけており，一方後景の2人は北朝鮮軍兵士独特の不敵な笑みを浮かべ，足を高く上げ手を大きく振る人民軍の行進をしている。しかしこの写真から私たちが受ける印象は，足元の境界線による分断の暴力ではなく，それを越えた4人の友情を知っている私たち自身が巻きこまれている共犯関係へのひそかな喜びではないだろうか？　表面上の意味としては戦争状態を固定しているはずの静止画像が，4人の友情を知っている私たちの共感的な視線の力によって，分断を越える可能性をはらむのだ。

　あるいはまた，4人の男たちが家族や恋人の写真を見せ合うシーン。4人のなかでひとりだけ恋人や家族の写真を見せられないソンシクが，はにかむようにして見せた「彼女」の写真。それは韓国の人気女優「コ・ヨソン」のブロマイドだ。スヒョクはもとより韓国の観客には明らかなその嘘を，ウジンもギョンピルも見破れない。それは北朝鮮で彼らが見慣れている個人の写真と有名人のブロマイドが似たような紙質であるという背景もあるだろう。しかしこの場面を笑いながら見ている私たちも，写真と現実との差に気がつかない北朝鮮の「純朴な」兵士たちの姿が，ほかならない民族分断のひとつの結果であることに思いいたらないだろうか？　ここでも取るに足らない一枚の写真が，分断の暴力を告発するのだ。

　そしてきわめつけは，永遠の別れを前にして，皆で記念写真を撮ろうと

する場面。ソンシクがカメラをかまえ，スヒョクを真ん中に，彼の両腕がそれぞれウジンとギョンピルの肩にかかって，微笑む3人の男たち。しかしその背後の壁の上部には，北朝鮮の歩哨所らしく金日成・金正日親子の肖像写真が掲げてあるのだ。ソンシクは「バックが良くないな」といって，低くかがみこみ3人の姿で金親子の肖像が隠れるようにする。ここにも政治的分断と人間的友情のせめぎあいが，2種類の写真の同居によって，ひとつの画面のなかで描かれているのだ。

映画のカメラは，くりかえし4人の男たちの顔を円形にまわりながら映していく。そこには階級も分断もない，カメラを中心としてひとつの輪になった友人たちの共通の時間がある。写真やカメラの円環的な視点が，直線によって分断された歴史と共同体を癒す。この映画が描く写真的な時空間は，対立するものの共存を示すことで和解の可能性を開くのである。

5 ● 手紙の宛先

STORY・5　グァンソクからの手紙

ソフィーは自らの推測によって，4人の男たちが親しい関係にあったという結論に到達し，2種類の報告書を書き上げる。しかし事件の真相は曖昧な解決を望む両国の思惑によってもみ消されようとし，中立国監督委員会はソフィーに解任通告を渡す。同時にソフィーは，今は亡き自分の父親も朝鮮戦争の捕虜で，中立国への亡命を希望したが拒否されたひとりであったことを告げられる。スウェーデンとスイスは永世中立国であったからこそ「中立国監督委員会」の構成員となったのだが，その2国は「中立」だからこそ捕虜をいっさい受け入れようとしなかった。そのような非人間的措置をとって恥じない「政治的中立」とは何か？　自らの父親が民族分断の犠牲者のひとりであったことを知ったソフィーは，いまや中立の幻想を捨て，4人の男たちの運命に自分のそれを重ねることができるようになる。

もし彼女が真実を推測した報告書を提出すれば，ギョンピルもスヒョクも処罰にさらされるだろう。しかし自分自身が父の思い出に寄りそいながら，ひとりの「朝鮮人」としてこれから生きていくためには，どうしても4人の男たち

の秘密を，分断を克服した証しとして知る必要がある。そう感じたソフィーは解任前夜，最後の尋問でスヒョクに，もし彼がすべての事実を語ってくれれば，真実を記した報告書は抹消し，もうひとつの虚偽の報告書を提出し，スヒョクが気にかけているギョンピルの身の安全を必ず保証すると約束する。

　その思いを受けとめたスヒョクはとうとう重い口を開いて，あの夜，歩哨所で何が起こったのかを語り始める――。

　ソンシクが戸を開けたとき立っていたのは，北朝鮮軍の上尉だった。韓国軍兵士がいることに驚愕した北軍の上尉は，スヒョクに銃を向け，スヒョクも上尉に銃を向ける。ウジンも上尉の命令に従い，スヒョクに銃を向ける。ギョンピルはなんとかこの場を収めようと，韓国軍の2人が亡命を相談に来たのだと言い，スヒョクたちにはもうこうなったからには仕方がないのだから北朝鮮に亡命してくれるしかないと説得を試み，すべてを自分に任せて3人全員が一緒に銃を降ろすようにと提案する。緊張した時間が過ぎ，3人は銃を降ろすが，一番気の弱いソンシクが上尉に発砲，さらにそれを見たウジンが銃を抜くのを見て，ウジンの頭をも打ちぬき，さらに狂ったようにウジンの体に銃弾を撃ちこむ。スヒョクもギョンピルの頭めがけて拳銃を発射しようとするが，弾倉がひっかかって弾が出ない。こうして男たちの友情は一瞬にして潰えてしまったのか？　しかし，銃声を聞いた韓国と北朝鮮の軍隊が動き始めるなか，ギョンピルはまず，まだ生きていた上尉を射殺，スヒョクとソンシクの2人を「拉致されたが自力で脱出したと言え」といって逃がす。逃げる直前，スヒョクはその嘘を真実らしく見せるため，ギョンピルの肩を一発撃ち抜く。そして始まる南北の銃撃戦。先に逃げ帰って南の歩哨所に隠れて震えているソンシク。ウジンに撃たれた右足を引きずりながら，双方の銃撃をぬって橋を渡っていくスヒョク。

　スヒョクによる「真実」の告白を聞いたソフィーは，病院にギョンピルを訪ねる。中立国の将校としての任務を解任され，男たちの友情という「事実」を知った彼女は，ギョンピルにたばこをねだる親しさを見せる。スヒョクに伝えることはないか，と聞かれたギョンピルはソフィーに自分のライターを託す。

　最後の別れのとき，ギョンピルからのライターを渡し，スヒョクを抱きしめたソフィーは深く考えずに告げてしまう，「ギョンピルは最初にウジンを撃ったのがスヒョクだったと言っていた，あのような状況では誰が最初に撃ったのか混乱するのは当然ね」と。この言葉がスヒョクにどんな影響を及ぼすかをソ

フィーは知るよしもない。スヒョクは韓国軍の兵舎に連れて行かれようとするが，一瞬のすきを盗んで警護の兵士の銃を抜き，自らの口に銃を突っ込む。ウジンを殺したのは本当はソンシクではなく，早撃ちの得意な自分だったのだ。あのとき条件反射的にウジンを撃ってしまった，訓練の早射ちでいつもやっていた通りに。しかしそれはもはや訓練でもゲームでもなく，本当にひとりの友を殺してしまったのだ。その結果に錯乱した自分は狂ったようにウジンの死体を撃ち続けてしまった——この真実をソフィーに告白できなかった自分を罰するかのようにスヒョクはソフィーの見ている前で自殺してしまうのだった。

POINT・5
民族分断と386世代

『JSA』は，民族分断が宛のない手紙のような，私たち自身にとっての課題ではないのかと問いかける。

　身体，呼称，写真と様々なメディアによって，人間の交情による民族分断の克服を試みてきた映画が，最後に提示する究極の媒体，それが歌だ。
　金光石（キム・グヮンソク）。1964年生まれ。現代韓国の民主化に大きく貢献してきた「386世代」（＝（90年代に）30代で，80年代に大学生であり，60年代生まれ）のシンボル的存在であるフォーク歌手。観客との一体感を重視し，「ライブハウスの存続を守った礎石」という称号を得る。圧倒的な存在感をその清澄な歌声に示す歌手だったが，96年1月，31歳の若さで突然この世を去った。
　この映画を見て，金光石の2つの歌があなたのからだと心に染みわたらなかったら…いや，そんなことはありえないはずだ。
　民族分断の境界線を友情の円環に変えた4人の兵士たちが，最後の別れを惜しみ，立ち去りがたい思いで時間が刻々と過ぎていく深夜。そこで粗末なカセットレコーダーにかけられた「二等兵の手紙」が流れだす。たとえ朝鮮語で歌詞の内容はわからなくても，その歌が軍隊に行く兵士の母への，友への，故郷への断ち切れぬ思いを表現しているものであることは容易に想像がつく。しかも朝鮮の若者にとって，その軍隊とは民族同胞に銃口を向け，母なる大地と父なる歴史を裏切る行為の中核にある組織である。朝鮮半島統一を目標に独裁政権の抑圧の下，民主化運動を闘ってきた

「386世代」の人々が，軍隊に行かざるを得ないひとりの若者の心情を切々と綴るこの歌に，熱狂的な支持を与えたのも当然のことだろう。

　歩哨所での最後の出会いで4人が永遠に別れなくてはならない時間が迫るなか，少しでもその刻限を伸ばそうとでもするかのように「二等兵の手紙」が流れる。そのとき一番年長のギョンピルがつぶやく——「オモニ（母さん）に会いたくなるな」と。母親こそは，軍隊に行ったあらゆる若者たちの普遍的な憧憬の対象であるだけでなく，分断によって母国を引き裂かれた朝鮮民族にとって，悲劇の象徴なのだ。さらにギョンピルは，まるで韓国の「386世代」の人々が金光石に寄せた哀惜の思いを代弁するかのように，「なんでそんなに早くグァンソクは逝ってしまったんだよ」と絞りだすような声で言うのだ。北朝鮮の兵士が南の兵士から教えられて初めて知ったひとりの歌手を，そして韓国の民主化と朝鮮半島統一に自らの命をかけて闘ってきた人々が愛してやまなかった青春のシンボルを，「グァンソク」とファーストネームで呼ぶ，飾らない純朴さと愛情と親しみと哀悼をこめて。この一言をスクリーンのこちら側にいる韓国の386世代の当事者が聞き，その思いが私たち日本人を含む観客に想像力によって共有されるとき，この瞬間にこそ，あらゆる分断は完膚なきまでに超えられるのだ。

　映画はそうしたかけがえのない時をことほぐように（しかもこの日は一番年少のウジンの誕生日だ），さらにギョンピルに言わせる——「この歌のためにもう一杯だけ飲もう」と。かくしてギョンピルは，金光石の歌を介して，「アカ」であることと「アカ」の敵であることとの対立に橋を架ける存在となるのだ。「アカ」でありながら「アカ」でないこと。「中立」でも「敵対」でもない第3の道。「二等兵の手紙」はたしかに私たちの元へと届いたのである。

　しかし，グァンソクの「手紙」はひとつでは終わらない。民族分断は外の現実として厳に存在し，この歩哨所を一歩出れば，あと数分後ソンシクが歩哨所の戸を開ければ，一瞬にして4人の夢を打ち砕くだろうからだ。

　「二等兵の手紙」に4人は乾杯した後，たがいの住所を交換する。いつか朝鮮半島がひとつになって，皆が手紙を書きあう日が来ることを信じ

て。しかしそんなときは来ない。彼らが手紙を交換できたのは，橋の向こうへと小石をつけた紙片を交換できる距離にたがいの身体が存在したからだ。ソンシクが歩哨所の戸口を開けた時そこに立っていた北朝鮮軍の上尉に体現された分断の現実は，最後の宴の数瞬後にすさまじい暴力となって４人の男たちを襲い，その兄弟の絆と身体と統一の夢を一瞬のうちに破壊してしまう。そして始まる南北の銃撃戦。そのとき流れるのが，金光石が歌う２番目の歌，「宛のない手紙」である。４人が将来に向けて書こうとしていた手紙，それは結局，宛先の欠如しているがゆえに届くことがけっしてない手紙だったのか？　分断を超えて求めあおうとする心が，境界線の向こうの友に届くことはやはりないのか？

　民族分断とは，この歌のようにまさに「宛のない手紙」なのだ。そこにはどんな絆も友情も愛も踏みにじってしまう絶望的な戦争暴力が現存し，しかしだからこそ，いつかそのような不条理を乗り越えて戦場で出会った友同士が再会する希なる望みもある。しかしそのためには，分断の地獄を生き残った者たちが，生き残れなかった者たちの思いをこの「手紙」に込めて，次の世代へと，他の人々へと伝えていかなくてはならない。

　４人の男たちの真実をたしかめ，自らの出自の秘密を知り，男たちの友情と父の人生を破壊した民族分断という不可避の現実に目覚めたソフィーが，ついに中立地帯を捨てて境界線の外へと飛び出し，そこに橋を架けることを自らの未来の課題として引き受けようとするのも，そんな手紙の書き手とも配達人とも受け取り手ともなる決意の現われではないだろうか？

　そしてこの映画は，私たちに民族分断を他人事として慨嘆したり，同情してすますことをけっして許さない。「グァンソクの手紙」は私たち自身にも宛てられているからだ。はたして私たち自身が，この愛と自由を求める手紙の受取人となれるのか？　自らの存在を分断の落し子として認識したソフィーがめざすように，４人の男たちが書こうとして果たせなかった手紙を伝えるという民族統一の夢に，私たちも連帯できるか？　それはこの映画を見た私たちが分断の現実を直視し，東アジアの現代史を生きている同時代人として，その克服への一歩を踏み出すかどうかにかかっている。

QUESTIONS

1. 朝鮮戦争はなぜ起こったのか，単なる軍事的原因だけでなく20世紀の日本を含む東アジア史の文脈と，第2次世界大戦後の東西冷戦構造と日本の戦後との関係で，その意味を考えてみよう。
2. あなたは日本にも韓国や北朝鮮のように徴兵制があった方がいいと考えるか，ない方がいいと考えるか，その理由は何か？
3. 「男の友情」あるいは「女の友情」を描いた映画を，もうひとつ選んで考察してみよう。
4. この映画と，その原作となった朴商延（パク・サンヨン）の『ＤＭＺ』（邦題『ＪＳＡ——共同警備区域』文春文庫，2001年）とのあいだには，いくつかの違いがあるが，その差異の意義をどう考えるか？
5. 朝鮮に民衆の心を揺さぶる歌が多いのはなぜだろうか？とくに韓国の民主化運動を支えた「386世代」に愛された歌を他にも探しだして，歌と社会変革との関係を考えてみよう。

■＜民族分断＞にまつわるこんな映画も観てみよう

＊（　）内は監督，製作年

▶『ドゥ・ザ・ライト・シング』（スパイク・リー，1989）　ニューヨーク・ブルックリンの黒人街の暑い夏，さまざまな人種がぶつかりあい，街中を巻き込む暴動に発展する。大都会における民族共生の現実がパブリック・エネミーの強力なラップミュージックに乗ってスクリーン上に弾ける。

▶『非情城市』（ホウ・シャオシェン，1989）　1945年の日本の敗退から49年に蔣介石の国民党政権が台湾に移るまでの4年間を，台湾のある一家の運命の転変を軸につづる。国家テロリズムが残した民族分断の痕跡の検証。

▶『ノー・マンズ・ランド』（ダニス・タノヴィッチ，2001）　1992年のボスニア紛争の際，ボスニアとヘルツェゴビナの中間地帯に取り残された敵同士のボスニア兵とセルビア兵との間に生まれる微妙な交情。民族分断をブラックユーモアでまぶした異色作。

▶『少女ヘジャル』（ハンダン・イペクチ，2001）　家族を殺されたクルド人少女と彼女をかくまうトルコ人判事との間にはぐくまれる友情。一人ひとりの人間同士にとって民族対立とは何なのか？

▶『シルミド』（コン・ウソク，2003）　1968年，金日成暗殺のため死刑囚たち

31人を集めた特殊部隊684が韓国で結成されたが，なかなか実行の機会がないままに…。民族分断とテロリズムを焦点とした実話に基づく問題作。
- ▶『グッバイ，レーニン！』(ヴォルフガング・ベッカー，2003) 東西統一前夜の東ベルリンで愛国心旺盛な母親が昏睡に陥ってしまう。目覚めた母親がドイツ統一を知ってショックを受けないよう，息子が必死に事実を隠し通そうとする。民族分断の悲劇は喜劇ともなり得る。
- ▶『送還日記』(キム・ドンウォン，2003) 1960年代に北朝鮮から韓国に「スパイ」として派遣され捕らえられた長期囚9人の出獄後の現在を描くドキュメンタリー。民衆レベルにおける南北分断の克服の実例でもある。
- ▶『ホテル・ルワンダ』(テリー・ジョージ，2004) 1994年のルワンダでツチとフツ両民族の対立によって100万人が虐殺された事件を題材にした映画。植民地支配がもたらした人為的な民族分断の悲劇の典型がここにある。

■パク・チャヌク監督の他の作品も観てみよう
- ▶『復讐者に憐れみを』(2002) 姉の腎臓移植手術費を捻出するための誘拐が思わぬ結末を招き，復讐の連鎖が起きる。一筋縄でいかない犯罪スリラーの醍醐味。
- ▶『オールド・ボーイ』(2003) 15年間ビルの一室に監禁された男と，彼を拉致した犯人との因果関係は？ つぎつぎと展開する意外な見せ場に興奮。
- ▶『親切なクムジャさん』(2005) 美貌の女性が13年間の獄中生活で練った復讐計画と，彼女の復讐の理由とは？ 驚天動地のアクションとサスペンスとユーモアの連続にいっときも目が離せない。

■＜民族分断＞について，手始めに読んでみよう
- ▷韓洪九『韓洪九の韓国現代史―韓国とはどういう国か』(平凡社，2003)
- ▷黄晳暎『客人(ソンニム)』(岩波書店，2004)
- ▷玄武岩『韓国のデジタル・デモクラシー』(集英社新書，2005)
- ▷韓洪九『韓洪九の韓国現代史―ⅠⅠ―負の歴史から何を学ぶのか』(平凡社，2005年)
- ▷「韓国の民衆歌謡」編集会議編『歌よ，はばたけ！』(つげ書房新社，2005)
- ▷文京洙『韓国現代史』(岩波新書，2005)
- ▷石坂浩一編著『北朝鮮を知るための51章』(明石書店，2005)

VI

抵抗の実践

第16章　＜難民＞

『イン・ディス・ワールド』

〈DATA〉

監督　マイケル・ウィンターボトム

出演　ジャマール・ウディン・トラビ，エナヤトゥーラ・ジュマディンほか

（2002年，イギリス）

〈KEYWORDS〉

1. 地図
2. 貨物
3. クルド
4. 体感
5. 白壁

1● 地図の示す場所

STORY・1　地図のない旅

　現在全世界には1400万の難民がいると言われるが，驚くべきことにその約半数の700万人が1979年のソ連軍侵攻以来アフガニスタンから流失した難民だという。その数はアフガニスタンの人口総数のなんと3分の1に当たる。そしてそのうちの270万人が隣国パキスタンで暮らしている。

　映画はパキスタン北西にある辺境の町ペシャワールから始まる。この地域にはアフガニスタンからの難民がおよそ100万人住んでいると言われる。主人公は15歳の少年ジャマールと，そのいとこで20代の青年エナヤット。孤児のジャ

マールはシャムシャトウ難民キャンプで生まれ育ち，今は1日1ドルの賃金をもらい煉瓦工場で働く。エナヤットの方はペシャワールの中心区域に住み，家族が経営する電器製品販売店で働いているので，一応は安定した生活だ。しかしエナヤットの父親が息子の将来を案じて，親戚がいるロンドンへ息子を送り出そうと，なけなしの大金を投じ，その旅に多少の英語が話せるジャマールを同行させることにする。

飛行機による旅は経済的に無理なので，2人は時間もかかり，危険も多い陸路での旅を選ばざるを得ない。かくして身分証明書と電話番号を「運び屋」から受け取った2人は，2002年の2月，目的地ロンドンをめざして6400キロの陸の旅を開始する。

POINT・1 難民と移民

『イン・ディス・ワールド』は，難民がつねに移動をくりかえさざるを得ない存在であることを示す。

難民や移民と聞いて，私たちは何を思い浮かべるだろうか？　「貧しい開発途上国」から「富んだ開発過剰国」に新たな生活の資を求める人々の流れ。パレスチナやアフガニスタンの難民キャンプ。ロンドンやシドニーやロサンジェルス，あるいは東京のような国際都市に多く在住する「外人」たち。2001年のタンパ号事件（当時のオーストラリア政権が433名の「ボートピープル」の受け入れを拒否した事件）。同性愛者が死刑とされるイランを逃れて，日本で難民認定を求めたシェイダさん。「在日」「拉致」「民族差別」を生み出した戦争・虐殺・帝国主義の時代としての20世紀。国境の解体やグローバリゼーション。「イスラム教徒のテロリズム」に対するブッシュの戦争。2001年では申請に対する難民受け入れ率が0.03％という日本政府の難民受け入れの「実績」…。

私たち（天皇家の象徴である菊の紋が刻印されたパスポートを持って自由に世界を旅することのできる日本国籍を保有するマジョリティ日本人）にとって難民や移民は，どこか他の世界からやってくる邪魔者か客人であるかのように思われているかもしれないし，そもそも難民の存在に対する意識や知識自体がほとんど存在しないかもしれない。しかし現実には，

「豊かな北／西の先進工業国」が庇護する難民は,「戦乱に引き裂かれた南／東の後進国」が避難場所を提供している人々の数より,圧倒的に少ないのだ。今も昔も,豊かな方の社会は自分たちの利益になる外国人しか受け入れない。グローバリゼーションといっても,情報・資本・商品としての労働力の移動がますます容易になる一方で,より人間的な生活を求める人々の移動は不自由さを増大させている。国家や民族間のナショナルな境界が強化されたり弱体化されるのは,誰にとってなのか,そもそも誰にとっての自由／不自由なのか,を問い続ける必要があるのだ。

難民と聞くと私たちは,故国で迫害にあう可能性があるために亡命を余儀なくされた「政治難民」と,より物質的に恵まれた生活を求めて移動する「経済移民」とを分けて考えがちだ。しかし少し考えてみればわかるように,この2つを単純に分けることはできない。「政治難民」もさかのぼれば経済的差別のひとつの派生物であり,「経済移民」自体も政治的暴力のひとつの帰結なのだから。そもそも人間の歴史とは古来から人々の移動の歴史であり,文明は新しくやってきた移民がそれまでの定住民と混交するダイナミズムによって育ってきたのだ。それを忘れて,移民を排除し,単一文化に固執する社会が滅びてきたことは歴史が証明している。

2001年9月11日の事件以降,アフガニスタンの人々の窮状に世界の関心が集まり,その後も国際的な難民状況はますますきびしさを増している。しかし,アフガニスタンからイギリスをめざす2人の難民の旅をドキュメンタリー風に描写したこの映画の着想自体は,それよりもかなり以前から,イギリス政府の難民対策と排外的な国民感情を背景に生まれていたという。たとえば,58人の中国系移民がイギリスに向けて貨物自動車で運ばれていたあいだに死亡するという2000年6月の悲惨な事件などが,監督であるウィンターボトムにイギリスに到着するまでの人々の体験を,迎える側の人間にこそ伝えたい,という思いを抱かせたという。

この映画には,くりかえし2人の行程を示す地図が出てくる。なるほどこれは一種の「ロードムービー」ではあるだろう。しかしそれをロードムービーとして楽しんで消費しているのは,映画館や茶の間の私たちに過ぎない。この映画で起きていることは,今でも日常茶飯事としてアジアと

ヨーロッパのあいだで，中米とアメリカ合州国とのあいだで，いや全世界で起きており，なによりこの映画の主人公を演じた2人は，難民キャンプで選ばれた現実の難民である。撮影終了後，ジャマールを演じたジャマール・ウディン・トラビはいったんパキスタンに戻ったが，映画の出演料と撮影のためのビザを使い，ロンドンに帰還，難民保護申請を提出した。しかしそれは却下され，その代わり特例として18歳の誕生日までに英国を去るという条件で，入国が認められたという。もうひとりエナヤットを演じたエナヤトゥーラ・ジュマディンは，ジャマールとは異なり，撮影終了後はすぐにパキスタンのシャムシャトウ難民キャンプにいる家族の元に帰った。このようにこの映画は，いわば「ドキュメンタリー」と「フィクション」との中間に成立している。仮に私たちが安全な場所からこの映画を消費するだけなら，それはかなり鈍感な鑑賞態度と言うべきだろう。なぜなら後に見るように私たちにそうさせない，いろいろな仕掛けがこの映画には施されているからである。

　画面に何度も現われるペシャワール（パキスタン）からクエッタ，タフタン，テヘラン（イラン），イスタンブール（トルコ），トリエステ（イタリア），サンガト（フランス），ロンドンへと点線で結ばれた地図。それは彼ら難民の旅には地図など存在し得ないことを，私たちに思い起こさせるための，いわば空白の「反地図」なのだ。

2● 貨物としての人間

STORY・2　人の運び屋たち

　シャムシャトウ難民キャンプをバスで出発した2人は，アフガニスタンとの国境沿いに旅をして，パキスタン中西部の町クエッタに到着する。そこで出発前に受け取った電話番号に電話をかけると，旅行手配業者につながる。文字どおり「人の運び屋」によって，2人の大陸を横断する長旅が始まるのだ。その夜，生まれてはじめての旅に興奮しているジャマールは，宿泊所のベッドでエナヤットに音楽が誕生したときの話をする。

クエッタからイラン国境のタフタンまではトラックの旅だ。一晩中乗り続け，途中で別のトラックに乗り換えるが，検問所で止められる。彼らは検問を通過するために，家族から餞別としてもらったウォークマンを差し出して切り抜ける。タフタンでファリドというあやしげな運び屋に会った2人は，イラン国境をトラックで越え，今度はイラン人の運び屋ベルーズに迎えられ，目立たないようにとイラン風の新しい服に着替えさせられる。

　イランで10日間待ってから，バスでテヘランに向かおうとした2人だが，検問所でバスから降ろされ，軍人たちとともにトラックでパキスタン国境に連れ戻されてしまう。その後タフタンに戻った2人は，再度ファリドと会い，ふたたび金を要求される。前回は前回のこととして，こうした旅に失敗はつきものだから，もう一度試したければまた金がいるというのだ。エナヤットは靴の中に隠していたなけなしのドル紙幣を出し，2人はふたたびトラックでイランにたどりつくのだった。

POINT・2　難民とコンテナ　『イン・ディス・ワールド』は，難民がコンテナによって運ばれる貨物と同じように扱われる現実を描く。

　すでに示唆したように，この映画は，アフガニスタンの2人の青少年が，パキスタンの難民キャンプからイギリスという別天地をめざす，アンチ・ロードムービーである。なぜ「アンチ」かというと，第4章で見た『カンダハール』が，主人公女性の旅の結末を太陽が隠されて見えなくなることではじめて直視することができるようになる非—存在としての「日食」のイメージで描いたのと同様，『イン・ディス・ワールド』においても到達や和解や成功は存在しないからだ。ここで描かれるのは，主人公たちの出発と再出発と強制的帰還と，すなわち過程と挫折ばかりだ。到着してもそれは達成というより，彼らにとっては新たな試練の始まりに過ぎない。

　そのような果てのない旅路を身体的レベルで表現するのが，荷物としてくりかえし運ばれていく2人の姿だろう。ときにそれはオレンジや羊と一緒に，あるいは他の人々とともに人間的なぬくもりと共感を伴うものでも

あるのだが，結局のところ貨物輸送の一部であることに変わりはない。

　その究極の形態が後に見る，悲劇的な結末に終わる貨物コンテナに密閉された地中海の旅ということになる。これは人間を人間として扱わない「旅」の仕方であることは疑いないが，「人の運び屋」にとってはもっとも安全な輸送方法でもある。人間を人間として扱わないのは，運び屋だけでなく，そのような商売を成り立たせているグローバルな経済格差であり，政治的な迫害や戦争なのだ。

　この映画は2人の主人公が出会う運び屋たちや，2人が旅を共にするさまざまな人間たちの生きざまを映すことで，人間が人間を貨物として運ぶことの不条理と不正義を照らし出す。最後の海峡を渡るジャマールの決死のロンドン潜入，長距離トラックの車体の下に隠れての旅がそれまでの行程と違うのは，これまででもっとも危険な死と隣り合わせの冒険が，ジャマールにとって自ら選び取った手段であるということだ。もちろんこの映画がアドヴェンチャーものではないかぎり，そうした決死行をロマンチックに語ることはできない。しかしそれでもなお，この潜行が自分をこれまで荷物としてしか扱ってこなかった運び屋やグローバルな労働力移入ネットワークに対する，ジャマールの死を賭した精一杯の抵抗であり，貨物として殺されてしまった友エナヤットへの，そして無数の犠牲者への鎮魂行為でもあるのではないだろうか？

3 ● クルドという人々

> **STORY・3** クルド人の村で

　2人がバスでテヘランまでやっとの思いで到着したのは，2002年の4月12日。そして5日後，オレンジの箱が積まれたトラックの荷台に乗って，テヘランからトルコと国境を接するマクーに着く。この村はクルド人の村で，その優しいもてなしによってジャマールとエナヤットは長旅の疲れを癒される。少数民族としてどこの土地でも迫害されてきたクルドの人々にとって，2人のような難民は彼らの同胞と言っていいのだ。村の子どもたちとサッカーをし，新し

いスニーカーをもらったジャマールに笑顔が戻る。

　心温まる交流もつかの間，2人はクルドの人々と別れ，トルコ国境のきびしい雪山の道に挑む。クルド人の越境を警戒するトルコの国境警備隊の銃撃をかわして，危険な山道を越えた2人は4月の後半なのに雪がまだ深いトルコに着く。今度は羊を積んだトラック，その次は貨物自動車に乗り換えて，ついに4月29日，地中海を望むイスタンブールに到着した。ここからは船旅だ。

POINT・3　難民と少数民族　『イン・ディス・ワールド』は，難民が政治と経済と戦争の暴力の犠牲者であることを主張する。

　主人公たちの旅路の途中で，いくつかの平安を感じさせる場面がある。それはどんな悲惨で苛酷な道行きにも，美しい風景や暖かな人情との出会いがあることを示すだけにとどまらず，彼らのような難民こそがそうした平和や安楽を享受する権利を人一倍持っているはずだ，という当然とも言える主張をあぶりだすだろう。2人が他の少年たちとサッカーに興じて幸福な一時を過ごすクルド難民の村。イスタンブールで仲間とともに働く労働の喜び。ジャマールがひとりサンガト難民キャンプで海を見つめながら来し方行く末を思うひととき。

　ふたりをイランとトルコの国境にある村で温かくもてなすクルド人たちは，パレスチナ人や延辺朝鮮族などと並んで，現代の戦争暴力と民族虐殺の被害と抵抗のシンボルとされる。独立国家を持てなかった少数民族とは，支配的な民族や国家によって歴史を通じて難民とされてきた人々の集合にほかならない。主人公2人がさまざまな場所で，さまざまな人たちとボールを蹴りあうサッカーも，ボールがひとつありさえすればどんな場所でも競技を成立させることのできる最も身近なスポーツのひとつと言うだけでなく，圧倒的な政治的・経済的・軍事的暴力にあらがって，民族的偏見や出自の違いを超えようとする虐げられた人々同士の交流の喜びを私たちに伝えるだろう。このようにこれまで知らなかった他者と交わり，他者から学ぶことをなりわいとしてきた難民による教えは，私たちにとって本来とても実り豊かなものとなり得るはずではないだろうか？

4● 体感の共有

STORY・4 音と臭いと光と熱に恐怖する旅

2人はイスタンブールの金物工場で臨時の仕事をしながら，他の移民や難民たちがそろうのを待つ。こうしてできた仲間たちと今度は船に積まれた貨物輸送用コンテナに入れられて，エーゲ海，イオニア海，アドリア海を渡り，北イタリアのトリエステまで40時間かけて行く。しかしこれは地獄の旅だった。暑さと酸欠のため，人々は暗闇の中でもがき始める。船が目的地に着き，コンテナが開けられたときには，エナヤットを含む大人たちはすでに命がなかった。

POINT・4 難民と五感 『イン・ディス・ワールド』は，難民が自分の肉体で経験した感覚を追体験しようとする。

　すでに述べたように，この映画が単なる「ロードムービー」でないのは，それが私たちに発見や驚きをもたらすだけでなく，いくつもの簡単には答えられない問いを突きつけてくるからだ。なぜこのような旅路をたどるのが，エナヤットやジャマールであって，私たちでないのか？　なぜ私たちは快適な場所から彼らの悲惨な旅路を見学し，彼らの運命に一喜一憂しながら，自分たちでは何もできないのか？　なぜ私たちが画面上で眺めている世界地図と，彼らが自らの歩みで刻んでいく道筋とは，まったく異なる代物なのか？　このどうしようもないギャップは，いったいどこから産み出され，その差異のおかげで誰が得をし，誰が損しているのか？

　私たちをこうした問いに包みこんで放さないかのように，映像は終始，主人公が見たまま，聞いたまま，嗅いだまま，味わったまま，触ったまま，感じたままを，映し出そうとする。人々がしゃべる言葉も，彼ら2人が理解している言葉しか，字幕によって翻訳されない。映像はジャマールたちが感じたままを私たちに伝えようとするかのようだ。激しい音響と砂埃と暴力のさなかで，ときに激しく。あるいはまた，同様に虐げられている人々の熱意と友情に囲まれて，ときに暖かく。まるで画面を通して，彼

らが体験した光や砂や音や匂いを共有せよ，と迫るかのごとく。

しかし，もちろん，そんなことは不可能だ。そもそもこの映画はドキュメンタリーではなく，劇映画である。俳優たちに実際に難民体験があったとしても，彼らは今それを現実として体験しているのではなく追体験＝再現表象しているに過ぎない。それを観客である私たち自身が安全なこちら側にいて，映画として見ているのだ。しかし私たちも，そのような体験を共有することの不可能に直面して，考えること，問いを発することはできるはずだ。それこそが，この映画の可能性でなくて何だろうか？

5 ● 白壁の描くもの

> **STORY・5** ロンドンへの到着
>
> エナヤットを失って絶望の淵に沈んだジャマールだが，それでも生きていかなくてはならない。イタリアで安いブレスレットを売りながら糊口をしのいでいたジャマールだが，ある日観光客のハンドバッグを盗み，その金で汽車に乗り，ドーバー海峡を望む北フランスのサンガト難民キャンプにやってくる。このキャンプはロンドンへと向かう難民たちのメッカだ。
>
> そのキャンプで以前ロンドンのレストランで働いていたというユシフと仲良くなったジャマールは，彼とともにロンドン行きを決意する。決行の日は6月6日，ユーロトンネルを抜ける長距離トラックの車体の下に身を潜め，ロンドンをめざす。無事にロンドンに着いたジャマールは，カフェで皿洗いとして働き始める。ペシャワールに国際電話をかけるジャマールは，エナヤットの家族に彼がもうこの世（イン・ディス・ワールド）にいないことを伝えなくてはならない。ラストシーン，ロンドンのモスクでジャマールが捧げる祈りは，いったい誰のためなのだろうか？

> **POINT・5**
> 難民と空白の未来
>
> 『イン・ディス・ワールド』は，難民の旅が終了しないことを示唆する。

ジャマールは幾多の艱難辛苦をなめ，文字どおり友の屍を乗り越えて，

目的地であるロンドンについに到着する。その緊迫感から解放された私たちに，しかし映画は重い問いを残す。ジャマールやエナヤットと，私たちとのこの差はいったい何なのか，同じ人間なのにどうしてこのような差が産み出されているのか？　「イン・ディス・ワールド」，同じこの世に生を享けながら，彼我のこの違いはどういうわけなのか？

　映画はそれに答えを与えてはくれない。ただジャマールの旅が，人生が終わらないことを示唆するだけである。私たちが重く心に感じているその差異は，映画にくりかえし出てくる（私たち観客用の）地名入り地図と，エンディング・クレジットの背景に使われている（弾痕や血痕さえある）空白の白壁との対照にも似ている。地図を将来の希望と未知の冒険に満ちた情景として消費できる私たちと，不安定な未来がいつも空白でしかない彼らとの落差。この落差を作っているのは誰なのか，そしてそこから利益を得ているのは誰なのか？　アフガニスタン，パキスタン，イラン，トルコ，イタリア，フランス，イギリスと，想像上の旅行を映画館で楽しむことのできる私たちと，いま自分がどこにいるのかもわからず，ただひたすら，この暗闇が，飢えが，尋問が，不眠が，疲労が，恐怖が，不安が早く終わってほしいと願うだけの彼ら彼女ら――彼我のこの差は，いったい何なのだろう？

　はっきりしているのは，その差を埋めることができるのは，死を賭してまで人間らしい生活を求めようとする難民の彼ら彼女らではなく，こちら側で映画を楽しんでいる私たちだということだ。私たちがこちら側から出ていって，あちら側の声に耳を傾け，この差がなぜ生まれているのかを学ぼうとしないかぎり，この落差は埋まらないどころか，ますます広がっていくばかりだろう。

　挫折を運命づけられたジャマールとエナヤット，そして無数の人々の終わることのない旅。それを自分探しの一種であるロードムービーとして消費してしまい，自分は難民でなくて良かったという地点で思考停止したり，「かわいそうな第3世界の人々」に同情して終わるのか，それとも私たちと彼らとの境界を超える希望に向けた道程の一歩とするのか？　それは私たち自身の，難民に向けたまなざしのありようにかかっている。

QUESTIONS

1. あなたは難民についての報道を見聞きしたことがあるだろうか？ そのときどのように感じたか，もし難民に関する情報にこれまで何の関心も抱かなかったとすれば，それはなぜだろうか？
2. 日本も20年以上前に国際難民条約に批准しているが，それ以降の日本国家の難民受け入れ状況を他国と比較し，その現状と未来の展望を調べてみよう。日本に難民申請をして，それが認められなかった人々はいったいどうなるのだろうか？
3. 現代世界にはどれほどの難民が，どのような状況で産み出され，どこでどのように暮らしているのか，UNHCR（国連難民高等弁務官事務所）の資料などを基に現状を探ってみよう。
4. あなたがこの映画を見て，もっとも不快に思った点は何か，またもっとも希望を感じたところはどこか？ この映画が他のロードムービーと違う点はどこだろうか，他の映画と比較して考えてみよう。
5. あなたがこれまで経験した旅はどのようなものか，この映画の主人公たちが体験した旅とどこが共通し，どこが違うだろうか？

■ ＜難民＞にまつわるこんな映画も観てみよう

＊（　）内は監督，製作年

- ▶『パリ，テキサス』（ヴィム・ヴェンダース，1984） 父と子が自分たちを捨てたその妻＝母を捜してアメリカの町から町，荒野から荒野へと車の旅を続ける。旅することと生きる意味との関係を探るロードムービーの代表作。
- ▶『ナージャの村』（本橋成一，1997） 1986年4月26日に起きたチェルノブイリ原発事故で放射能に汚染されたベラルーシのドゥヂチ村の少女ナージャを中心に，村に暮らし続ける6家族の日常を記録する。テクノロジーの破綻によって自分の村で「難民」となった人々。
- ▶『ジャマイカ　楽園の真実』（ステファニー・ブラック，2001） グローバル経済の圧制，とくにIMFの構造調整プログラムがジャマイカの地場産業にもたらした破壊的影響をつづるドキュメンタリー。全編を彩るレゲエのリズムが人々の抵抗の息吹を伝える。

- ▶『ギャング・オブ・ニューヨーク』（マーティン・スコセッシ，2002）　1863年のニューヨークを舞台に，さまざまな民族的出自を持つ無法者たちの抗争を南北戦争を背景に描く。どこでも街の原点には移民と難民たちの生存のための戦いがあるのだ。
- ▶『モーターサイクル・ダイアリーズ』（ウォルター・サレス，2003）　アルゼンチン生まれの医学生で後にキューバ革命の英雄となったチェ・ゲバラ。その若き日の南米放浪の旅をつづるロードムービー。ゲバラが南米の大地と人々に自らの身体で関わってゆく道程がみずみずしくとらえられている。

■マイケル・ウィンターボトム監督の他の作品も観てみよう
- ▶『日蔭のふたり』(1996)　19世紀の英国で無垢な若者が2人の対照的な女性と出会って生まれる悲劇。感情の機微を細かくとらえた演出がいい。
- ▶『ウェルカム・トゥ・サラエボ』(1997)　ユーゴ内戦下のサラエボからひとりの少女を救い出そうとする英国人記者。サラエボ市民の生活を活写することで，単なる美談に終わらせない手腕が光る。
- ▶『ひかりのまち』(1999)　ロンドンの街でひとりの女性に起きる小さな幸せのドラマ。テレビ・ドキュメンタリーのスタイルを生かした日常的出来事の記録に心が温まる。
- ▶『グアンタナモへの道』(2006)　アメリカ合州国軍によってキューバのグアンタナモ収容所に無実の罪で拉致された若者たちの実体験をセミ・ドキュメンタリー風に再現する。帝国的暴力の不合理にして恐るべき実体に戦慄せざるを得ない。

■＜難民＞について，手始めに読んでみよう
- ▷本間浩『難民問題とは何か』（岩波新書，1990）
- ▷ATTAC編『反グローバリゼーション民衆運動―アタックの挑戦』（つげ書房新社，2001）
- ▷長倉洋海『子どもたちのアフガニスタン』（岩波ブックレット，2002）
- ▷土井香苗『"ようこそ"と言える日本へ』（岩波書店，2005）
- ▷クルド人難民二家族を支援する会編著『難民を追いつめる国―クルド難民座り込みが訴えたもの』（緑風出版，2005）
- ▷佐々木辰夫『アフガニスタン四月革命』（星雲社，2005）

第17章 ＜帝国＞

『プロスペローの本』

〈DATA〉

監督　ピーター・グリーナウェイ

出演　ジョン・ギールグッド，マイケル・クラーク，ミシェル・ブランほか

（1991年，イギリス／フランス）

〈KEYWORDS〉

1. 書記言語
2. 王女
3. 歴史
4. 魔術
5. ポストコロニアリズム

1● 書記言語による記録

STORY・1　プロスペローの筆と声

　ヨーロッパ・ルネサンスの花咲くイタリア半島で，ミラノ大公だったプロスペローは魔術に没頭するあまり，政治をおろそかにし，ナポリ王アロンゾの助力を得た弟のアントーニオに王位を簒奪され，幼い一人娘のミランダとともに船に乗せられて追放されてしまう。しかしプロスペローはナポリ王の親切な廷臣ゴンザーロのはからいで，公国よりも大事に思っていた魔法の本を23冊ほど船に入れてもらっていた。孤島に流れ着いたプロスペローは，その島で魔法の力によって，先住のキャリバンや妖精のエアリアルたちを支配し，ミランダを

公国の世継ぎにふさわしく教育してきた。それから12年後のある日のこと偶然にも，ナポリ王アロンゾとその弟セバスチャン，ミラノ大公となったアントーニオ，ゴンザーロらを乗せた船が，アロンゾの娘クラリベルをチュニス王の元に嫁にやった帰りに，プロスペローの島の近くを通りかかる。プロスペローはエアリアルの助けを借りて魔法の力で嵐を起し，この船を難破させ，そこに乗っている者たちを島に上陸させることに成功する。

　嵐を起こした時点から，プロスペローは1冊の新しい本を書き始めるのだが，それはプロスペローがあらゆる登場人物の台詞を語り，その通りに自らの筆で紙に台詞を書いていくことによって，新たに現実が作られていくという，まさにプロスペロー自身が世界の創造主となってあらゆる出来事を記録してゆく書物だった。

POINT・1　帝国と言葉　『プロスペローの本』は，帝国が書かれた言語によって創造されることを示唆する。

　この映画はシェイクスピアが1611年ごろに単独で書いた最後の戯曲と言われる『テンペスト』を原作としながら，なかでもその主人公プロスペローの言語による支配の構図，いわば言語の帝国主義を主題とした作品である。最新の映像技術を駆使しながら，プロスペローが孤島に持ってきた魔術的な書物の数々が華麗な世界を自ら創造するという発想の下，映像が現実を表象する力を映像自らによってことほぐ作品であるとも言える。20世紀における最高の男優のひとり，ジョン・ギールグッドが演じるプロスペローの世界支配は，この映画のなかでまさに完全無欠だ。彼はすべての登場人物の言葉の起源としてまず発声し，次に自らの筆で紙に記していく。それ自体が最後に『テンペスト』という作品に仕上がりながら，プロスペロー自身の手によって破壊されようとする。それは一方で，シェイクスピア最後の戯曲ということもあってシェイクスピアをプロスペローと同一視する伝統的な見方を踏襲する。しかし同時に，映画監督グリーナウェイの独創はそのような言い古された図式をはるかに凌駕しており，紙に書きつけられた言葉が登場人物たちの声となり，ひいては世界の現実と

なっていく，というアイデアは，いかに言語によって表象する力を持ったものが世界を支配し，独自の帝国を作り上げるのかを示した点で画期的と言えよう。

　この映画に出てくる壮麗なプロスペローの宮殿には，あらゆるところに水と本があふれている。水は嵐によって荒れ狂う海であり，雨であり，エアリアルやキャリバンの小便でもあるが，同時にプロスペローが言葉を書きつけるときに使うインクでもあり，最終的にはプロスペローたちが投げ入れた書物を溶解し破壊し尽くす液体でもある。本はこの宮殿自体が世界全体をそのなかに包含した図書館でもあるかのように，あらゆる自然や人間，森羅万象の記録であると同時に，言葉と文字によって人々を支配し尽くす出口のない閉じられた円環構造の象徴でもある。

　帝国とはある領土や人間の支配として，経済的にも軍事的にも政治的にも文化的にももっとも強力な支配の形態である。それは植民地支配を含むこともあるが，必ずしも植民地の直接的な支配に限定されず，文化や情報，経済的ネットワークの管理によって人々の意識を統制することによっても形作られ維持される。そのときに決定的に重要となるのが，言語によって形成されるさまざまな思想や信念や偏見といった，人間と人間の力関係を規定する言葉，すなわち「言説（ディスクール）」である。この映画はその言説の力を，魔術を生み出す本を通じて徹底的に描き出すのだ。

　帝国は古代にも中華帝国やローマ帝国といったかたちで存在していたが，私たち自身の生活や意識がいまだに日常的な影響を受けているのは，15世紀末以来の近代のヨーロッパ的帝国の遺産と遺物である。その遺産のうちもっとも影響力のあるひとつとして言語が挙げられよう。たとえば，次章でもふれるが1492年にコロンブスたちが（自分たちは西回り航路で到達した「インド」と信じていた）未知の土地に到着したとき，まず行なったのはその土地をカスティリア女王の領土として宣言することだった。その宣言はおそらく本国の標準語とされたカスティリア語か，ヨーロッパ知識階級の共通語であったラテン語で行なわれ，かつ随行していた書記によって文書に証拠として書き留められたことだろう。仮にそうした宣言をより有効なものとするために，島の住人が集められその何人かが「証人」とし

て立ち会わされたとしても，彼ら彼女らにはもちろんコロンブスたちの言っていることや行為の意味がわかるはずはない。おそらく彼らにとっては，現地の気候にまったくそぐわない奇怪ないでたちをし，武器やら十字架やら見慣れない道具を携行し，聞いたこともない戯言を大仰にしゃべるこの一団のふるまいは，狂気の沙汰か嘲りの対象としか思えなかったに違いない。

しかし現実はその後どう進行したかというと，コロンブスたちの言説が書き留められ，本国に持ち帰られて書物として印刷され，諸国語に翻訳されることによって「歴史」となる一方で，島の住人たちの思いや戸惑いや怒りや悲しみや驚きや笑いは書記言語として書き留められなかったために，私たちが共有できる歴史とはならなかった。こうしていまだに私たちが世界中のどの書物を開いても，そこには「1492年10月12日，コロンブス新大陸発見」と書かれていても，「同日，島の住民はこの見知らぬ旅人たちの奇怪な行為を笑い飛ばした」とは記されていないのである。しかし事実という点から言えば，どちらの陳述も重みは同じはずだ。書記言語によって記録されなかったからといって，起きた出来事を抹殺することはできない。

『プロスペローの本』という映画が，書物による専制を通して私たちに迫るのも，なぜ書かれた言語が他者を支配できるのか，というヨーロッパ的近代における帝国の力をめぐる秘密なのだ。そしてその秘密を明らかにするのは，プロスペローの言語の帝国における被支配者であるミランダとキャリバンとエアリアルである。

2● 王女の持つ価値

> **STORY・2** ミランダの初恋

プロスペローは娘のミランダにはじめて，彼女が自分とともにこの島に流れ着いた事情を説明する。ミランダも幼児の記憶として，自分が何人かの女たちに囲まれていたことは覚えているらしいのだが，母親を幼いときに失くしたた

め，この島の宮殿の中でプロスペローがひとりで大切に育ててきたのだ。

プロスペローには「王国よりも大事な」数冊の書物のほかに，その魔法の忠実な助手として妖精のエアリアルたちがいる。エアリアルはその歌と作り出した幻影によって，アロンゾたちを島の中で彷徨させ，またアロンゾの息子でナポリの王子ファーディナンドを導き出し，ミランダと出会わせる。ミランダとファーディナンドはプロスペローの計画通りひと目で恋に陥り，2人の結婚を通じて，プロスペローがミラノ大公の座を回復し，ナポリの王権にもつながる準備が整うことになる。

一方，プロスペローには奴隷として召し使っているキャリバンという「怪物」がいる。キャリバンはミランダと共に育った幼馴染みだが，彼には，ミランダの貞操を奪おうとして失敗したという汚名が着せられている。

POINT・2　帝国と性の管理　『プロスペローの本』は，帝国支配の要が女性の生殖能力の管理にあることを示す。

言説による他者の支配とともに，この映画が執拗に描き出すのが，性，とくに女性の生殖能力を重視する帝国支配のありようだ。実際，性の管理と植民地の管理が連動することによって，女性の身体および生殖能力と土地の生産能力の搾取とが同じ平面のもとに描かれることになる。

ミラノ大公の地位を弟アントーニオに簒奪されたプロスペローにとって，権利回復は血筋上の王女であるミランダにかかっている。ここでもっとも重要なことはミランダが自分の嫡子であることの確証と，その汚れなき処女性，そして彼女が世継ぎにふさわしい伴侶として他国の王子と結ばれることだ。第1の条件はプロスペローの妻でミランダの母親（シェイクスピアの原作では言及されるだけで登場せず，名前もないが，この映画ではスザンナという名がついている）が，プロスペローに向かってミランダが自分たちの娘であると確言したことで一応満足されることになる。しかしここに父親の財産や権威を長男へと，長男がいない場合は長女の結婚相手を通して男系に引き継がせる家父長制度の最大の弱点も存在する。父親にとって自分の子どもが自分の嫡子であることを確証できるのは，（ＤＮ

A鑑定でもしないかぎり）妻にして母の言葉しかないからだ。だからプロスペローはことさら自分の妻の「貞淑」を強調しなくてはならないのであるし，また簒奪者である弟のアントーニオには子孫の存在が言及されないことが重要なのだ。

　さらに興味深いのは，この映画が強調する，もうひとりの王家の娘クラリベルとミランダとの対照である。クラリベルはナポリ王アロンゾの長女として兄のファーディナンドに次ぐ王家存続の権利を持っている。しかしどのような理由によってか詳らかにはされないが，クラリベルはイタリアやヨーロッパの王家ではなく，アフリカのチュニス王のもとに嫁がされてしまう。つまりクラリベルはミランダと比べて王家の世継ぎとして父親から重視されておらず，この映画の1シーンにあるように彼女がチュニスの黒人の王のもとで激しい性的搾取の対象となることは，女性の身体と生殖能力の管理が帝国の存続にいかに重要であるかを裏書きしている。

　次に，プロスペローにとって自分の娘の伴侶としてファーディナンドほど好都合の存在はない。ここで彼が「白人の美男」であることはそれほど大事な要件ではない。プロスペローが皮肉をこめて言うように，男というものを自分かキャリバンしか知らないミランダにとって，ファーディナンドが美しく見えるのは誤解か偏見の賜物に過ぎず，「たいていの者にとってはファーディナンドもキャリバンと同じに見える」のだ。むしろプロスペローにとって重要なのは，そのような相対的な要素ではなく，ファーディナンドが未婚の王子，しかも自分のミラノ公国を簒奪した弟と同盟関係にあるナポリ王国の世継ぎだという絶対的な血筋の優越性だ。ミランダをファーディナンドと結びつけることによって，まさにプロスペローにとっては一石四鳥，つまりミラノ大公という地位の復権，アロンゾやアントーニオたちに対する復讐，ミラノだけでなくナポリ王国をも自らの影響下に収めること，そしてキャリバンの性的逸脱への最終的処罰が一気に果たされる。そのように考えればたしかに暴力の形態は異なるかもしれないが，キャリバンがミランダの貞操を奪おうとしたことと，プロスペローがミランダの身体と生殖能力をファーディナンドに売り渡すことは，どちらも帝国支配のために必要な「帝国的レイプ」（スティーヴン・オーゲルと

いうアメリカ合州国の英文学者の言い方を借りれば）と呼ぶことができるかもしれない。そのために彼女が誰と結婚するかを魔術によって監視・管理して，ファーディナンドという未来の息子へと家父長の権利を受け渡すことこそが，プロスペローの帝国支配の要のひとつとなるのである。

3● 歴史の正史と叛史

STORY・3　キャリバンの反抗

　12年前，プロスペローがこの島にやってきたとき，唯一の「人間」として住んでいたのはキャリバンだけだった。キャリバンは，プロスペローによってアルジェ生まれの悪逆な「魔女」と呼ばれるシコラックスのひとり息子で，幼少のころはミランダとともに育てられていたのだが，ミランダに暴行しようとして失敗，そのときから奴隷としてプロスペローたちの身の回りの世話をさせられている。どうやらプロスペローの魔法では，嵐を起こしたり，人を屈服させたり，幻を作り出すことはできるが，薪を集めたり，火を起こしたり，掃除をしたり，食事の準備や片づけをしたりといった日常的な仕事はできないらしく，そうした不可欠な役目をキャリバンが負っているのだ。

　アロンゾたちが乗っていた船には王侯貴族たちのほかに，その使用人の執事ステファノと道化のトリンキューローも乗っており，彼らも島にたどり着く。2人と出会ったキャリバンはステファノがくれた酒のせいもあって，2人を神とあがめ，プロスペローに代わる新しい支配者として仕えることにする。3人は共謀してプロスペローを殺し，ミランダを奪ってこの島の王国を支配する反乱計画を立てるのだが…。

POINT・3　帝国と語り

『プロスペローの本』は，帝国の歴史が語り手によって異なる物語であることを主張する。

　帝国はさまざまな差別の制度による他者の析出・排除・周縁化・包摂によって動力を得ている。家父長制度という父親から長男への権力移譲，資

本主義という奴隷労働や自然資源の搾取，人種偏見という目に見える差異による弁別，民族差別という自己成型と他者認識のありよう，そして宗教対立という西（ヨーロッパ・キリスト教勢力）と東（アラブ・イスラーム勢力）との確執…。それは宗教統一，言語統合，海外侵略，科学技術の連動による国民国家体制の確立をグローバルなかたちでの他者支配へと拡張した権力の様式なのだ。そして，この映画においてもっとも存在感のある他者，帝国の主プロスペローに強制的に従わせられながら，抵抗することをやめない存在がキャリバンであることは疑いのないところだろう。

　この映画でキャリバンが「奴隷」であり「怪物」であるとされる最大の理由は，その性欲と出自と言語に関わる。ミランダの貞操を奪おうとしたこと。「魔女」シコラックスのひとり息子であること。そして，わけのわからない「たわごと」しかしゃべれなかったことなどによって。しかし，プロスペローやミランダ自身が告白するように，最初キャリバンは家族の一員のようにミランダと一緒に育てられ，2人のあいだには幼なじみとして一種の情愛が育っていたと考えても不自然ではない。子どもは外見の違いなど気にしないし，ましてミランダは嵐でアロンゾたち一行がこの島に漂着するまで，自分が王家の娘であるなどとは想像もしていなかった，いわば原住民に近い存在である。そんなミランダに対しキャリバンが性欲を覚え，プロスペローから島の実権を奪い返すという特定の政治的意図を持ってミランダの貞操を奪おうとしたことは，むしろ当然の成り行きだったのではないか？

　また，「魔女」の息子であるかどうかもプロスペローはエアリアルからの伝聞情報として受け取っているだけで，シコラックスによって12年間も梱に閉じこめられたエアリアルが彼女のことをよく言うはずはないから，その情報がどれだけ真実かはあやしい。それに言語について言えば，どんな言葉も意味がわからない人には「たわごと」に聞こえかねないだろう。要は，聞き慣れない他者の言語を雑音として退けるか，音楽のように聞くことができるかの寛容度の問題ではないだろうか？

　プロスペローのキャリバンに対する支配と，キャリバンのプロスペローに対する抵抗も，特定の言語（この場合はヨーロッパ言語）の支配者によ

る押しつけと被支配者による領有をめぐって行なわれる。すなわち具体的には2つの異なる歴史と物語の創造／想像，いわば支配者による正史の試みと反乱者による叛史の試みとのせめぎあいが，この映画の底流となっているのだ。プロスペローは12年前に自分とミランダがこの島に流れ着いてからの歴史を語り，それが真実であると主張するが，それはもちろん「勝者」の視点から見た歴史に過ぎない。アントーニオの王位簒奪，キャリバンの暴行未遂，エアリアルの救済，いずれもプロスペローによる現在の帝国支配を正当化するのに必要な物語だ。一方，キャリバンにも自らの視点から語りたい歴史がある。自分だけが住人であったこの島にやってきたプロスペローたちとの最初の蜜月期間，言葉を教えてもらう代わりに植民者たちに食糧や水のありかに関する島の貴重な情報を与えてしまったこと，母シコラックスの思い出…それらは帝国の支配者であるプロスペローの語る大きな歴史からはもれてしまう小さな物語かもしれないが，しかしそれがキャリバンにとっての真実の歴史なのだ。

　しかもキャリバンはそのような歴史を語り伝える手段として，支配者から教えられたヨーロッパ言語を自在に操ることができる。それは支配者にとって都合のよい奴隷を育成する教育の成果であると同時に，抵抗する力をはぐくむ自立への一歩でもあるのだ。一方に言語教育による「文明化」のプロジェクトがあり，他方に支配者言語を自らのものとして消化する領有のプロセスがある。「雑音」としての「夢」を語る絶妙な詩作さえ，キャリバンには可能である。もちろんこの映画においては，そのような奴隷キャリバンの反抗の身振りさえ，プロスペローの発話と記述による帝国主義的言語支配の枠内でしか可能とならない。しかしそれでもそこには，プロスペローによる他者支配の言語（魔術）による正史と，キャリバンの他者との連帯を喚起する言語（呪いと音楽）による叛史との緊張関係が見てとれるのである。

　この映画が描く空間では，言語を支配するものがすべてを支配する。キャリバンが最初に登場するところで，彼は本のページの上におしっこやうんこをひっかけ，ナイフで切り裂いたりする。つまり，本に対する凌辱者としてのキャリバンの性格が強調されている。しかしキャリバンも，プ

ロスペローをやっつけるには「まず奴の本を手に入れることだ」と言うように、プロスペローの帝国支配の原動力がその書物にあることを見抜いている。だから彼も本をただ破壊するだけでなく、本に対する欲望や理解力をも持っているのだ。たとえば獣の子孫であるケンタウロスや人魚が描かれた第13の書『ミノタウロスの92の綺想』を彼は盗んで保持している。どうやらいったんプロスペローの手を離れてしまえば、その魔法の本も保持者が自由に使用できるようなのだ。

　ここに言語的帝国主義の限界も示唆されている。つまり言語とは他者によって理解され、共有されることによってのみ言語として機能する。本を領有したキャリバンによる本の使い方をプロスペローがコントロールできないように、いったん他者のものとなった言語による逸脱や歪曲を自己は統御できない。そこから帝国の限界と言語の可能性も生まれるのだ。

　この映画でキャリバンを演じているのは、モダン・ダンスの旗手マイケル・クラークだが、この配役が成功しているのは、キャリバンが呪いの言葉を発する主体としてよりは、言葉と肉体の動きとが切り離され、後者の身体性が前者の言説性より圧倒的に優位にある存在のように見えるからである。このキャリバンは、舌を出したり、うんこをしたり、飛んだり跳ねたり泳いだりはお手のものだが、しゃべることはまったく不得手のように見える。つまり、シェイクスピアの劇にあった演劇的発話による抵抗や詩的領有の要素は、すべてプロスペローの絶対的表象権力に完璧に包摂されている。なにしろ「この島は俺のものだ」から、「あんたは言語を教えてくれた、それで俺が得したことといやあ、／どうやって呪うかを俺が知ったってこと」、さらには「こわがらなくたっていい、島は雑音で一杯なんだ」まで、彼の発話のすべてが――呪いも夢も音楽も――発話が不得意なキャリバンに代わってプロスペローによって語られるのだから。植民者が自分より「劣った」被植民者の発話を真似て、しかも自分の支配的言語で語るという倒錯的快楽がそこにはある。ヨーロッパ言語を教えることで、先住民の言葉を抹殺しておきながら、さらに「呪う」という抵抗者独特の反抗手段さえ奪ってしまうこと。自分に向けられた他者の呪いを、自分自身の口で語り文字で書き記してしまうことによって、不可思議な呪詛の力

を表象の権力で包摂し，他者からやってくる応答責任を無化してしまうこと。こうした魔術的表象空間に暴力の相互性や対話的論理が入り込む余地はない。この映画が描く言語を通じた帝国支配の完全無欠さは，シェイクスピアが描いた他者支配の方策のはるか先を指し示しているのである。

4 ● 魔術の効用

STORY・4 エアリアルの介入

　プロスペローの魔術は，エアリアルの助けを借りながらますます強大な力を発揮していく。アロンゾたちを乱心に追い込み，ファーディナンドとミランダに婚約を祝う祝祭劇を見せ，キャリバンたちの陰謀を打ち砕き…プロスペローがあらゆる者たちの台詞をしゃべりながら世界を創造していくことで，その力は絶頂に達する。すべてが思い通りになりそうなとき，プロスペローが目を放していた隙に，エアリアルたち妖精がプロスペローによってこれまで書かれてきた書物の新しい頁に彼の筆を借りて，アロンゾたちに同情する台詞を書きつける。それを見たプロスペローが，アロンゾたちを許し，魔法を放棄し，魔法の服や杖や本を捨てる決心をする。このときから登場人物たちはプロスペローの魔術から解放されて，自分自身の台詞を自分でしゃべるようになる。本が次々と閉じられ，水に投げ込まれて破壊されていく。

POINT・4　帝国とテクノロジー　『プロスペローの本』では，帝国の政治権力の基盤である魔術の限界が示される。

　プロスペローの帝国における他者支配の絶対性をめぐって，キャリバンの果たせぬ欲望をこの映画のなかで実現するのはエアリアルである。この映画ではエアリアルがひとりの妖精ではなく，何人もの少年たちによって構成されている。たしかに当初エアリアルは仕事に対して不満を表明したことをプロスペローにとがめられ，プロスペローの物語る過去を思い出させられることで，従順な部下としての誓いを立てざるを得なくなる。また

プロスペローの魔術を言語を通じた他者支配のテクノロジーと考えた場合，たしかにプロスペローは他者に命令したり，過去の出来事を説明したりすることには卓越しているかもしれないが，実際の魔法の遂行はすべてエアリアルによって担われていることに注目しよう。プロスペローは語ることにおいては他の誰の追随も許さぬ絶対的権威を発揮するが，彼自身の魔法はせいぜいファーディナンドの剣を落とさせることぐらいで，薪も集められず，火も起こせない，日常的にはかなり不便な代物なのだ。さらに映画の最後の部分においては，プロスペローとエアリアルとの関係が単なる主人と奴隷という関係を超越して，むしろプロスペローがエアリアルから他者を許すことを学ぶという決定的な転換点を経て，プロスペローによる言語的帝国支配が終焉していく。その意味でこの映画は一貫して，帝国のアイデンティティを形作る勝者による歴史が，誰がどのように物語るかによってさまざまな様相を帯びることを明らかにしているのである。

　この映画はプロスペローの言説による絶対的支配を通じて，書記言語を通じたテクノロジーと知的権力の帝国における完全性を示す。しかしプロスペローの帝国が「本」に依存するものであるかぎり，その領有と破壊によってその帝国も容易に解体され，崩壊し得る。プロスペローの島の宮殿をあらゆる人間を幽閉する「言語の牢獄」としてとらえるのか，それともあらゆる世界が永遠に創造され続ける「世界の図書館」として考えるのか，それは表象の原点であるペンを誰が握っているのかにかかっている。とすれば，その牢獄からの解放と図書館の壊滅は，誰かプロスペロー以外のものがペンを握ることによって果たされるほかない。自らの絶対的表象権力を壮麗な宮廷仮面劇で祝ったプロスペローは，自分の魔法のマントでその幕を閉じる。そこに突如出現する雨風にさらされた裸舞台。それは室内劇場から野外の民衆劇場への変換でもあろうし，植民宗主国であるヨーロッパの宮廷から植民地であるカリブ海の島への突然の転地でもある。だがおのれの権力を疑うことを知らないプロスペローは，誇らしげに書きつける──「今このとき，あらゆる敵は私の思うがままだ」と。

　しかしここで思わぬことが起こる，突然エアリアルが自分の肉声でプロスペローに次のように語りかけるのだ──「牢獄に囚われたものたちは皆

…あなたさまが解き放ってくださるまで身動きもできません…あなたの魔法の力が強すぎて。あなたも今ご覧になれば，お気持ちも優しくなるはず」。今まで他者の存在に対して驚きも敬意もいっさい抱いたことのなかったプロスペローがエアリアルの肉声を聞いたときの驚愕は大きい。絶対的な表象権力の頂点ではじめて聞こえてきた他者からの呼びかけ。それに対してプロスペローは同じ問いを三度，エアリアルに対してくりかえす——「おまえもそう思うのか，妖精なのに？」こうして彼は自分が完全に支配する妖精のエアリアルから，人間の肉声を学ぶことで「優しさ」という他者への情を知り，他人にも声を与え，自らも一方的な発言者から対話者となっていく。こうして彼は自分の書斎という牢獄／図書館を出て，代わりにエアリアルがペンを取り，先ほどの自分の言葉を紙に書きつける。そしてプロスペローはエアリアルが書いた言葉を読み，今度は自分の言葉として発話していくのである——「私は自分の魔法を解いて，皆の知覚を取り戻そう，そうして皆自分自身にしてやるのだ」と。

　ここでプロスペローはペンという魔法の杖を折り，それまで書き綴ってきた本を閉じる。同時に彼の「世界」であった図書館のあらゆる本のページが音を立てて閉じられ，表象という魔術の源泉であった23冊の本が次々に水中に投げ込まれて破壊される。エアリアルの発話に始まる解放のプロセスを，プロスペローによる「許し」とか「和解」といった枠だけで考えるべきではないだろう。この映画のなかでこの瞬間が重要なのも，応答する責任がつねに他者からやってくるという主題を，この場面が描いているからだ。プロスペローに代表されるようなつねに覇権的強者である自己は，それに応答しない権利も有している。だがこの場面でのプロスペローは，自らの帝国における被支配者であるエアリアルが，さらに弱者であるアロンゾたちに向けた視線を自分のものとすることによって，彼らを言語の牢獄から解放する。他者からやってくる責任に応答することで新しい関係性が築かれるのだ。そのプロセスは今まで自分自身の声を持たなかったものの声を聞き取り，その声を模倣することから始まる。

　しかしこの映画で問題になるのは，プロスペローにとって，このような応答すべき他者のなかにキャリバンのような反抗者が入っているのか，い

ないのかということだ。プロスペローとその他者との再会の場面の後，キャリバンが登場するのは最後の台詞である「感謝を求めよう」の一言を自らの口で発言する場面がひとつ。もうひとつは，プロスペローの24冊目の本，すなわち最初の19ページの空白に今プロスペローが完成したばかりの『テンペスト』を挿入した1623年発行のシェイクスピアの第1フォリオ版全集が，プロスペロー自身の手によって水中に投げ入れられたとき，それを救い出す，魚のように無言ですばやいキャリバンの姿が画面に瞬時現れるところ，その2場面だけだ。キャリバンはなぜいまさら本を，しかもシェイクスピア全集を自分のものにしようとするのだろうか？

5 ● ポストコロニアリズムの可能性

STORY・5　和解は可能か？

　陰謀が挫折したキャリバンは，今後プロスペローに忠実に従うことを約束する。許されたアロンゾも改心を表明するが，アントーニオはついに自らプロスペローに許しを請うことはないので，彼が本当に後悔しているのかはわからない。しかし自分の権力の後ろ盾であったアロンゾがプロスペローと和解し，王子のファーディナンドがミランダと結婚するとあっては，王位をプロスペローに返還せざるを得ない。プロスペローはエアリアルたち妖精を解放し，一同とともにミラノへと帰りの船路をたどっていくのだが，ふたたび島が自分のものとなったキャリバンはこの後どうなるのだろうか？

　プロスペローが水の中に投げ入れて破壊しようとした本のなかに，彼が書いてきた『テンペスト』という戯曲を挟み込んだ『シェイクスピア全集』があった。プロスペローが水に投げ入れた瞬間，キャリバンがすばやく泳いできて，その本を自分のものとして領有したように見えたのだが…。最後に魔術師からひとりの役者に戻ったプロスペローが，観客に向かって「拍手で自分を解放してくれるよう」懇願するが，そこに老いの諦念や和解への希望はあっても，帝国の行く末についての省察はついぞ窺い知ることはできない。

POINT・5
帝国と脱植民地化

『プロスペローの本』は，帝国が解体された後の可能性と限界を考察する。

　すでに述べたように，プロスペローが魔法の杖を折り，本を水の中に投げ入れて次々と破壊するとき，興味深い2つのことが起きる。ひとつは，最後にプロスペローから許されたキャリバンも自分自身の肉声で「俺も感謝を求めよう」と語ること。2番目は，24冊目の「プロスペローの本」となったシェイクスピア全集を水の中から救出するのはキャリバンだということ。このことから私たちは，虐げられてきたものによる知の領有を見るべきなのだろうか，それとも被支配者自身によって保証された表象する知のヘゲモニー構造の存続が示唆されていると考えるべきなのだろうか？

　すでに示唆したように，この映画における本の存在は，プロスペローの個人的権力も及ばない帝国における超越した源泉的権威としてある。しかも彼は24冊目のシェイクスピア全集を『テンペスト』という作品によって完成させる前に筆を折り，しかも全集と『テンペスト』の草稿を一緒に水中に投げ入れてしまったのだから，プロスペロー＝シェイクスピアという図式は最後のところで成り立たなくなる。プロスペロー自身がシェイクスピアになることを放棄して，ミラノ大公に戻ってしまうのだから。プロスペローがすべての人物のために発話し，かつおのれの言語で書き記した『テンペスト』という劇は――その劇の結末はシェイクスピアの『テンペスト』の結末と同じではなく，エアリアルによって書きつけられた「魔法を解いて…皆自分自身にしてやるのだ」という台詞で終わっている――未完のものとして，今キャリバンの手元にある。そしてそこには，彼が自分からすすんで発言した「感謝を求めよう」という屈服の台詞は記されていないのである。かくして私たちには，2つの異なる『テンペスト』が存在する可能性が残される。ひとつはキャリバンの敗北で終わるシェイクスピアの『テンペスト』。もうひとつは，すべての人が自分の肉声を記すことによって結末を新たに書き加える可能性が開かれた未完の『テンペスト』，すなわちキャリバンの水中における瞬時の行為が私たちに残してくれた最大の贈物としての，いまだ書かれざる『テンペスト』である。

おそらくグリーナウェイが監督として意図した映像至上主義によれば，キャリバンは「呪い」のような対抗発話に頼る必要すらない。肝要なのは，水中に投げ捨てられた本を救い出すという沈黙の身振りであって，本の中に閉じこめられた声をプロスペローから奪い返したり，自分の肉声で伝達したりすることではない。かくしてこの映画は，一方においてエアリアルという他者からやってくる責任への応答を通してプロスペローの帝国支配テクノロジーの限界を示すと同時に，他方で，表象権力体制の自己解体を描くことで，起源の神話や大きな物語の崩壊を示す。ここにはネブリハが1492年に記した「言語は帝国の道具」であるという，ヨーロッパ近代の帝国的表象制度の極致と，その終焉とが同時に描かれているのである。

　世界全体を表していたほかの本がすべて消滅した今，私たちの手に残されたのは，キャリバンが救い出した未完のシェイクスピア全集だけだ。とすれば，本を破壊することで魔術を放棄したプロスペローの華麗な最後の宴と，その隙間をかいくぐって知を領有した無言のキャリバンの身体性とが切り結ぶ地点で，おそらく私たち自身に問われているのは，帝国と植民地支配の終焉を，自立した自己が応答すべき他者と共生し得る新たなポストコロニアル世界としてどのように構想できるのか，という問いだろう。この映画が脱植民地化の可能性として20世紀末に着想した帝国からの「自由」への回路も，またそこにこそあるのではないだろうか？

QUESTIONS

1. 書記言語と口承言語との対立やせめぎあいについて，歴史や文学などにおける他の事例から考えてみよう。
2. 書物というメディアとそれ以外のメディアとの差は，どのようなところに見出されるだろうか？
3. 歴史がある特定の視点から形作られる物語に過ぎないとすれば，事実と表象との関係をどう考えるべきだろうか？　帝国や植民地の歴史を題材とした映画をひとつ選んで考察しよう。
4. 現在の私たちが住む社会のなかで，どのようなものが「支配の魔術」として機能しているのか，具体的事例に即して考察しよう。

5.『テンペスト』以外のシェイクスピアの演劇作品をひとつ取り上げ，それを植民地主義や帝国といった視点から分析してみよう。

■＜帝国＞にまつわるこんな映画も観てみよう

＊（　）内は監督，製作年

- ▶『我が闘争』（エルヴィン・ライザー，1960）　ドイツの第1次世界大戦の敗北からヒトラーの死まで，歴史的映像を編集。第3帝国の興隆と崩壊。
- ▶『博士の異常な愛情』（スタンリー・キューブリック，1963）　冷戦下の米ソ核競争を戯画化したブラックコメディー。帝国による核戦争の危険ははたして過ぎ去ったのか？
- ▶『アギーレ・神の怒り』（ヴェルナー・ヘルツォーク，1972）　1560年末，南米アマゾンの奥地で伝説の黄金郷エル・ドラドを求めるスペイン軍の副官アギーレ。未開の地に帝国を建設しようとした男の見果てぬ夢。
- ▶『惑星ソラリス』（アンドレイ・タルコフスキー，1972）　人間の潜在意識を支配する未知の惑星ソラリスの不思議。人知を支配する究極の帝国の可能性をＳＦによって実現した清澄なる映像世界。
- ▶『ヘンリー五世』（ケネス・ブラナー，1989）　シェイクスピアの戯曲を原作として，戦争と民主主義という帝国に関わる枢要な問いを掘り下げる。言語とジェンダーによる差異化が国民国家という想像の共同体を形成するのだ。
- ▶『教えられなかった戦争シリーズ　全5作』（高岩仁，1992〜2005）　マレー編，フィリピン編2作，沖縄編，中国編と，過去の戦争だけでなく，現在の侵略も追い続ける執念の取材。アジアを犠牲にして成り立つ近代日本帝国の相貌が浮かび上がる。
- ▶『鬼が来た！』（チアン・ウェン，2000）　日中戦争の末期，中国・華北の村に置き去りにされたひとりの日本兵を村人たちが捕らえて生かしておく。笑いと凄惨さが交互する帝国の末路。

■ピーター・グリーナウェイ監督の他の作品も観てみよう

- ▶『英国式庭園殺人事件』(1982)　17世紀末の英国で屋敷の絵を12枚描くことを依頼された画家と，その絵が招く殺人事件。映像そのものがはらむ謎に埋没しよう。
- ▶『数に溺れて』(1988)　祖母，母，娘の3人がそれぞれの夫を溺死させる

というサスペンスであると同時に，1から100までの数字が映画中に散りばめられた知的遊びとしての映画の極致。
- ►『コックと泥棒，その妻と愛人』(1989)　フランス料理，野卑なギャング，妻の不倫，作家の愛人。カニバリズムがかつてこれほど華麗に映像化されたことがあったろうか？

■＜帝国＞について，手始めに読んでみよう

- ▷ ジョン・トムリンソン『文化帝国主義』(青土社, 1993)
- ▷ 正木恒夫『植民地幻想——イギリス文学と非ヨーロッパ』(みすず書房, 1995)
- ▷ エドワード・サイード『知識人とは何か』(平凡社ライブラリー, 1998)
- ▷ 水野直樹・藤永壮・駒込武編『日本の植民地支配——肯定・賛美論を検証する』(岩波ブックレット, 2001)
- ▷ 吉田裕『日本の軍隊——兵士たちの近代史』(岩波新書, 2002)
- ▷ 杉原達『中国人強制連行』(岩波新書, 2002)
- ▷ 田中伸尚『靖国の戦後史』(岩波新書, 2002)
- ▷ アントニオ・ネグリ，マイケル・ハート『＜帝国＞―グローバル化の世界秩序とマルチチュードの可能性』(以文社, 2003)
- ▷ 熊谷伸一郎『なぜ加害を語るのか―中国帰還者連絡会の戦後史』(岩波ブックレット, 2005)
- ▷ 赤澤史朗『靖国神社―せめぎあう＜戦没者追悼＞のゆくえ』(岩波書店, 2005)
- ▷ 山中恒『アジア・太平洋戦争史―同時代人はどう見ていたか』(岩波書店, 2005)
- ▷ 高橋哲哉『靖国問題』(ちくま新書, 2005)
- ▷ アントニオ・ネグリ，マイケル・ハート『マルチチュード(上)(下)―＜帝国＞時代の戦争と民主主義』(NHKブックス, 2005)
- ▷ 本橋哲也『ポストコロニアリズム』(岩波新書, 2005)
- ▷ ロバート・ヤング『一冊でわかる　ポストコロニアリズム』(岩波書店, 2005)

第18章 ＜先住民＞

『鳥の歌』

〈DATA〉

監督　ホルヘ・サンヒネス

出演　ホルヘ・オルティス，ジェラルディン・チャップリンほか

（1995年，ボリビア）

〈KEYWORDS〉

1. 征服
2. インディオ
3. カメラ
4. 祭礼
5. 笛

1● 征服の経緯

STORY・1　アンデスの村での映画撮影

　ボリビアの都会からアンデスの先住民の村へと映画撮影隊がやってきた。彼らは16世紀のスペイン人による先住民社会の征服と破壊を批判的にとらえる映画を製作しようとして，先住民をエキストラとして使い，村をロケ地にしようと遠征してきたのだ。映画撮影者たちは概してスペインの侵略者たちによる過去の征服に対しては批判的な「良心的知識人」たちで，自分たちはより公平な視点から，先住民の立場に立ちながら，征服の残虐さを訴え，歴史の見直しを図ろうとしているのだと考えている。これまで一方的に征服者の側からしか語

られてこなかった南アメリカの歴史が，映画という強力なメディアの力を使うことで，はじめて征服されたものたちの視座から語られる——このように映画製作者たちは一様に高い志を抱いているのだが，現実の映画製作は思うように先住民たちの協力が得られず，なかなか進展しない。

POINT・1　先住民と侵略　『鳥の歌』は，16世紀のスペイン遠征隊による先住民の「征服」を批判的にとらえなおそうとする。

　この映画は，ホルヘ・サンヒネス監督率いるボリビアの映画製作集団ウカマウの実体験に基づいていると言われる。ボリビアの都会からアンデスの村にやってきた映画製作集団が，先住民を使って16世紀のスペイン軍による暴力的な征服と文化の破壊を批判的にとらえる映画を作ろうとする。その過程で生まれた村人との軋轢を描いてゆくのだが，この映画は時間的にも，行為媒体の点においても，認識論においても，いわば三重の入れ子構造になっていると言える。どういうことかというと，まず中核にコロンブス以降のスペイン人による先住民征服の問い直しが映画内映画の主題としてあり，次にそれを包む物語として都市民・支配者・白人の視点から反省的に表象する映画内映画製作の挫折という表象があり，その外側にその挫折自体をウカマウ集団が先住民の視点から再表象するこの映画そのものの映画製作の試みが存在する。つまりこれは，映像という，20世紀においてもっとも強力な自己主張的メディア（プロパガンダ装置）を使いながら，同時にその力に集約された西洋近代世界・植民地的視線の暴力を，自ら無力化しようとする試みなのである。

　この映画は先住民征服の歴史を，先住民の視点から見直そうという善意あふれる人々の挫折を描く。なぜ彼ら彼女らが挫折してしまうかというと，それは自分たちが現在，どのような世界でどのような位置にあり，どんな権力を持っているのか，という自分自身の政治的位置に彼らが十分意識的でなかったからだ。過去の歴史を見直すという行為も現在の歴史のなかでしか行なわれ得ない。そこでまずここでは，先住民が先住民である由来を歴史からたどってみることから始めたい。

カルチュラル・スタディーズが，植民地主義という文脈において西洋近代世界の知／権力の問い直しを行なおうとするとき，避けられないのが支配的でなく，記録さえされなかったけれど「ありえたかもしれないオルタナティブな歴史」の探求である。そこでまず植民地の歴史を「コロンブスの新大陸到着からはじまる西洋近代世界」のそれと考えて，年表風にまとめてみよう。場所として焦点を置くのはスペインだが，それはこの国がポルトガルと並んで，ヨーロッパにおける植民先進国として最初の植民帝国を築き，後発のオランダ，イギリス，フランスの模範にして追い落とすべき敵となったと同時に，国籍，言語，文化の三位一体を根幹とする近代国民国家の先駆けとなったからである。
　まず7世紀に中東で発したイスラーム勢力が，北アフリカを通ってヨーロッパを南から侵攻する。それが711年のタリク・イブン・ジヤードによるイベリア半島征服で，現在はイギリス領であるジブラルタルという地中海から大西洋への出口も，「ジャバル・アル・タリク（タリクの岩山）」という言い方から生まれた地名だ。このイスラーム勢力によるイベリア半島支配は，11世紀ごろから退潮に向かい，いわゆる「レコンキスタ」，キリスト教勢力から見た「国土回復運動」が開始されていく。ヨーロッパにとって，もうひとつの他者とも言うべきユダヤ人に目を転じれば，たとえば1391年6月に，セビーリャで起こった反ユダヤ人暴動がスペイン全土に波及する。こうしてイスラームとユダヤの排斥によってヨーロッパにおけるキリスト教的アイデンティティが確立され，スペインの思想的骨格をなしていくことになる。1469年には，カスティリア王国のイサベルとアラゴン王国のフェルナンドとが結婚し，ここにスペインという国民国家支配体制が築かれ，そのなかでこれから略述する国家内外の異分子の包摂と排除が着々と進行していく。まず1480年には，異端審問制度が設置され，おもにキリスト教への改宗を装った「隠れユダヤ人＝マラーノ」を取り締まることになる。こうして，元からのキリスト教徒，改宗して新キリスト教徒となった「コンベルソ」，隠れユダヤ人としてスペイン領内に住み続ける「マラーノ」，そして異人として国外に追放されるユダヤ人，という四層構造が成立する。このことが同時代に開始されていく植民地経略と密接に結

びついていたことが重要である。

　さて西洋的近代の出発を象徴する年である1492年だが，この年スペインでは，国民としての私たちの存在をいまだに規定している4つの範疇で重大な出来事が起きる。まず軍事的側面では1月にイスラーム勢力の最後の砦であったグラナダがカスティリア女王イサベルの軍隊の前に陥落，レコンキスタが完了。次に言語という範疇で，アントニオ・デ・ネブリハの『カスティリア語文法典』が出版され，いわゆる「方言」と区別される「正しい標準語」が制定される。ネブリハはイサベル女王に捧げたこの本の序文のなかで，「言語は帝国の道具であります」と述べ，言語の規範化が他者の排除と征服に向かう過程を予告している。宗教の側面では，3月31日にユダヤ人追放令が正式に制定され，ここにヨーロッパにおける「内部の他者」の排斥と包摂が法制化されて，政府が宗教を国家統合のイデオロギーとして使用することとなった。追放の期限が来た8月3日に最後のユダヤ人が出立，この同じ日にコロンブスがスペインのパロス港を出港したわけで（彼自身ユダヤ人だったという説もある），コロンブスがインド到達をめざした船隊が，離散するユダヤ人を見送るという歴史ドラマの一コマを私たちは想像することさえできる。古い異人の追放と新しい異人の征服との同時性，歴史の過渡期はときにこのような劇的な瞬間を生み出すのだ。スペインのユダヤ人はポルトガル，ギリシャ，トルコ，北アフリカ，イタリア，オランダ等へ離散した。1492年が西洋近代の出発点として重要なのは，このように軍事（政治），言語（文化），宗教（民族），外交（経済）という近代国民国家の要件をなす国内外における自他の境界線の構築が，同時多発的に起きているからである。

　ここからが先住民の征服に直接関わる話だが，いわゆる「大航海時代」とそれに続く西洋国民国家による植民地獲得の歴史を簡単に見ておこう。まずコロンブスが現在のバハマ諸島のひとつ，グァナハニ島に到着したのが，1492年の10月12日。イタリアのジェノア生まれのコロンブスは，スペインのイサベル女王を後ろ盾とし，ドイツのフッガー家からも資金援助を得て，西回りによるインド航路を開拓しようとした。東回り航路はすでに1486年にポルトガルのバルトロメウ・ディアスがアフリカ南端の喜望峰回

航に成功，続いて1498年5月8日にヴァスコ・ダ・ガマがインドのカリカットに到着して東回り航路が開かれ，その後ポルトガルに膨大な富をもたらしてゆく。これより先，1494年にはトルデシーリャス条約が締結され，ローマ法王の認可の下に，スペインとポルトガルで世界は東西に二分された（もちろん，支配されることになった人々には何の相談もなく）。

いわゆる「世界一周」についても見ておくと，1519年9月20日にマガリャンイスが5隻，237名の船団でスペインを出航，西回りで1年以上かかって，1520年11月28日に南アメリカ南端の難所，その後英語読みでマゼラン海峡と呼ばれる場所を通過する。その後マガリャンイス自身はフィリピンで先住民に殺されるが，1522年9月6日ついに船隊の生存者18名がスペインに帰還した。ということは，最初の世界一周者はこの18名ということになりそうだが，事実はそうではない。大航海時代の歴史はすでにグローバルな物流・人流を可能にしていた。マガリャンイス船団のある奴隷は，フィリピンで住民の話す言葉を聞いて理解できたという。つまり彼はかつてこの地域からスペインにまで連れて来られた奴隷だったわけで，誰が最初の世界一周者かというと，歴史上この男をおいて他にないはずだ。遠洋航海術，奴隷貿易，植民地経略というグローバリゼーションの歴史には隠れた英雄が存在したわけである。カルチュラル・スタディーズによるオルタナティブな歴史の探求とは，こうした記録されなかった事蹟を想像することから始まるのだ。

次はいよいよアメリカ大陸におけるスペイン植民帝国による先住民のジェノサイドと征服の歴史だが，1521年8月13日にエルナン・コルテスがアステカ帝国のクアウテモックをとらえ，首都テノチティトランが陥落。1533年8月にはフランシスコ・ピサロによるインカ帝国の王アタワルパ処刑，11月に首都クスコが陥落してインカ帝国が滅亡する。さらに1565年にはスペインによるフィリピン侵略が開始されるから，1492年からおよそ4分の3世紀で西回りによる植民征服は地球を半周したことになる。

ここで興味深いことは，同時に「インド」のグローバル化が起こっているということだ。つまりコロンブスは西回りで「新大陸」に到着し，そこをインドと誤解，ないしは希望的に曲解したので，そこの住民がインディ

オ（スペイン語・ポルトガル語読み）とかインディアン（英語読み）とか呼ばれることになり，かくして南アジアの東インドとアメリカの西インドが同時に存在するという，ややこしい事態になった。このインドの遍在化は，スペイン人が新しい土地や国を侵略征服していく過程で，つねに先住民をインディオと名づけていくことで，グローバルな次元を獲得する。よってフィリピンにおいても，イベリア半島生まれのスペイン人はペニンスラレス，現地生まれのクレオールはインシュラーレス（後にフィリピーノ），そして先住民がインディオと呼ばれて三層構造を形作り，やがて中層のフィリピーノが中核となってフィリピンという国民国家ができていく。ちなみに日本の海外侵略の嚆矢となる豊臣秀吉の「朝鮮征伐」（文禄の役）は，1592年から96年までで，ちょうどスペインにおける国民国家的植民帝国の誕生とコロンブスの航海の百年後ということになる。

　ここで『鳥の歌』について考える上でも重要になる言語に関する問題を，2，3提起しておきたい。まず国民国家とそれが内外に強制する「標準言語」との関係について。国民国家が成立するためには，内国植民地化と外国植民地化，すなわち内部の他者と外部の他者とをともに析出して（必要ならば捏造してでも）それを包摂・排除していくことが必要で，その過程で必然的に，国内の「俗語」と国外の「異国語」の周縁化と排斥が起こる。前章ですでに述べたように，コロンブスが「新大陸」に到着して，それをイサベラ女王の名前で領有したとき，その宣言はネブリハが『文法典』に記したスペイン語（カスティリヤ語）でなされた。おそらくその領有の儀式には，現地民をも「証人」として立ち会わせたはずだが，彼ら彼女らにはこの奇怪な儀式や言葉の意味などわかるはずもなく，それでもこの事件は通訳と書記を介して，「帝国の言語」たるスペイン語で記録され，本国に持ち帰られて印刷され，ヨーロッパ文化圏内で流通・翻訳されることで「歴史」となったのである。

　そのような「標準語」を仲立ちとする近代国民国家は，言語，国籍，国民性，文化の四位一体を前提とする，ないしは規範として構成員に奨励し強制する。しかし少し考えてみればわかるように，この4つは必ずしも重ならないどころか，地域や状況によっては大きなズレをはらむ。

次に言語が本質的に持っている二重性について。言語とは一方でそれを理解する者同士をつなぐ交通の道具であるわけだが，しかしそれは同時に，とくに権力的に不均衡な関係が存在するときには，交通遮断の手段ともなり得る。奴隷たちが生み出した「ピジン」と呼ばれる支配者の言葉を変成した独特な言語や，被植民者の模倣言語に典型的なように，それは被抑圧者のあいだでの独自の文化発展や連帯の醸成に寄与するとともに，抑圧者には理解できない秘密の言語として，権力構造から隔離されたアイデンティティを確保してきた。ここに『鳥の歌』という映画のラストにある，鳥の歌が聞ける者と聞こえない者との断絶というテーマが大きく関わってくる。

　最後に，言語が本質的に単一ではなく雑多な要素をはらんでいること，あるいは文化の根源的多重性について。このように言語を通文化的視点，あるいは文化構築の力学を問うカルチュラル・スタディーズの観点から見たときには，いわゆる「なになに語」として，国民国家の名称に語がついた言語とは，おしなべて歴史的にも社会的にも，そのなかに多くの矛盾と多様性，均一化と標準化を強制しまたそれに抵抗する複雑な力関係を内包している。よって「他者との共生」「多民族共存」「単一民族文化的発想からの離脱」を言うのであれば，最低，そのような言語の成り立ちと，現時点における諸力のせめぎあいを考察する必要があるだろう。

　前置きが長くなったが，このような植民経略とそれに対する抵抗を，現代に生きる先住民を通して捉えようとしたのが，この映画なのである。

2●インディオという人々

> **STORY・2**　撮影隊と村人たちの軋轢

　撮影協力に煮え切らない先住民たちの態度に，監督のロドリゴ，プロデューサーのペドロはじめ映画製作者たちは次第に焦りの色を濃くする。エキストラとして出演してくれれば高い報酬を払うからと言っても，先住民たちは集まらず，その元締めであるはずの村長もなかなか積極的に動いてくれない。村人の

中にはそうした映画製作者たちの焦りを見抜いて，隣村からエキストラを連れてきて報酬をせしめる山師まがいの者まで現れる始末だ。映画製作者たちにとっては，先住民はすべて「インディオ」なのだから同じことで，どこの村の住人だろうが数さえ集まればかまわないのだ。先住民と言っても千差万別なように，映画製作者たちのなかにも先住民に同情的な者たちと，彼らを映画製作の道具としてしか見ない者たちがいて，次第に対立があらわになる。前者の代表が監督のアシスタントであるヒメナや，村で小学校教師をしているロサに好意を抱く演出補佐のフェルナンドであり，後者の代表が製作代表として先住民の手配に携わるフェルナンドの兄ペドロだった。ペドロはフェルナンドのロサに対する思いを知って，2人の仲を断ち切るべく，インディオの血で家系を汚すことなど許さんと言う。

POINT・2 先住民と自負

『鳥の歌』は，インディオと総称される先住民が多種多様であることを描く。

この映画の登場人物の出自と階級は三層構造をなしていて，まず二重の他者——つまり先住民たちにとっても，またボリビアの都市民である映画製作者たちにとっても——である西洋白人がいる。これは母国での社会運動に幻滅し，またこの地でも先住民と映画製作者との媒介に失敗するフランス人女性カタリーンに代表される。次に都市から見たとき，現在の支配階級で国民国家の中枢を支える混血メスティーソがおり，映画製作の指導者たちがこれに当たる。その多くは，先住民に対しても西洋白人に対しても一方であこがれながら，しかし侮蔑も抱いている。3番目が村人の大半，そして映画製作者たちの下請け的な役割にある先住民インディオだ。彼ら彼女らは，村人たちが自らの文化と出自に誇りと尊厳を見出しているのに対して，都市に住む者たちが「インディオ」と呼ばれて差別されることを極端に恐れるという具合に二分されている。

映画はこの3つの集団がそれぞれ一枚岩的ではなく内部に葛藤を抱えていることを示唆しながら，価値観・生活様式の違いや偏見から争いに巻きこまれていく姿を主軸とし，そこに映画製作者たちが実際に撮っているス

ペイン征服者による先住民の虐殺を重ね合わせていく。一方で，より強大な力を持った者たちによる支配と暴力のありようが数世紀経っても本質的には変化していないことを描きながら，他方で，そのような支配者たちの思惑や行動に直面しても，自負と信念を持って自らの生活と歴史を守ろうとする先住民たちの姿を捉える。私たちは映画製作者たちが異文化に接して戸惑い，ときに偏見をあらわにすればするほど，村人たちの静かだが誇りにあふれた自己主張の姿勢に説得される。けっして華やかでも英雄的でもないが，都会から訪れてきた他者を遇する節度と品格のある先住民の姿が，ステレオタイプに陥らない多様さで描かれるのである。

3 ● カメラの視線

STORY・3 挫折する映画撮影者たち

　アンデスの村での生活に退屈し都会に戻りたがる映画製作者たちの一部が，村人たちが神聖なものとしている鳥を，暇つぶしに森の中で猟銃で撃ち殺してしまう。この事件がきっかけとなって，村人たちと映画製作者たちの関係は険悪となり，ある夜，村人たちの一群が映画製作者たちの宿舎を取り囲み，暴力的衝突の一歩手前まで事態は一気に悪化する。この村には以前から住み込んでいるフランス人夫婦がいた。妻カタリーナはフランスでの反体制運動に幻滅し，夫アンドレアスとともにこのアンデスの村にやってきて，先住民の中で暮らしていた。映画製作者たちはカタリーナを警戒しながらも，彼女の仲介によって村人との仲を修復しようとするが，カタリーナは傍観者の立場を守って積極的に動こうとしない。征服の歴史を見直すという自分たちの崇高な動機もどこへやら，映画製作者たちのなかには「インディオ」への露骨な偏見をあらわにする者たちも続出して，映画製作そのものが危機に陥ってゆく。

POINT・3 先住民と視線　　『鳥の歌』は，映画カメラの視線が先住民を「征服」した者たちの視線と重なることを示唆する。

　この映画が（再）表象の力学を問題にしている以上，映像やカメラや録

音機といったメディアの言語のありようがまず問題にされなければならない。この映画におけるカメラの視線は，征服者（すなわちスペインの軍隊と映画製作者）の視点と重なっていることが私たち観客に意識されるように作られている。役者によって演じられるコンキスタドール（征服者）たちと映画製作者たちとが，つねに平行して描かれ，このアンデスの山村の美しい自然の風景は描かれても，現実に住む先住民の姿は個人としてなかなか詳細に描かれていかない。いわば彼ら彼女らは，カメラの視線にとって「不気味な存在」として，背後に隠されている。しかしそれゆえに一層，ときに先住民の無言で見返す視線が，カメラの権力的視線への問い返しとして，大きな効果を持つことになる。つまりここではカメラの視線が，自らの表象能力を誇るように雄弁なメディアとして君臨しているように見えて，実はその力が少しずつインディオたちの寡黙な抵抗によって浸食されていくさまが，繊細なかたちで描かれているのである。

　このような発話と言語をめぐる権力関係を如実に表す一例が，映画製作者たちによる先住民の多様性の無視，彼らの固有名を抹殺する態度だろう。映画のエキストラとして使うだけだから，村や言語の違いなど同じ先住民なら無視できるという征服者のご都合主義的な発想がそこにはある。これを見ている私たちも，たとえば植民地主義を反省し，脱植民地化の可能性を考察するポストコロニアリズムなどと言いながら，先住民の地域格差や歴史的特殊性を無視して一括して取り扱う暴力性と，ときに無縁ではありえないのではなかろうか？

　映画内映画が描く植民者たちの暴力性はなるほどきわめて雄弁だが，特徴的なことは，そこでの征服場面がほとんど言語交流のない無言劇として演じられていることだ。それゆえに平等な対話の不成立，メディアの不在が強調されて，暴力・殺人・暴行の残酷さと不均衡な力関係が際立つ仕掛けになっている。カメラの視線が言語を凌駕すればするほど，カメラというメディアの暴力性が際立つ。映画は最終的にそのメディアが実は先住民の能力の前では無力であったことを暴くことによって，植民地征服という恐るべき暴力に直面しながらも，営々と生き続けることによって抵抗してきた村人たちの尊厳に満ちた歴史を私たちにかいま見せるのである。

4 ● 祭礼の意義

STORY・4 鳥の歌を授かる儀式

　村人たちはコカの葉を使った儀式の結論に従って，映画製作者たちがこの村で仕事を続けることを許すことにした。さらに村にとってもっとも重要な祭りである，鳥の歌を授かる祭礼にもカメラを入れることを許可する。思わぬ事態の進展に映画製作者たちは歓喜する。インディオへの偏見を捨てきれないペドロはある日，道に迷って崖から落ち，二度と這い上がれないことを覚悟するが，村人たちが無言でロープを下ろし助けてくれる。この事件がペドロのインディオに対する見方を変えていくのだろうか？

POINT・4
先住民と儀礼

『鳥の歌』は，先住民による民主主義が祭りや儀式を通して実践されていることを示す。

　POINT・3でふれたように村人たちと映画製作者たちとの軋轢は，前者の非協力的な姿勢で映画製作が滞り，また都会と違う生活に飽いた後者の何人かが銃によって森の鳥を虐殺するにいたって頂点に達する。村人たちにとって鳥は文化の原点，言語の源泉，再生の証しなのだから，彼らの怒りは当然で，一時は映画製作者たちの宿舎が，松明を持った村人の一団に囲まれ，都会人たちはパニックに陥る。鳥殺しという行為によって明らかになるのは，生活習慣の違いや自然への畏敬への冒瀆であると同時に，鳥という媒体に対する2つの集団の近接度の違いであることが重要だ。都会人にとって鳥は暇つぶしの材料か，せいぜい自然の情景のひとつ，慰めを与えてくれる美的対象に過ぎない。それに対して村人にとってそれは，自然と生活，過去と現在，音と言語をつなぐかけがえのない仲介者であり，それゆえに神聖な存在なのである。

　村人たちの抗議と抵抗によって，先ほど3つに分けた人々のうち，まず中間層である混血メスティーソの内実が暴かれる。インディオの集団に囲まれた映画製作者たちのうち支配層に属する男たち（彼らに比して女性た

ちは概して冷静で先住民に対する理解度も大きい）は，自分たちのなかに「裏切り者」を見出だして，それを「インディオの血」が流れているからだと糾弾する。それに対して，そうした非難を受けた下働きのひとりが，「自分の母親はたしかに混血メスティーソだが，父親は違う。父親は立派な紳士（スペイン系白人）だ」と自己弁護する。弱者自身が自分を貶めている人種主義の虜になって，さらなる弱者を差別する構造を再生産しているのだ。あるいはまた，映画製作者のなかで，比較的下級職にある者が，「先住民ははじめ笑顔で近づいてきて，後で必ず裏切るのだから」と言う。こうした言説は，植民者が征服を正当化するために使用した「裏切り者」のトポス（主題にして場所）の再現だ。これらの場面では，階級と人種とジェンダーとが交差する地点で，差別の力学が発動するさまが見事に描かれている。

　もう一方の西洋白人だが，フランス人白人女性であるカタリーン，そして夫アンドレアスの位置は興味深い。自らを西洋からの離脱者，放浪者として定義づけるカタリーン。現実の事件に無介入を貫くようで，しかし現地の生活に深い愛情を抱いているアンドレアス。カタリーンが映画製作者のひとりに言うように「ここはあなたたちの国」であって，けっして彼女たちの国にはならない。ここには出自や国民性によって境界線を構築する国民主義の限界とともに，植民地主義とは明らかに一線を画した，現地民の生活を尊重する知恵の輝きがある。植民地主義の敗北を確認し，同時に安易な共生のユートピア的幻想を放棄すること。

　そのような他者の生活を尊敬する姿勢の原点にあるのが，村人たちの儀礼や祭礼を通した民主主義の徹底である。映画製作者たちは最初この村の村長と映画製作についての協力の約束を取り付け，そのことで仕事が順調に進むものと楽観していた。しかしこの村の民主主義的機構のなかでは，村長は独裁者ではなく，村人たちの意思決定の一部分に過ぎない。そのことを理解しない映画製作者たちの非民主主義的で偏見に満ちた態度と，合議と伝統を重んじる村人たちの公正な判断との対照が，次第に明らかにされていく。村における伝統的な儀式とは超越的な権威による裁定というかたちをとりながら，実はすべての村人が意思決定に参加することを保証す

る賢明な手段だ。そうした民主主義の実践を目にした私たちは，先住民である村人と，都市の混血と，西洋からの移住者と，この3者のあいだに越えられない壁が厳然と存在することを認識しながらも，それを超越するメディアはいかにして可能か，という問題に直面する。そして，この映画が最後の「鳥の歌の祭り」で迫るのもそうした問いなのである。

5 ● 笛の技芸

STORY・5　テクノロジーの敗北

　晴れて「鳥の歌の祭り」を撮影できることになった映画製作者たち。これは祭りがもっとも盛り上がったときに，耳で聞いた鳥の声を村人たちが笛で模倣して「授かり」，それを元に新しい歌を作曲して，1年の幸福と豊作が約束されるという大事な儀式だ。しかし映画製作者たちの耳には鳥の歌が聞こえず，テープレコーダーには肝心の鳥のさえずりが録音されない。音に対する感度の違いなのだろうか？　映画製作を終えた映画撮影者たちは，村人たちが村の慣習を重んじてくれたことを感謝するなか，ある者は理解できないわだかまりを抱きながら，ある者は後ろ髪を引かれる思いで村を去っていくのだった。

POINT・5　先住民と模倣

『鳥の歌』は，先住民の技術が芸術と切り離せないことを主張する。

　村人たちは占いの結果と人々の合議によって，映画製作者たちに祭りを撮影する許可を与える。この儀式は，映画の原題「鳥の歌を授かるために」からも示唆されるように，鳥のさえずりを耳で聞いた村人たちがそれを笛で模倣することを中心的な営みとした祭りだ。しかし肝心のその鳥たちの声が映画製作者たちの耳にはおろか，録音機械を通しても聞こえてこない。この映画がもたらす最大の驚きのひとつがここにある。

　しかしここで私たち観客は，「自分たちは先住民に理解があるからこの映画製作者たちとは違う」と優越感に浸ることはできないだろう。なぜな

ら私たち映画視聴者も，映画の音声を通してしか「鳥の歌」を聞けないことに自覚的にならざるを得ないからだ。私たちだって聴こえてはいても「聞いて」はいない，つまり「授かって」はいないのではないか？ここにはこの映画の根幹の問いである鳥の声という媒体の力，あるいはメディア・テクノロジー問題がある。つまり模倣という村人たちの行為と映画製作との対比，ミメーシスという芸術の原点と，現実を切り取る万能な映画との伝達能力の差異。人間が生活する上で，宗教，文化，科学，学問にしろ，媒体やメディアが不可欠であるとすれば，私たちが使っている言語は，いったいどれほどの能力と価値を持っているのか？

さらに私たちの問いは現代における新植民地主義（植民地独立後もかつての宗主国による経済的・文化的支配が継続していること）の問題にもつながるだろう。世界に無数にある「鳥の歌」としての抑圧されてきたマイノリティの声——朝鮮，アイヌ，沖縄，パレスチナ…——を聞く責務（応答責任〔リスポンシビリティ〕）と，構造的暴力の仕組みを解明する説明責任〔アカウンタビリティ〕は，「気づかずに他人の足を踏んでいる」マジョリティの側にあるからだ。

このほろ苦くも美しい映画の答えられない問いと余韻を残す結末に残る深い絶望と一抹の希望は，おそらく脱植民地化の未了ということに関わっている。映画製作者たちの失敗は，西洋的テクノロジーの敗北というよりは，笛というひとつのテクノロジーの，録音機という別のテクノロジーに対する勝利である。つまり自然の模倣を生活の原点とする村人たちの生き方は，芸術と技術が分離しないメディアのあり方を示唆するのだ。

そしてまさにこのウカマウ集団の映画自体が証明していることは，先住民自身がカメラや録音機というメディアを自分のものとして領有して，抵抗の歴史を自ら表象する可能性だ。おそらくそこにはさまざまな和解の展望さえ拓けてくるのではないか，自然と文明との，先住民と都市民との，異なるテクノロジー同士の，沈黙と雄弁との，純血と混血との，自己と他者との…。その意味でこの映画は，コロンブス以降の征服を問い直すことがそのまま脱植民地化の苦闘と希望とに直結すると示すことによって，まさに文化構築の力学を問い直す契機となっているのである。

QUESTIONS

1. なぜヨーロッパ勢力は比較的容易に「新大陸」の先住民社会を征服し，破壊することができたのだろうか？軍事力だけでなく，言語やテクノロジーの面からも考えてみよう。
2. 先住民を主人公とした他の映画をひとつ選んで，その描かれ方を考察してみよう。
3. カメラや録音機のような再生技術が進歩した今，それらの利点や欠点はどこにあるか，自分の生活に即して考えてみよう。
4. なぜこの映画で映画製作者たちの耳には「鳥の歌」が聞こえないのだろうか，あなたなりにその理由を考えてみよう。
5. 音楽における「模倣」，あるいは芸術一般における「ミメーシス」の意味を実際の作品例に即しながら考察してみよう。

■ ＜先住民＞にまつわるこんな映画も観てみよう

＊（　）内は監督，製作年

- ▶『ソルジャーブルー』（ラルフ・ネルソン，1970）　1864年，アメリカのコロラド州サンドクリークで600人のシャイアン族が騎兵隊によって虐殺された。西部開拓史の暴力を告発する叛史の試み。
- ▶『ウンタマギルー』（高嶺剛，1989）　1969年の沖縄で超能力を持った青年が米軍と日本人資本家を襲う。沖縄独立の可能性を幻想的な映像に託す。
- ▶『氷海の伝説』（ザカリアス・クヌク，2001）　「エスキモー」と呼ばれてきた北極圏のイヌイットたちの間で語り継がれてきた伝説を映画化。イヌイット人スタッフがイヌイット語で作り上げた。
- ▶『裸足の1500マイル』（フィリップ・ノイス，2002）　1930年代のオーストラリア。先住民アボリジニの子どもたちを親から隔離する同化政策により収容所に入れられた3人の少女が脱走，故郷を目指す。
- ▶『クジラの島の少女』（ニキ・カーロ，2003）　ニュージーランドのマオリの人々が信じる鯨をめぐる伝説。族長を男と決めてきた伝統に対して，鯨と交歓できる少女が共同体を復活させる。
- ▶『天空の草原のナンサ』（ビャンバスレン・ダバー，2005）　モンゴルの広大な草原のなかで暮らす遊牧民の家族と一匹の犬。伝統や自然は復活させるものではなく，毎日ともに生きて作りあげるものだ。

■ホルヘ・サンヒネス監督の他の作品も観てみよう
- ▶『人民の勇気』(1971)　1967年のボリビア政府による鉱山労働者殺害の証言による再現。歴史の真実にせまる力を映画は持つ。
- ▶『地下の民』(1989)　かつて追放された村に街から帰る先住民の男。過去と神話的世界への償いを通した民族的アイデンティティの回復はあるか？
- ▶『最後の庭の息子たち』(2003)　新自由主義下のボリビアで汚職議員から強奪した金銭を先住民に届ける青年たち。彼らにとっての救済とは？

■＜先住民＞について，手始めに読んでみよう
- ▷藤永茂『アメリカ・インディアン悲史』(朝日選書, 1974)
- ▷新谷行『増補　アイヌ民族抵抗史―アイヌ共和国への胎動』(三一新書, 1977)
- ▷豊浦志朗『叛アメリカ史―隔離区からの風の証言』(ちくま文庫, 1989)
- ▷本多勝一『マゼランが来た』(朝日文庫, 1992)
- ▷エドウィー・プレネル『五百年後のコロンブス』(晶文社, 1992)
- ▷ロナルド・ライト『奪われた大陸』(ＮＴＴ出版, 1993)
- ▷岩倉洋子・上村英明ほか『先住民族女性リゴベルタ・メンチュウの挑戦』(岩波ブックレット, 1994)
- ▷菊池勇夫『アイヌ民族と日本人―東アジアのなかの蝦夷地』(朝日選書, 1994)
- ▷サパティスタ民族解放軍『もう，たくさんだ！メキシコ先住民蜂起の記録』(現代企画室, 1995)
- ▷Ｅ・ガレアーノ『新装版　収奪された大地―ラテンアメリカ五百年』(藤原書店, 1997)
- ▷船戸与一『午後の行商人』(講談社文庫, 2000)
- ▷太田昌国編『アンデスで先住民の映画を撮る―ウカマウの実践40年と日本からの協働20年』(現代企画室, 2000)
- ▷池澤夏樹『静かな大地』(朝日新聞社, 2003)
- ▷星川淳『魂の民主主義―北米先住民・アメリカ建国・日本国憲法』(築地書館, 2005)

Final Exercises：

1 映画の中に表現されたひとつの物体やモチーフを取り上げ，2本の映画を比較しながらその象徴性や主題的意義を論じてみよう。

1) 川と橋：『千と千尋の神隠し』vs『パッチギ！』
2) 水と生命：『ヴェラ・ドレイク』vs『エレニの旅』
3) ロープと絆：『亀も空を飛ぶ』vs『息子のまなざし』
4) 砂漠と旅：『カンダハール』vs『イン・ディス・ワールド』
5) 本と魔術：『ハリー・ポッターと賢者の石』vs『プロスペローの本』
6) 声とテクノロジー：『耳に残るは君の歌声』vs『鳥の歌』
7) 変装と境界侵犯：『恋におちたシェイクスピア』vs『アルジェの戦い』
8) 金銭と脱出：
   『シンドラーのリスト』vs『ミリオンダラー・ベイビー』
9) 友情と国家：『ＪＳＡ』vs『覇王別姫』

2 映画の中のひとつの観念やアイデアを取り上げ，2本の映画を比較しながらそれがどのように展開されているかを考察してみよう。

1) ＜名前＞の喪失と再獲得がもたらす変容：
   『千と千尋の神隠し』vs『耳に残るは君の歌声』
2) 演劇的仮構における＜異性愛＞と＜同性愛＞の限界と可能性：
   『さらば，わが愛　覇王別姫』vs『恋におちたシェイクスピア』
3) 異なる環境下の女性たちの＜家父長制＞の対処：
   『カンダハール』vs『エレニの旅』
4) ＜周縁者＞の孤独と成長が社会に及ぼす影響：
   『ハリー・ポッターと賢者の石』vs『ミリオンダラー・ベイビー』
5) マジョリティから見た内部の他者としての＜マイノリティ＞：
   『亀も空を飛ぶ』vs『シンドラーのリスト』
6) ＜家庭＞の絆と＜職場＞の絆の対立と共存：
   『ヴェラ・ドレイク』vs『息子のまなざし』
7) ＜民族＞の歌声による人々の覚醒の可能性：『パッチギ！』vs『ＪＳＡ』
8) ＜グローバリゼーション＞のもたらす経済的格差と現代の世界：
   『イン・ディス・ワールド』vs『鳥の歌』
9) ＜翻訳＞と書記言語の社会変革への関わり：
   『アルジェの戦い』vs『プロスペローの本』

索引

●あ

アイデンティティ 5,7,14-15,19,34, 36,38-39,42,49,128,130-131,139, 146,148,153,189,191,195,203,206, 255,264
アウシュヴィッツ 188,190-191
アフガニスタン 11,19,23,26,71,73-74,233-234,241
アメリカ合州国 20,22-23,57,64-66
アラブ 197,202,208,251
アルジェリア 201,203,205-210
アントニオ・デ・ネブリハ 265,267
異界 33,47,52
イスラーム 264-265
イスラエル 196-198
イディッシュ 127-129,131,137
移動 18,27,131,233-234
イムジン河 162
イラク 19,23,55-56,60
インディオ 267-273
インド 246,266-267
ヴェール 205-206
英語 129,131
英語帝国主義 28
衛星放送 54,56,60-61,66
越境 32,39
演劇 15,107-109,110-111,113-114
応答責任 36,275
音楽 17,128,133,138,139

●か

家族 7,41-42,45,48-51,90,177
家父長制度 12,42-44,88,98,100, 111,250
カメラ 223,270-271,275

カルチュラル・スタディーズ 3,11, 17,18,22,264,268
絆 181
金光石 225
境界 33
境界侵犯 151,206
境界線 213,214,220
強制労働 167
共同幻想 45
共同体 42,44
去勢 94
ギリシャ 144,153-155
近親相姦 147-148,156
クルド 8,19,55,59,61-62,65,237
グローバリゼーション 21,26,266, 278
ゲットー 188,191
ゲリラ 201-205,208,210
言語 13-14,28,46,251,253,265,267
言説 246
検問 201,204
口承言語 28,259
声 207-208,210,278
国際難民条約 242
国民 155-156
国民国家 46-47,211,267-268
戸籍 198
子ども 7,55-56,58,60,62,65-66
コロンブス 29,246,264,265,267,275
コンキスタドール 271

●さ

在日(朝鮮人) 13,20,160,163,165, 167,170
祭礼 272

386世代　225-226
シェイクスピア　15,28,189,245,253,258-259
ジェノサイド　190-192,194,197
ジェンダー　8-9,12,99-100,149
自己　6,32,34,37-38
ジプシー　128,132-138
資本主義　18,21,22,25,28,111,113,138-139,250
写真　221
周縁者　278
宗教対立　251
主体　35-37
出産　84,88,92
消費　14,234
書記言語　26,28,244,259,278
食　37
植民地　131,210,246
植民地主義　20-21,24,27-28,44,111,114,131
女性　11,70,72-73,75-79,88,248
地雷　57-58,63,66,71,76
人種差別　22,25
人種偏見　251
新大陸　276
頭突き　164
スペイン　264-267
スポーツ　16,117,119-124
ステレオタイプ　270
性　14
成功　122-123
正史　26,250-252
生殖　11,83-85,87-92,249
生殖能力　43,44,91,249
征服　262-263,270
生命　278
セクシュアリティ　8,10,12,15,95,98-102
セックス　8,10,13

1968年　159,160,163,172
先住民　203,262-263,267,269,270-274,276
戦争　56-61,76,82,88,237
1492年　29,246,265
想像の共同体　44,46-48,52
尊厳死　124

●た
他者　33,35,37-38,48,50-51
堕胎　85
脱植民地化　24,258
旅　73,236,278
タリバン　11
地図　232
血筋　42,44,46,51
父と娘　120
血の純粋性　44
中立　215-216,227
朝鮮戦争　213,228
手　217-218
ディアスポラ　19,145-156,168,197,216
ティー　82-83
抵抗　24-29
帝国　28,245-246,248,250,254,258,265
帝国主義　20,21,28,130-131,138,245,252
定着　18
手紙　223-227
テクスト　14
テクノロジー　14,17,22,26,29,61,189,191,202,207-208,254,274-276,278
テロリスト　202
テロリズム　23,202-203,205-207,209-211
テンペスト　245,256,257-258

ドキュメンタリー 23,201,205,210

●な
ナチス 22,135-136,188-189,191,195,197-198
名前 33-34,39,130,193,278
南北問題 25
難民 26-27,58,60,144,155-156,216,233-234,236,238-242
肉体 116-118
日食 70

●は
橋 278
母親 51,84,95,102
ハムレット 43
パレスチナ 189,197-198
叛史 26,250-252
ピジン 268
標準語 265,267
表象 25,195
ファシズム 136
フィリピン 266
ブルカ 71-72,74-75,77,79
分身 35,39
変装 106,206,278
彷徨 146
暴力 21-25
ポストコロニアリズム 257
ホモセクシュアリティ 96,278
ホモソーシャリティ 96,216
ホロコースト 22,189-198
本 255,278
翻訳 131,134,171,267,278

●ま
マイノリティ 6,10,18,20,26,139,146,151,154,167,216,278
魔術 252,254,259,278

魔女 87,91,250-251
マジョリティ 6,10,18,20,26,151,156,168,278
マスメディア 14,46
まなざし 174
ミステリー（神秘） 109,110
ミソジニー（女性嫌悪） 96,98
ミュージカル 133,137-140
民主主義 273-274
民族 128,130,278
民族差別 251
民族分断 24,215-216,218,219,222,225-229
名簿 193
メスティーソ 269,273
メディア 13-15,17,25,28,107-108,114,194,197,225,259,263,271,274-275
物語 38-39,250-251
模倣 274-275

●や
友情 278
ユダヤ 128,189
ユダヤ人 22,130,134,137,139,188-193,195-197,264-265
夢 118,252
ヨーロッパ 188,198,203,246,276
予言 59,66

●ら
リスト 194
歴史 21,26,247,250-251,259,267
レコンキスタ 264
労働 20,175,177,179-180,181-183
ロードムービー 73,75,80,234
ロープ 55,62,64,66,182,278

[著者略歴]

本橋哲也（もとはし　てつや）
1955年東京生まれ。東京大学文学部卒業，イギリス・ヨーク大学大学院英文科博士課程修了。D.Phil。
現在，東京経済大学教授。カルチュラル・スタディーズ専攻。
おもな著訳書に『カルチュラル・スタディーズへの招待』『ほんとうの『ゲド戦記』』（大修館書店），『本当はこわいシェイクスピア』（講談社選書メチエ），『ポストコロニアリズム』（岩波新書），ガヤトリ・スピヴァク『ポストコロニアル理性批判』（共訳，月曜社），ホミ・バーバ『文化の場所』（共訳，法政大学出版局），ロバート・ヤング『ポストコロニアリズム』（岩波書店），『深読みミュージカル――歌う家族，愛する身体』（青土社）『ディズニー・プリンセスの行方』（ナカニシヤ出版），『宮城聰の演劇世界』（共著，青弓社）がある。

映画で入門カルチュラル・スタディーズ
ⒸMotohashi Tetsuya, 2006

NDC361／vi, 281p／21cm

初版第1刷――2006年4月1日
第6刷――2018年9月1日

著者――――本橋哲也
発行者―――鈴木一行
発行所―――株式会社大修館書店
　　　　　〒113-8541　東京都文京区湯島2-1-1
　　　　　電話03-3868-2651（販売部）　03-3868-2294（編集部）
　　　　　振替00190-7-40504
　　　　　［出版情報］https://www.taishukan.co.jp

装丁者―――熊澤正人・八木孝枝（パワーハウス）
印刷所―――文唱堂印刷
製本所―――牧製本

ISBN978-4-469-21301-0　Printed in Japan

Ⓡ本書のコピー，スキャン，デジタル化等の無断複製は著作権法上での例外を除き禁じられています。本書を代行業者等の第三者に依頼してスキャンやデジタル化することは，たとえ個人や家庭内での利用であっても著作権法上認められておりません。